Miracle at Philadelphia

The Story of the Constitutional Convention
May to September 1787

民主的奇迹

美国宪法制定的 127 天

[美] 凯瑟琳·德林克·鲍恩 著

郑明萱 译

新星出版社 NEW STAR PRESS

新经典文化股份有限公司
www.readinglife.com
出　品

目录

作者序

奇迹不会随便发生，而1787年在费城发生了一桩奇迹，也非作者本人的意见，这话出自华盛顿和麦迪逊。他们在给友人的信中——华盛顿致拉法耶特，麦迪逊致杰斐逊——都曾分别使用“奇迹”一词形容他们的感想。

凡是奇迹，都有它的缘由；凡是奇迹，都曾被祷告祈求。迦南的美酒原是白水，首先要有一场婚礼和需求，水才会变成酒。如果说奇迹其实是人类希望的实现，费城的奇迹也不例外。从一开始，这个国家就朝向这一刻前进，以自治与统一为目标。我们可以细数众人所做的各种实验：1639年的《康涅狄格基本法》，1677年的《西新泽西基本法》，1754年的《奥尔巴尼联盟计划》，以及1765年以来，在独立革命期间发布的各种决议、指令、宣言、条款和条例。多个联合方案、政府体制被试行，出错，奏效，遭废止，一直到《巴黎和约》签订四年以后，美国人终于尝试进行国家大实验。

本书即为纪念这一实验而作。它的目标全在于再现和提供联想。作者希望可以让读者仿佛亲眼看见代表们在大会中一一起立，向主席华盛顿致词，或是在委员会中互相讨论。作者更希望让读者听见当年代表们的声音：威尔逊冷静锐利的理性词锋、古弗尼尔·莫里斯从容流畅的讥语反讽、舍曼一口懒洋洋北佬腔所说的普通常识、麦迪逊那日复一日虽沉静却不凡的卓越表现。作者若在某处停止叙述转为解释，目的也在于为读者提供有关的历史背景资料。

无可讳言，作者对大会、对代表的确笔带崇敬。其实就连他们的短处也颇为有趣，某些代表乃是为私利所动，反而使整个场面更真实、更戏剧化。一定也会有人批评作者陷入过时的浪漫情怀——这个作者分明是个老辉格党人，带着历史学家乔治·班克罗夫特式的观念心态。一点没错，而且和作者持有同样想法者不乏其人，包括富有怀疑精神的大法学家霍姆斯。他读了比尔德所作的《美国宪法的经济观》后，写信给英国友人波洛克表示异议："你我都坚信，人要具备高贵心灵并非不可能。"

《民主的奇迹》一书采用叙述体，取材于原始资料，有当年联邦制宪会议的记录，有报纸、日记，有诸代表及其友人的信件与谈话记载。在当时这些人眼中，国事危殆已极，他们也一再地如此表示。他们认为合众国立须挽回，而救亡图存的工作不可再有延误。只要读了代表在会中的发言，无人看不出当时情况的紧张，以及代表们担心会议失败的焦虑之情。大会进行到第五周时，华盛顿写信给汉密尔顿提及自己濒于绝望，这种心情在信中流露无余。将军句句出自肺腑，忧心忡忡，亟需友人扶持。虽然华盛顿在信中不曾表示若新宪不成，政府不立，合众国将有沦亡之虞；可是他以往却的确有此论调，麦迪逊及汉密尔顿二人也与他持相同看法。

曾有史家认为这都是过虑，1787 年时十三州的情况其实相当不错，在外为欧洲所敬重，在内也正从六年独立战争的破坏中逐渐恢复元气。可是作者看到的各项证据却使这种说法站不住脚。各家在这个论题上所作的研究探讨，其详尽透彻恐怕没有一个题目足以相比。从乔治·班克罗夫特到查尔斯·沃伦、麦克劳克林以及科温等人（后者的大作足足有五磅重），众多史家都在这方面下过功夫。而 1913 年以来，以查尔斯·比尔德到本杰明·怀特、麦基尔韦恩、内文斯、詹森、梅森、莫里斯、汉德林、内特尔斯、哈克、梅因、布朗、摩根、麦克唐纳、罗西特、贝林诸家历史学者，众人意见也不一致。有一派认为当年大会“保守”得吓人，完全是发达的地主商贾集团为自己巩固利益。而另一派（也就是如今当行的修正派）却再度回归传统的班克罗夫特—贝弗里奇的理想主义观点，认为大会代表是一群充满信念热情的人士，急于建立一个为人民所接受的新政府。

作者广泛阅读了各种相关卷帙，并大量研究了这些著作所本的各项证据，从中作出了自己的判断阐释，并固守这个立场不疑；本书不介入学界争论。约在二十年前，作者首次接触了马克思·法兰德编纂的《1787 年联邦制宪会议记录汇编》，其中收集了代表们的会中发言记录，以及大量附有详注的会后信件和谈话记载。当时作者刚刚出版了法官霍姆斯的传记，正着手准备下一部有关约翰·亚当斯的新书。这两本书都不曾论及联邦制宪会议，可是大会情事及其代表却从此深植作者脑海。随着时间过去，多年来作者又先后为首席法官柯克以及弗朗西斯·培根作传，构思逐渐成形：叙述美国的独立、美国与过去的决裂——那关键的 1787 年，对英国政治传统所作的保留、所行的扬弃。

然而作者写作本书的用意，并不在于向美国宪法以美言辞藻作一味的颂扬。法官霍姆斯说：“这部宪法是一项实验，正如整个人生就是一个实验。”作者关心的重点是从事这项大实验的人，以及当年众人聚会的风云时刻。有关这方面的讨论虽然汗牛充栋，可是一般美国人对我们宪法的成形经过却所知甚少。大家常常将联邦制宪会议与当时设于纽约的邦联国会混为一谈；更把后加的头十条宪法修正案——“权利法案”，误以为就是大会拟定的宪法正文。一般人也忘了在《邦联条例》为美国宪法取代之前，十三州已在前者规范下度过了许多年月。众多有关宪法的著作，多从 1787 年大会之后[①]谈起，

---

① 英文原著用斜体或大写表示强调之处，本书以楷体表示。如无特别标明，注释均为译者、编者所加。

显示宪法在 19 世纪经由历次最高法院释宪而成的发展。

本书从 1787 年 5 月讲起，终于当年 9 月，唯一的例外是最后三章记述各州批准经过，于一年之后结束。会议进行到盛夏之际，在大会激辩的最高潮，作者也曾笔锋一转，带领读者暂离议事所在的宾州州议会厅，随着亲切的外国友人，前往当时 18 世纪的“美国各州一游”。因为作者认为有必要让读者亲见这个国家，这个大会欲为其建立一个政府的国家。基于同一理由，作者也不时在书中收纳会外人士的言谈——当时在欧洲的杰斐逊、约翰·亚当斯、托马斯·潘恩以及波士顿的塞缪尔·亚当斯等人都密切关注费城进行的大事。约翰·亚当斯曾说过一句话，本书不曾收录。论到历史，他问一位友人：“你难道不觉得，这些会中新闻就像阿拉伯来的政治夜谭，或天狼星特派信使捎来的消息一般新颖吗？”

从各项记录看来，联邦制宪会议的确令人感到异常新鲜、“新颖”。会议背后是一种折衷妥协的精神，似乎谈不上有什么号召众人的神圣大旗。“妥协”可以是一个脏词，意味着与魔鬼立约，牺牲了上好的，以将就那最糟的。可是制宪会议中，这个妥协精神却由美善与荣光领军；华盛顿坐镇主席位上，妥协精神就如和平之鸽栖息在他的肩头。当众人起立发言之际，我们可以看见他们与彼此出身、地域观念、所属州立场所带来的种种偏见争斗——南对北，东对西，商对农。我们也看见他们改变心意，克服自尊，在必要的时刻，坦承自己的谬误。若说这是一则老故事，故事后面的精神，却似周一早晨般其新无比。

若所有的故事都已道尽，弟兄啊，那就再说一回。
若少人前来，就让那乐意倾听的人体会。

鲍恩谨志

尽管来自这么多不同的州（你知道，这些州绝无相类），作风迥异，境况各别，偏见不一，众代表却能摒除各有理据的歧见，联合建立此一国家级政府的体制：此事对我来说，不啻奇迹。

——**华盛顿致拉法耶特，1788 年 2 月 7 日**

联邦大会十三州出席代表名单（依地理位置序）

新罕布什尔

约翰 · 兰登　John Langdon

尼古拉斯 · 吉尔曼　Nicholas Gilman

马萨诸塞（简称麻州）

埃尔布里奇 · 格里　Elbridge Gerry

纳撒尼尔 · 戈勒姆　Nathaniel Gorham

鲁弗斯 · 金　Rufus King

凯莱布 · 斯特朗　Caleb Strong

罗得岛

未派代表

康涅狄格（简称康州）

威廉 · 塞缪尔 · 约翰逊　William Samuel Johnson

罗杰 · 舍曼　Roger Sherman

奥利弗 · 埃尔斯沃思　Oliver Ellsworth

纽约

罗伯特 · 雅茨　Robert Yates

亚历山大 · 汉密尔顿　Alexander Hamilton

小约翰 · 兰辛　John Lansing, Junior

新泽西

戴维 · 布里尔利　David Brearley

威廉 · 丘吉尔 · 休斯敦　William Churchill Houston

威廉 · 佩特森　William Paterson

威廉 · 利文斯顿　William Livingston

乔纳森 · 戴顿　Jonathan Dayton

宾夕法尼亚（简称宾州）

托马斯 · 米夫林　Thomas Mifflin

罗伯特 · 莫里斯　Robert Morris

乔治 · 克莱默　George Clymer

贾里德 · 英格索尔　Jared Ingersoll

托马斯 · 费兹西蒙斯　Thomas Fitzsimons

詹姆斯 · 威尔逊　James Wilson

古弗尼尔 · 莫里斯　Gouverneur Morris

本杰明 · 富兰克林　Benjamin Franklin

特拉华

乔治 · 里德　George Read

小冈宁 · 贝德福德　Gunning Bedford，Junior

约翰 · 迪金森　John Dickinson

理查德 · 巴塞特　Richard Bassett

雅各布 · 布鲁姆　Jacob Broom

马里兰

詹姆斯 · 麦克亨利　James McHenry

丹尼尔 · 圣托马斯 · 詹尼弗　Daniel of St. Thomas Jenifer

丹尼尔 · 卡罗尔　Daniel Carroll

约翰 · 弗朗西斯 · 默瑟　John Francis Mercer

卢瑟·马丁　Luther Martin

弗吉尼亚（简称弗州）

乔治·华盛顿　George Washington

埃德蒙·伦道夫　Edmund Randolph

约翰·布莱尔　John Blair

小詹姆斯·麦迪逊　James Madison，Junior

乔治·梅森　George Mason

乔治·威思　George Wythe

詹姆斯·麦克勒格　James McClurg

乔治亚（简称乔州）

威廉·费尤　William Few

亚伯拉罕·鲍德温　Abraham Baldwin

威廉·皮尔斯　William Pierce

威廉·胡斯顿　William Houstoun

北卡罗来纳（简称北卡）

亚历山大·马丁　Alexander Martin

威廉·理查森·戴维　William Richardson Davie

理查德·多布斯·斯佩特　Richard Dobbs Spaight

威廉·布朗特　William Blount

休·威廉逊　Hugh Williamson

南卡罗来纳（简称南卡）

约翰·拉特利奇　John Rutledge

查尔斯·平克尼　Charles Pinckney

查尔斯·科茨沃思·平克尼　Charles Cotesworth Pinckney

皮尔斯·巴特勒　Pierce Butler

第一部分

制宪会议

第一章 大会会场；源起

值此多事之秋，世情纷乱，欲摧毁政府甚易，欲建立政府却难上加难矣。

——约翰·亚当斯致詹姆斯·沃伦，1787 年 1 月

费城全市笼罩在一片溽热的暑气中，老人家说，这是 1750 年以来最糟糕的一个夏天。有人在日记上记道，平常消暑去热的雷雨也没有往常那么频繁猛烈；也许是家家户户屋顶上新竖起的“电棒儿”，把云层里的电气都给吸走了吧。法国来的旅人，写信回家抱怨说热得不能呼吸了：“每吸一口气，你就得为下一口发愁，稍稍动一下就难过得要命。”

在我们现在称为独立厅的宾夕法尼亚州议会厅里，由十二州州议会派来的约五十五名代表们，正聚在一堂开会（罗得岛拒绝合作，不曾出席）。他们辛苦了一个夏天，在热烈讨论之下，拟出了一份政府组织纲领方案，希望各州能够批准。这份建议书，代表们定名为“美利坚合众国宪法”。

会议在 5 月份开始，闭会时已经是入秋的 9 月了。出席代表中不乏全美赫赫有名之士，包括华盛顿、麦迪逊、汉密尔顿、富兰克林；南卡罗来纳的拉特利奇及平克尼家两位堂兄弟；宾夕法尼亚的罗伯

特·莫里斯和古弗尼尔·莫里斯；特拉华的迪金森；弗吉尼亚的威思、梅森和布莱尔；康涅狄格的舍曼；马萨诸塞的鲁弗斯·金和格里等等。整个名单读起来，就好像在念美国国庆的纪念辞、爱国英雄的名人榜一样。他们几乎个个是青年才俊，查尔斯·平克尼才二十九岁，汉密尔顿年方三十。鲁弗斯·金三十二岁，新泽西的戴顿二十六岁。一条木腿、温文尔雅的古弗尼尔·莫里斯也不过三十五岁。连今日被尊为"宪法之父"、谨慎持重的法律学者——弗吉尼亚来的麦迪逊，都只有三十六岁而已。全体代表平均年龄不到四十三岁，这都还得怪高龄八十一的富兰克林把它给拉高的呢。那个年代，人老得快，死得也早。约翰·亚当斯三十七岁的时候，有人请他赴波士顿演讲，他就曾表示自己"年事已高，不克复作大型演说"。

当时亨利·李曾由弗吉尼亚来信表示，欣见大会"济济多士，年富力强"。代表们当中，连最年轻的成员，也不乏问政经验。其中四分之三以上，曾出席独立前后的大陆会议；多位担任过州议员，并在独立之初参与各州州宪的制定。还有八位曾经在《独立宣言》上签名，七位担任过州长，二十一位打过独立战争。难怪当时远在巴黎的杰斐逊读了这份名单，不禁叹道，这可真是一场"半神大会"啊！

话虽如此，这次会议可不是稳当必成的事。代表们看来相当紧张焦虑，但也只在会中同仁面前表露。每会都秘密进行，绝少泄出半点消息，写信给朋友也措辞谨慎。事实上，当时全国各界并没有把这场大会看作是一个"制宪"会议，连代表们自己也不例外。这是怎么回事呢？原来名称是后来才叫开的。如果一起始就打着立"新宪"的主意，起码有三分之二的代表都会裹足不前。而报上也只是说在费城要召开一场重大会议，或称为"联邦大会"，并且总不忘用古雅的复合元音拼出"联邦"（Foederal）一词以示慎重。而会场内外，众人对会中正在起拟的法案，以及自己打算起拟的内容，都毫无把握。早先于2月份在纽约召集的国会，已明令这场费城之会"唯一且特定的任务，系修改现行《邦联条例》”。国会可丝毫不曾提过什么新宪法。对十三州而言，以《邦联条例》作为宪法已经足够了；从 1781 年以来，大家不都是靠着它的庇佑这么过来的么。《邦联条例》第三条载道：“……准此，以上诸州互结稳固之友好同盟……”也许打仗拼命时，为了赢得这场战争，可以光靠友谊就使全国上下一心共赴患难，但是在平时，光仗着友谊却是不够的。可怜的邦联，只是单凭大家的信用存在的空架子，既无实力收税、保国御敌、偿还公债，更遑论倡兴贸易与商务了。1781 年的那一天，约克敦大溃英军的捷报传来，国库竟然穷窘到连支付递报佳音的信差费用都捉襟见肘。在会诸公只好各自掏腰包，每人拿出一块钱才应付过去。国会在无计可施之下，只好向各州发出征用令，华盛顿对此现象有一说：“国会怯怯地有请诸州解囊。”但信寄出去常常石沉大海，其中尤以新泽西和纽约两地最为顽强。1787 年 10 月 1 日的《纽约邮报》上有一个简单明了的告示，它登过两回：

> 本年度纽约州应缴款项，本人迄今尚未收到分文。
>
> 汉密尔顿
>
> 联邦征税人

而那些照规定完税的州呢，更是打心眼里看不过去，愤愤不平地指责着抗不应命的几州。弗吉尼亚有人曾在 1787 年写道：“新罕布什尔从停战以来，就没有缴过一个子儿，而且他们打算就这么一直赖下去。至于纽约，他们付得起，那是因为他们可以打劫新泽西和康涅狄格。而新泽西为了报复和利害关系，一定会大干一场的。”

其实，《邦联条例》不敷应用、亟需修改的情况，大家都心知肚明。历届国会议长除了一再向各州去信催款外，也再三要求各州议会投票授予国会更多的权力，各州议长也分别吁请州议会提案加强国会的权力。可是始终一事无成，毫无动静。最早推动修法改革的人士当中，以华盛顿、麦迪逊和汉密尔顿三人最为突出。虽说史家们迄今仍有争议，为麦迪逊作传的人士也大费周章地为他抢功，但根据各项证据显示，最强有力地促成1787年制宪会议召开的人，似乎非汉密尔顿莫属。但是，如果我们说，麦迪逊在理论逻辑上看出了会议的必要，汉密尔顿以滔滔雄辩宣扬了会议的必要，那么华盛顿是以亲身的体验，很早就深深感受到邦联力量的薄弱。对英作战争取独立期间，眼看他的部队饱受补给不足之苦，鞋子、肉类、军火、军服、营房、药物，可以说要什么缺什么；身为总司令的华盛顿在信中往往怒气冲天，充满了愤懑之情："我们当中生病的打着赤膊，没病的打着赤膊，不幸被敌人俘虏的也照样打着赤膊。"当年面对着部队的如此窘况，国会不是一点也未曾帮忙吗？总司令亲笔签名的急件，从剑桥、哈林高地、莫里斯敦、福吉谷各处阵地飞驰国会，有云："1780年5月27日，莫里斯敦。本人无限痛心地知会国会，肉类再度短缺，亟需补给。"而一筹莫展、不受各州议会支持的国会，只能不通气地回复："上一回作战，军服都是由士兵自己筹措打理的。"

上一回，上一回……真是活见鬼，华盛顿不禁为之气结。上一回在独立以前跟法国人打仗，只是局部零星的战事——而且经费根本是由英王出的。国会难道搞不清楚状况吗？这一次战争是大陆的，经费和责任该由全部十三州、由大陆共同分担！现在不是地方争权夺利眼红吃味的时候。身为独立战争部队总司令的华盛顿，觉得国会里各州派来的代表，只对提名任命新官员、新将领有兴趣；他们看重的只是如何输送利益到老家巴结选民，对于军队的需要根本漠不关心。

华盛顿自己这个独立战争大陆军（又名大美陆军）将军的头衔，也是国会赐予的。文人控制军队，是革命战争的最高原则。约翰·亚当斯即曾告诉霍雷肖·盖茨将军："我们不打算把太大的权力，长久地托付给你们这些将军们。”国会还另外制定了所谓的军队管理规则条例。但是华盛顿抱怨这些规定非改不可，不然他没有法子维持军纪，也不能枪毙逃兵，或有效惩治那些盗窃军马和医药补给、焚烧抢掠军营附近民舍的士兵，这样倒不如干脆把部队解散算了。各州部队依恋本乡本土之心特重，很容易就激起地方情绪。华盛顿曾想劝新泽西来的部队向合众国宣誓效忠，他们竟然顽强地一口回拒：“新泽西才是我们的国家！”而新泽西来的一位代表，竟然因此在国会里抨击华盛顿这种做法失当，不成体统。

华盛顿把问题背后的症结，可是看得很清楚。美国现在独立了，格局已经是大陆性、整体性的，大家必须学着从这个层面上来治理国家。将军对于政治及本国政情，自有一番愤世而务实的见地，再加上他具有一种论事一针见血、直指问题核心，被人认为极富知性的本事，他曾在 1783 年写道：“老天爷，国会到底是些什么人呢？不都是人民推举出来的吗？不都行事对人民负责，仰人民的鼻息度日？那到底有什么好怕的？为什么不能给他们便宜行事施政、为邦联造福的权力呢？”

十三州之间的争斗越凶，将军的怒火越盛，他在制宪会议开幕前不久曾写道：“运用影响力绝非为政之道。”更早之前，他还写道：“除非就像州政府的政令可以有效通行全州一般，我们设立一个能将号令施行全邦联的中心权力，否则我真不敢想象我们还能够作为一个国家长久存在下去。”

至于汉密尔顿，他在战时曾担任华盛顿的侍从官。一个是在国外出生、年轻气盛、才思敏捷的律师，一个是老成持重、遇事徐缓、自有灼见的总司令。两人之间，有一种特殊的友谊。他们在国会和十三州的问题上，看法完全一致。而且，汉密尔顿还不断在华盛顿身上下功夫，敦促将军采取更坚定的立场，并经常替他在这方面的谈话执笔撰稿。1780 年 9 月，汉密尔顿从革命军在新泽西自由竿镇

（今称恩格尔伍德）的总部行营，给友人杜安写了一封如今极为有名的信，信中首次仔细申述召开制宪会议的必要。单看这封印出来足足有十七页的长信，姑不论出自何人笔下，都会令人叹为观止；更何况是这位在国外出生，当时才只二十岁出头的年轻人呢？他写道，透过十三个各自为政的主权州来治理合众国，根本是不可能的事。没有实权的国会，使政府变得什么都不是，既无法应付战时的需要，也不能处理平时的国事。“解决的办法只有一个：召开一个各州全体参加的大会。”而且汉密尔顿认为，此事越快越好。同时，在会议召开以前，应该不断有许多“既有内容又广为流传的好文章”，以便让大家做好心理准备。

于是在以后的七个年头里，汉密尔顿无时无刻不在推动这个会议的诞生。他写私函和公开信，做演讲，在报上发表一系列以《大陆主义者》为题的文章——只此标题便可看出他的心意。他大声疾呼，我们迫切需要的，不再是一个“我们一向习于局限在狭隘殖民地意识里”的政府；相反地，他期待在一个“有更大的格局，合于独立国家地位的政府”。他虽然不是纽约州议会一员，却在 1782 年促使他们通过决议，敦请国会召开一个大会。同年，他当选国会代表，亲自草拟了一份类似的提案，却仍然不见效果。

各州来个相应不理。有国会就可以了，干吗还要另起炉灶再开什么大会？马萨诸塞州的代表鲁弗斯 · 金宣称：当前的国会就是“研拟任何修改的最适当机构”。他写信给约翰 · 亚当斯道：“这个大会能够完成的任务，国会都能达成，而且还会更合乎当初立国的原则。”

当初的原则标榜的是革命的精神，日后联邦大会召开之际，就发现这个名词非常好用。而当初的原则，也依各人需要，爱怎么解释就怎么解释。对纽约州长克林顿、宾州法官布莱恩、帕特里克 · 亨利、年轻的詹姆斯·门罗以及弗吉尼亚州的国会代表格雷森等人来说，当初起始的原则，就是政府越小越好；大家组成一个邦联，各州各自为政，国会则听命于他们行事。《邦联条例》不就是照着这个最高指导原则写成的吗？从 1776 年起，这些条例自草拟、国会辩论表决、修正折衷到终于在最后一个州也获准施行，费时五年之久。这些条例事实上就是美国第一部宪法。《邦联条例》第一条就说："邦联之名称定为'美利坚合众国'。"而各州也唯有在战争的危险威胁之下，才勉强首肯形成这个薄弱的结合。当时，约翰·亚当斯甚至曾将马萨诸塞湾区称为"我们的国家"，将马萨诸塞派出的代表称为"我们的大使"。危难险阻的确是令众人结合最有力的混凝土。

在这种环境之下，只有靠着少数几个人锲而不舍、富有技巧地苦心经营，联邦大会最终才得以召开。原来马里兰和弗吉尼亚两州，正为波托马克河的航行权闹得不可开交。1785 年春天，两方议会决定各派专门委员，在弗吉尼亚的弗农山开会讨论此事，顺便处理东西两边交流的一般问题。双方发现，这是个拉拢邻州合作助阵的好机会。委员会因此扩大，次年 9 月再度在马里兰州首府安纳波利斯会面。麦迪逊出席了这次会议，汉密尔顿也专程从纽约前来参加。

安纳波利斯委员会议在结束之前，向国会建议（报告由汉密尔顿执笔）十三州应一律派遣代表到费城，"于次年 5 月 2 日，开会讨论合众国的贸易与商务事宜"。

"商务"一词，非同小可，麻烦可多着呢！各州战债高筑，信用低落，情况好转的希望不大；有七州已经得求助于发行纸币了。不错，战后不景气的状况，正日渐消除，可是要谈到繁荣，还只限于一地一区。宾夕法尼亚印行的纸币，只能在自己的地盘里流通。州县党派之间，忙着羡忌猜疑，正事不做，只顾为未定的几处州界争执，设关税法规互相抵制。新泽西有自己的海关；纽约根本就像外国一样，得小心防备它的蚕食鲸吞。各州之间，彼此报复的伎俩高强，甚至有九州拥有自己的海军（弗吉尼亚居然还单独批准了对英和约）。而康涅狄格、特拉华、新泽西几州的货物运输，则全操纵在宾夕法尼亚、纽约和马萨诸塞几个大州的手里。

麦迪逊把问题看得很清楚，他写道："新泽西就像一个两头开孔的酒桶，夹在纽约和宾州两大之间难为小。而北卡罗来纳夹在弗吉尼亚和南卡罗来纳之间，则像个两臂流血的病人。"原来弗吉尼亚曾通过法令规定，凡是过往其港口的船只，如果不缴纳税金，任何人均可将其扣押，强制执行，"税金的一半赏予通风报信之人，余下一半缴交州库"。注意这项法令的对象，不是西班牙或英国，而是同国的宾夕法尼亚、马里兰以及马萨诸塞的货船。麦迪逊写道："目前我们政治上的许多弊病，追本溯源，都出在商业上面。"信哉此言，于今国家之间，亦普遍如此。小州怕大州，对其恨之入骨。康涅狄格的舍曼曾在联邦大会上表示："小州的居民日子比较安乐。"可是他又加上一句："但是罗得岛恐怕又实在太小了，内部反而更易起纷争。"康州另一位代表埃尔斯沃思也说："大州的管理最糟：弗吉尼亚不得不承认自己没有能力将支配权延伸到肯塔基一带，马萨诸塞甚至连首府外一百里的和平都无法维系，现在得组成部队来保卫了。"

这番嘲讽可真击中了要害。1786 年以来，马萨诸塞就因谢司领导的西部农民暴动，在各州面前大为丢脸。当地农民不堪"波士顿"苛捐杂税的剥削，眼看着牛只土地被法院一一扣押，不禁全豁出去，闹出一场暴动。他们抄起草耙和木板条，追随当年独立革命的榜样，冲到郡公所示威，吓得主张金币本位、反对纸币的人士不知所措，也使得华盛顿将军大为愤慨：一个刚从一场艰苦战争中获胜的国家，竟然无法在和平时期维持秩序。到了 1787 年 1 月，十四名原遭判处死刑的暴动领头分子，全部获得赦免；新选出的麻州议会，应谢司党人曾有的要求，也立法通过多项改革。但是，这场纷乱却留下了不可磨灭的污点。而后来出席联邦大会的人士当中，如威尔逊、罗伯特·莫里斯以及迪金森就曾吃过暴民为虐的苦头，他们很清楚暴动是有传染性的。

因此，带着这个余悸犹存的印象，国会经过讨论，应安纳波利斯会议报告所请，投票通过在费城举行一场大会。尽管如此，国会的行事如履薄冰。本来安纳波利斯的报告不但建议费城会议应对贸易商务事宜进行讨论，也暗示整个邦联体制都得加以修正。国会却不敢造次，特别声明该次会议的“唯一且特定的任务”—— 这句话不久就成了反宪分子的护身符 ——“系修改现行《邦联条例》”。从缅因到佛罗里达,各地不断兴起强烈反对会议的声浪。大家独立自主，各凭己力，辛苦革命六年，好不容易才打了胜仗，击退了敌人，为什么送走了一个强悍的王家议院，却要换来另一个强悍的国会来抽我们的税？让我们各州自个儿管自个儿的事好不好！这种想法，是各地普遍的观念。各州仍然存有一种无政府的心态，就好像当年的麻州小镇阿什菲尔德，被“自由”冲昏了头，竟于1776年在镇民大会上投票通过宣称：“除了宇宙的主宰，我们不需要任何统治者；在宇宙的主宰者之下，设一议院，以与合众国内其他人民协商，共谋众人的福祉。”

约翰 · 亚当斯说得好，他早就看出一件事，打倒全欧所有的船炮部队容易，把我们自己管好却难上加难。

各地一共选派出七十四名代表出席费城会议，可是最后只来了五十五位。两位雄辩之士不能出席，大会虽感遗憾，却不时感受到他们的影响力。其中一位是约翰 · 亚当斯，其时在伦敦；另一位是杰斐逊，身在巴黎。他们正分别忙着和欧洲各国政府协商商务合约及外债事宜，希望法兰西、荷兰等国愿意信任初生的合众国有能力依约偿还贷款。他们两位对于这个会议具有高度的兴趣，与代表之间不时有书信往还。那本刚刚出炉、论宪法历史和现状的新书《为美利坚合众国宪法辩》卷一，大会代表人人传阅。至于褒贬之辞，则随每个人对联邦问题和两院制度的立场而有不同。

坐镇在纽约的国会，则抱怨费城会议把代表都拉走了，害得他们人数不足。自从战事结束以来，国会一直有法定人数不足的问题。代表们索性待在家里，根本不来开会，认为本州个别的利益比共同政府的事务要紧（1783 年对英和约由巴黎送达时，国会里竟然只有七州代表在场，距法定的批准州数还少两州）。因此国会不得不发出信函，敦促众人前来纽约赴会。其实就算它最好的人才不去费城开会，国会之惨也够瞧的了。1787 年 4 月间，甚至有人动议干脆休会，把国会搬到费城去算啦。这个建议虽然没有通过，代表们却很苦恼，不知道接下来到底会怎么样。现阶段，国会落脚于纽约市政厅的楼上。有人形容这个市政厅，是“一组坐落在华尔街上堂皇壮丽的建筑群——比起波士顿的麻州议事厅，长度虽有不及，宽度却两倍有余”。国会的驻地曾变迁多次，纽约只是其中之一。1774 年以来，可怜的国会在战火中一再迁移，曾在费城、巴尔的摩、兰开斯特、约克敦、普林斯顿、安纳波利斯、特伦顿等多地集会。有一次甚至为了躲避因粮饷太差闹兵变的宾州民团，不得不落荒而逃。

5 月 29 日，弗吉尼亚的国会代表格雷森埋怨国会中的人数实在太少了，又听说费城会议可能开上三个月之久，不禁大发牢骚：“这个会到底能搞出个什么名堂，我实在看不出来。我不认为美利坚的老百姓已经成熟到可以接受什么了不起大创新的地步。”

几百年来，“创新”并不是什么好字眼。它给人的感觉是冲动、无聊的琐事，热心家搞的玩意儿，而且十之八九不合法。同时代的那位英国政治家伯克就说过：“创新并不是改革。”而且要是回到 16 世纪英国柯克法官的时代，指控一个政治家企图创新，可以马上使他身败名裂。而此时与格雷森持同样论调者亦不乏其人，北卡罗来纳另一位国会议员，获派参加费城会议的布朗特，就曾表示对大会的发展情势不敢苟同：“我还是认为，我们大家迟早会走回到各管各的、彼此完全互不干涉的老路上去。”

会议开始，许多代表却姗姗来迟。5 月 24 日，马萨诸塞的鲁弗斯·金写信回去说，新英格兰的代表竟然只到了他一位，真令他“痛心疾首”。“这种慢步调真不像话，拜托你们大家可不可以快一点来。”新罕布什尔由于州库拮据，没法子负担费用，本来有四位代表，到将近 8 月才来了两位。其中一位是来自朴茨茅斯的富商兰登，曾任该州议长，据说“仪表堂堂，举止高贵；其人热心名望之切，有如恋人情爱之烈，义士节操之贞”。罗得岛则索性来个拒不出席。位于首府普罗维登斯的该州议会，控制在农民党派手中；他们甚至曾立法规定，如果债权人拒收罗得岛当地一路膨胀的通货，将遭罚款处置。许多政客因此大肥，这已经是人人皆知的事实。而一个强有力的中央政府，一定会勒令债务人以金银正币偿债，但罗得岛目前可是一个子儿也没有。波士顿一家报纸厌恶之余，把罗得岛改名为“流氓岛”[①]，建议把他们“逐出合众国，或是干脆让邻近几州把它瓜分了算了”。

对于这个似乎在蓬勃发展的小州，大家对它的嘲弄愤怒不断。纽黑文一位人士，公开宣称“罗得岛的作为，连最蛮荒的野人看了也要脸红。那个小不点儿州，是我们政治体中桀骜不驯的一员，是我们大家的笑柄和耻辱”。“罗得岛，”会议期间，华盛顿曾于 7 月 1 日写道，“仍然一味坚持它那无礼、不当、下作、可耻的行为；近来在其所有的公共议事中，便一再展现了这种作风。他们到现在为止，仍然不曾派代表前来开会。”杰斐逊则用法文，叫罗得岛为那个“什么玩意（vaut-rien）”。

从纽约的国会过来的麦迪逊，则本着一向凡事准备周到的作风，在会议开幕十一天以前就早早地到了费城。长年浸淫在学问研究里面，麦迪逊已经具有了一种洞明世事的远见。早在当年 4 月份，他

① “流氓岛”（Rogue Island）与“罗得岛”（Rhode Island）谐音。

就在写给华盛顿的一封信里，一一列出大会该当讨论的几项重点。麦迪逊，个子矮小，有人笑他“还没有半个肥皂大”。他的声音低沉轻微，开会时，大家得叫他把声音放大一点，有时书记员也无法记全他的发言内容，“因为他说话声音太小没法听见”。朋友们则昵称他为“杰米”。

麦迪逊有一个难得的优点，那就是他虽然执拗却能变通——很少人能同时兼具这两项特质。所有代表之中，要数他在学理知识上准备得最为充分。应他所请，大他八岁的杰斐逊从巴黎寄来书籍，麦迪逊请他把历来所有有关宪政民权的书籍都一并搜罗寄来。寄来的书不是一两本，而是上百本，其中包括了三十七巨册的新版《方法论百科全书》，政治理论、各国法律、历史，柏拉玛克、伏尔泰、狄德罗、马布利、内克尔、德伯恩的著作，还有十一大卷传记、回忆录、史述，以及法国革命派政治家米拉波正好适时出版的《辛辛那提协会》。为了报答，麦迪逊则回送他各式各样的美国果树树苗，如胡桃、特选苹果、蔓越橘之类，以在法国展示。不过杰斐逊要他运去的北美负鼠和一对“弗吉尼亚红雀”，他却没有遵命办成。麦迪逊潜心研究古往今来所有存在过的同盟联邦，长篇累牍地一一比较其优劣得失，并在各个分析后附上题为《合众国政治制度的弊端》的个人论述部分。他主张：“在需要有一致行动的决定上，应该让国家级的中央政府具有绝对并积极主动的权力。对于各州所有的立法决议，中央政府也应该像历来英王一般具有否决的权力。而这个国家的最高权力，也应该延伸到司法部门。”

行事论理有条不紊的麦迪逊，成为弗吉尼亚州反宪法派人士——尤其是那位易怒的老革命党帕特里克·亨利——最有力的死对头，也就不足为奇了。就像汉密尔顿熟知纽约政情一般，麦迪逊深谙弗州政情，也明白制宪之路漫长诡谲。他知道这个具有革命性的制宪会议有何等的意义，应该采取什么样的步骤。在写给友人的信中，他已一一陈述了自己对这方面的看法。首先，各州应该指派代表与会；其次，大会必须取得协议签订文件；最后，此文件应送交国会核可。如果国会通过，再请各州分别召开大会审核批准。因此，就技术层面来说，费城之会只具有提供建议的地位。

如果此举不成，还可能再召开第二次会议吗？在4月，距大会开幕尚有一整个月，麦迪逊就已经向弗吉尼亚一位同仁表示，每想到这一路可能发生的状况，日子越近，他越发害怕。他写道："从大会达成决议、国会批准，一直到最后各州的核可，这个过程中需要经过的每一步路，重重险阻，都难免使人灰心丧志，从而选择其他比较容易的退路！"

但是麦迪逊认为，当前的情况太危急，不容人灰心，这正是他一向的本色。同样地，华盛顿也不是向困难屈服的英雄，英国史学家特里维廉说，华盛顿"已经习得了勇者最大的秘密，就是心中虽有最坏的打算，存有放弃的念头——但在行动上却永不屈服"。五十五岁的华盛顿，虽说比麦迪逊大上一轮，两个人却相交已久；麦迪逊自1776年以来就在弗吉尼亚政府中任职。很难说他们两个人的个性，到底谁比较严肃，但是从他们俩长篇累牍的论政信件里面，不论是麦迪逊冷静的说理风格，或是华盛顿雍容有致的节奏，我们在那精辟说理的背后都可以感受到一股对国家的关切热爱，就中的庄严感令我们觉得安心。这两个人，丝毫不因自己坚持到底、有时甚至严肃到尴尬地步的个性而感到赧然，我们也为此而高兴。

第二章　会议代表与州议会厅；华盛顿与麦迪逊

我以为，我们正走在改进的路上，因为我们正在做实验。

——富兰克林，1786 年

华盛顿在一个礼拜天，5 月 14 日，会议开幕的前一日，抵达了费城。为了欢迎将军，当局特地敲钟鸣炮致敬，并从斯古吉尔河格雷渡口开始，一路由本城骑兵队护送开道——他们穿着白马裤、高帮靴，头戴银边黑圆帽，分外抖擞。将军第一件事就是造访富兰克林先生，他就住在第三大道上的市场大街旁边。老人家早已备下了一大桶啤酒来迎接这个场合。身为宾夕法尼亚的议长，以及举世最负盛名的学者，款待与会代表自是这位博士的工作。在写给妹妹的信中，他提到自己新修建的饭厅可以容下二十四位宾客。富兰克林在国外差不多待了九年，直到两年前才回家。更早以前，他也经常来往于伦敦、费城之间，为宾州事务与英方协商；在《印花税法》事件期间，也曾任多处殖民地的代理。美洲十三处殖民地宣布独立之后，国会又派他前往法国争取同盟。接下这个任务的时候，几已年届七十高龄的富兰克林告诉国会，他已日薄西山，只剩下“最后一截”了，他们“爱怎么差遣他就怎么差遣他吧”。动身以前，他还自掏腰包，借给穷哈哈的政府四千镑大洋。他一身朴素的衣着，头上戴着那顶大名鼎鼎的毡帽，满头不搽香粉的灰发，巴黎人可爱极了他。富兰克林本人虽然不是贵格派的信徒，倒也不急着否认；因为他很清楚法国人对“费城贵格派”充满了罗曼蒂克的仰慕。

当时和他一道在巴黎的约翰·亚当斯曾写信说道，富兰克林的名望“甚至比莱布尼茨、牛顿、腓特烈大帝和伏尔泰等人还要响亮，而众人对他的敬爱，也是他们任何一位所不及的”。不过富兰克林对政府组织的看法，却并未完全为本次费城大会所赞同。他主张师法宾州，设立单一院制的国会，未免太半套民主；又认为政府高级官员不应支薪，也颇有沿袭英格兰与贵族传统的嫌疑。其实，富兰克林的个性一向令人捉摸不定。美利坚是挺以这位博士为傲的：因为他不但“驯服”了闪电，又让各处都把他当作世界公民似的欢迎；可是，世界公民回到了家，却免不了遭人猜疑。如塞缪尔·亚当斯，就始终挥不去这个念头，认为富兰克林骨子里其实是个托利党；而波士顿和费城一些圈子里头的人士也觉得，一个人若是可以在君主制的欧洲处得那么好，其私德必定有亏。

事实上，从富兰克林的信函中可以看出，他视托利党为死对头。1776年独立事起，他的私生子威廉公然宣称站在英方，带给了他极大的折磨苦痛。他事后写道：“从来没有一件事让我如此痛心。”富兰克林在原则上始终是个不折不扣的共和派，他对人民的信心从未动摇。“老天保佑，”他写信给一位英国的友人道，“请让地上各族各邦不但爱自由，也知人权，哲人方可踏足任何一地均能宣称：‘此乃吾土。’”

但是话说回来，不管费城的联邦大会对富兰克林的观感如何，世界上实在还找不出几处会议拥有如此一位德高望重、让人不具戒心的哲人参与。

5月14日，星期一——大会揭幕之日——全场却只有宾夕法尼亚和弗吉尼亚的代表到会。那一整个礼拜都在下雨，道路深陷在泥泞之中。乔治亚来的四位代表，其中两名从设在纽约的国会前来，另两位得长途跋涉由八百英里之外赶到。一直到5月25日，大会才凑足了法定的七州代表到场。在这期间，弗吉尼亚来的代表每早自行聚会，下午3点（晚餐时分）则和宾州代表一起用餐，“好彼此熟悉一下”。大会的轮廓就是在这些早期的聚会里成形，弗吉尼亚拟议的十五条纲领，最终将成为合众国宪法的核心和基础。

弗州来的代表不但善于交际，也都是政坛老手。这个老牌的前殖民地自治区的确有其可傲之处：不但最先派定与会代表，而且还一下子就送来了七名。他们个个都是赫赫之士，包括两位“阁下”（华盛顿将军、州长伦道夫），一位大人（法官布莱尔），还有四位律师先生（麦迪逊、梅森、威思以及麦克勒格）。弗州的政坛名人帕特里克·亨利，因为未曾前来反而大受注意。他拒绝了出席大会的提名，认为此会“启人疑窦”。亨利时年五十一岁，任弗州州议员，在当地政坛举足轻重。尽管他曾经说过一句名言：“我不是弗吉尼亚人，我是一个美国人。”事实上在这些人当中，帕特里克却是彻头彻尾最弗吉尼亚的一个。眼下，弗州的政事在他心目中才是当务之急。麦迪逊就老实不客气地一语道破，帕特里克留在家里不来，根本就是为了照看弗吉尼亚在密西西比河流域的权益——这是内陆屯垦区的生死大事，因为西班牙人在南方控制着新奥尔良的出海口。此外，塞缪尔·亚当斯也待在波士顿没来；他不曾获得提名出席，本身也疑心有人存心要“把邦联做个大修改”。虽然他最后还是改变了对宪法的看法，其间却曾激烈地反对过。他曾如此形容过自己的心境：“我走到了门口，不觉大吃一惊，我本以为来的是一个由独立主权州组成的联邦式组合，没想到却见到了一个国家级的中央政府。”

帕特里克·亨利、塞缪尔·亚当斯——这两位在1776年鼓动民众起义的老革命不在场。他们外号火爆汉子，善于策划并投身革命，却缺乏建立政府的长才，正像约翰 · 亚当斯所说的，长于破坏而不善建设。潘恩也不在场，他去了欧洲，宣扬自己在美国不受重视的筑铁桥的构想。挑选代表实在不是一件易事。“看在老天的分上，一定要慎重选人，”马萨诸塞的鲁弗斯 · 金写信给同州的格里，谆谆嘱道，“尽量多派，而且最好让他们多了解各州的事务，明白邦联制度的优缺点。”

弗吉尼亚的代表人数仅次于宾州，后者派了八名之多。每州与会代表人数并无限制，小州如特拉华就派了五位，新泽西也是，而马萨诸塞只来了四位。如依当时各州人口多寡排列，最大的三州分别是弗吉尼亚、宾夕法尼亚和马萨诸塞，再依次是北卡罗来纳、纽约和马里兰。

随着代表们由各地姗姗而来，费城当地的报纸也一一报道他们的抵达，并且很高兴会议选在宾州州议会厅，而非国会所在的纽约市政厅召开。这么多位闻人名流莅临本城，令报界甚感光荣，纷纷使用比大会所用的正式称呼还要高贵的尊称，按着他们的身份地位等级（州长、法官、国会议员、各地知名之士等等），依次用阁下、大人等名称来介绍他们，最后是一个“可敬人士”的名单。看来老祖国英吉利那一套礼节，一时还很不容易摆脱。

大会揭幕第四天，一个星期四，《宾夕法尼亚邮报》诗兴大发，洋洋洒洒登了一首华丽的十五节六行韵诗，诗名《费城大会颂》。诗的本身虽然没啥道理，这一点却也不要紧，只不过向大会略表致贺之忱罢了，完全是一番好意和光荣感，相信代表们都有感于这份诚意。诗章最后一节是这样的：

党争将止，孜孜功成
四邻不再彼此怒斥，

友谊之手相携：
强大联盟团结众人，
消除流言冷笑怨恨，
和睦融融缔结。

与此同时，长老派教会正巧也在费城召开大会，而更重要的是，由独立革命军官组成的辛辛那提协会也在此地。政治、宗教、军事，各界盛会云集一地，《宾夕法尼亚邮报》不禁又非常得意地大肆报道一番："看来本城正迎来有史以来最风光的场面。此刻，美洲大陆各地来的代表们，在这里集思广益审度我邦联大国的政经大事。而另一宗教大会，也正在此地向全美开启传扬信息的大河。那些英勇地完成革命壮举的沙场老将们，又再度与旧日袍泽同聚一堂，不但共话当年，也向他们饱受流离之苦的兄弟们致上和平的祝福。"

事实上，那些英勇的退伍军官却成了华盛顿将军的困扰。任何一个由退伍军人组成的团体，都有威胁影响到政情的可能，过去如此，如今亦然。而且，有些人一直很抗拒该会，担心辛辛那提协会中的诸位绅士"一心热望着贵族名衔，胸前戴着鹰扬飞舞的阶章"，会变成一个美国式贵族阶级，或克伦威尔式军事政府的核心分子。而华盛顿将军当时竟然就是该协会的会长！因此，1787 年年初之际，华盛顿曾在其弗农山庄老家告诉友人说，两会这么不凑巧地同时在费城召开，他还是避开不来为妙，免得他这个辛辛那提协会会长的身份，造成联邦大会的不便。后来经过麦迪逊、汉密尔顿、伦道夫，以及将军的挚友诺克斯将军等人苦口婆心力劝之下，将军才终于首肯前来费城参加大会。

可是等到会议正式开锣，大家对辛辛那提协会潜在的威胁反而不大留意了；不过该协会之名却也的确被人在会中提过不止一次。在讨论国家最高行政长官的选举办法时，马萨诸塞来的格里就担心：

"如果交付全民投票，辛辛那提协会一定有办法左右最高行政长官的人选。"他认为一般人的知识不够，"会使选举的决定权，操纵在一批分布邦联各地却互通声气的人的手里"。格里对"群众"一向缺乏敬意——他认为,群众就代表着不稳定——他表示自己"绝不能坐视，随便把这么大的权力交在他们的手里实在既危险又不恰当"。

而遇事一向需要再三考虑才做决定的华盛顿，在这年冬天 1 月，不幸痛失幼年的玩伴，也就是他最亲密的兄弟约翰·奥古斯丁——"因脑中积凝血块而逝，我最亲爱的兄弟啊。"将军在日记中伤痛地记道。而从他的信中，也可看得出他的心情颇乱，并不想把自己的名声孤注一掷在一个可能失利的行动上面。到了 3 月，将军又犯了风湿在床上动弹不得，他在给麦迪逊的信中说，他连把手举到头部都有问题。所幸后来及时痊愈，才一路坐车来到了费城。他刚一进门就被城里的贵妇名媛包围邀约。他曾在日记里记载"与多名女士"一同喝茶，或是参加"宾厄姆夫人家豪华的茶会"。宾厄姆夫人是位美丽活泼的少妇，曾在国外居住，喜欢豪奢地大宴宾客，自诩为沙龙的女主人。要知道，费城是美国第一个城市，当时大约有四万三千名居民，发展快速惊人，更被视为一个文明有礼的高级都市社会。那个 5 月里,有关一场诗歌朗诵会的消息在报上登得很大。地点在学院礼堂，朗诵人是一位孀居的奥康奈尔夫人。她表现出的"纯真、理性"颇受激赏；在场的观众也被赞美不辍，"包括神学、法学、医学三界的上流士绅，以及富贵之家的淑女们"。华盛顿也参加了这场盛会，不过仅仅在日记上简略地记道，奥康奈尔女士的表现"差强人意"。

整个夏天，将军都由罗伯特·莫里斯做东翁，住在他的家里。一个被华盛顿称为"宾客满座"的夜晚，他却目睹了一件糗事。有人带来消息，莫里斯的票子在伦敦遭到拒兑。想想看，莫里斯，联邦大会的一员，费城的首富，又曾在 1781 年到 1785 年间担任所有十三州的财政监督，他竟然会发生这种新闻，实在不仅是一桩像华盛顿日记中所说的“扫兴小事”而已。事实上，它的确为后来发生的事情露了兆头。罗伯特 · 莫里斯此人是个饱受争议的人物。战时战后，多亏他手腕高明，政府才不至于破产；但报界却百般和他过不去，公开调查他做生意的手段，终于逼得他只有辞职。莫里斯的崛起很不简单，他的下场也很凄惨。最后和许多生意人一样，由于在西部地区的投机失败，大片土地无法脱手，付不出税款，在梅子街的债务人监狱中待了三年，就这样毁了。

这些当然都是后话。在1787年这年春天招待华盛顿的时候，莫里斯一家还正过着锦衣玉食的日子。他们不但拥有冰库、温室，还有一间可容十二匹马的马厩。此外，他还在城东林木蓊郁的斯古吉尔河岸买了一栋别墅避暑。一位法国来的访客曾表示，莫里斯的豪奢，“绝对不比伦敦商界任何一名花花公子逊色”。莫里斯本人身材高大，性情开朗愉快，讲话爽直有力，不过在联邦大会期间很少发言。他工作努力，待人温暖亲切；在英国出生，很年轻就来了美洲，十六岁便入了商界。华盛顿一直很敬重喜欢他，后来还曾请他做财政部长。

对自己在政坛的地位以及公众人物的身份，华盛顿也不曾忽视，因此当然不只是在朋友家吃饭喝茶而已。他校阅费城骑兵队，参加第四街圣玛丽教堂——他称之为“罗马佬教堂”—— 的弥撒，出席爱尔兰圣帕特里克教友的晚宴，也和辛辛那提协会的会员聚餐。（当时有一位外国来的人曾质问他：为什么爱尔兰人一来此地马上就是“美国人”，而德法来的移民却老是被人叫做“德国人”、“法国人”呢？）

在这种宴饮不断的招待气氛之下，代表们想要守住保密的规定一定很不容易。我们可以从他们的信件看出，各方不停地追问代表们各种问题，想要一探究竟。比方像乔治亚的代表皮尔斯就特别健谈，尤其在他转往纽约出席国会议事时更变本加厉。而富兰克林博士也不是一个嘴巴特别紧的人物，听说某一次在他的欢宴上，博士谈兴正浓，在大谈掌故之际，差一点要漏出大会的秘密，好在在场另有一位谨慎的代表，赶快打岔，把话题带开。

当然，也有人不赞成保密规定，杰斐逊听说此事就很不高兴。可是当初如果真的让大会公开，任由大众批评建议的话，恐怕宪法很难有成形的一天。州议会厅各处门口都派了岗哨把守；未经准许，代表们不得擅自誊抄当日会议的记录。立法集会以秘密形式召开，在当时并非新创，革命时殖民地所有的集会也都是秘密进行的。第一届大陆会议因实际需要而秘密召开，而国会的会议记录也一直不曾公开。美洲政界的人士都知道，英国下议院几百年来，访客未经批准，一律不许擅入。

比起外面溽暑的街道，州议会厅还算凉快，走道也很阴凉——至少在早上10点代表进来开会的时候还不算太差。在走道上透过拱门往右边望去，可以看见州级最高法院的开庭室。穿过大厅，就是联邦大会所在的东厅。这里也曾是大陆会议会址，《独立宣言》签字的地方，现在被宾夕法尼亚州议会占为己有。他们前不久才休会，9月里将再度开会。州议会的议事因为攸关地方利益，受到费城本地的密切注意，联邦大会和国会两者加起来的分量，在当地人心目中远不及前者重要。州议会厅外面沿着板栗街的路面，则已由费城行政长官着人铺满碎石，以减低过往车马的嘈杂声。

这间东厅布置得极为高雅宜人，有如一间士绅的府邸，足足有四十英尺见方。石灰天花板高二十英尺，全厅不见一根梁柱，宽广气派。南北向设有一排木栏分出议席，中有门扉供议员出入，格局和英国下议院一般。高大宽阔的百叶窗在两侧一字排开，夏季的烈日不致射入，但冬天里却仍有足够的光线。大厅东首墙上，镶嵌了灰色的木板，在明亮的早晨常常泛出一种微青的色泽。主席的座位（访客称之为“宝座”）就设在这里，高背椅椅背上端是一块平滑镶板，上面是刻工细腻的扇贝形浮雕。厅内还有两座大理石面的大壁炉，右首一扇门则通往书香满盈的委员室，大家称为“图书室”。

代表们就坐在铺着绿色粗呢桌布的案前开会—— 一俟夏季的烈日升空,人人汗流浃背;不到中午,屋里就已一片死气沉沉。为了保密,窗户一律紧闭;而一旦打开,苍蝇又源源飞入,实在令人难以忍受。新英格兰来的“东部绅士”们身着毛呢,大为受罪,只有南方来的代表穿着合适的薄外套和便裤。场内的议席极为宽大,每个可以合坐三四位代表。但出席人数始终不定,最后抵达的一位——由马里兰来的默瑟—— 一直到 8 月 6 日才姗姗而来。而会议期间,代表常常告假返家料理公私事务,或因意见不合而中途退席。虽说报到人数一共有五十五名,开会时间往往最多只有十一州代表到场,人数也很少超过三十位。多数早晨,会场看来只像是一个大型委员会在开会。

每位代表在由大会介绍之时,同时也呈递其州议会颁授的委任书。细读这些委任书,可以看出各州行事的作风。大多数文书的内容都很简短,遵循标准的立法条文格式,首先陈明业经国会议决,召开一次大会,“唯一且特定的任务,系修改现行《邦联条例》”,然后一一列出该州代表的大名。纽约州的稍微长一点,提到“为配合政府急务及合众国的长治久安所需而进行的修改及规定”。马萨诸塞则在卷尾的日期上多了一点花哨:“公元 1787 年 4 月 9 日,美利坚合众国独立第十一年。”

但是另外也有几州却决定借此机会畅所欲言,依照英国国会古老的立法传统,洋洋洒洒地写了一长篇序文,以说明决议派员前来开会的缘由。如新罕布什尔写道:“鉴于共和肇始,一时难定万世良法,改造势所难免……国会诸公有鉴于此,数度呼吁各州,我等面临存续关头,非扩大国会职权无以为继……本州有鉴于此,不惜为大公克尽小我,为全体安全幸福自我牺牲让步……*是以通过此议*……”如此长篇大论,新罕布什尔倒也当之无愧,说起来它还是在 1775 年第一个制定了州宪的殖民地呢!

弗吉尼亚委任书的序文更进一步，明白地提到上次安纳波利斯之会，以及“修正邦联体制各项缺失的必要性”。弗吉尼亚并指出一项极为重要、却为其他诸州忽略的事实——就是各界一再提出的疑问：为什么国会自己不能修改邦联有关事项，却要大费周章另行召开特别会议来讨论呢？这是一个合理的疑问，对此弗吉尼亚在序文中给出的答复是，国会的例行业务将有碍于特别会议的进行；同时这么重要的议题，若没有非国会议员人士的参与及意见，也是一项缺失。这个说法可谓一针见血——直指制宪会议的核心及存在的理由。其实弗吉尼亚还可以再添上另外两项（正如一个世纪之后，历史学家布赖斯爵士的看法一般），即特别制宪会议不会受到请托谋职的关说困扰，而且会期也可较短，便于各界有关人士参加。

接下来，弗吉尼亚州的委任书提高了调门，用起了一种劝诫口吻，蕴有当年革命时期各乡镇或殖民大会由代表们向四方发出的“训示”的义愤之情：“值此危急存亡之秋，美利坚的良善百姓面临一重要抉择：他们光荣博得的独立、血泪凝聚的联盟，是从此在各方公义大度的共同努力之下，撷取甜美的果实；还是怯懦地屈从于猜忌偏见或一时私利，而使敌者大快呢？”

与会代表没有一个人不知道当时欧洲加诸美利坚的种种屈辱。西班牙和英国都对新生无章的共和国虎视眈眈，算计各自在路易斯安那、佛罗里达、俄亥俄乡间各地，以及密西西比河一路绵长重要的贸易线的利益。加拿大边界南端的关卡，仍然在英国人的手里，对美国皮毛贸易商和边疆拓荒人造成很大的不利，他们频频向国会申诉，指出印第安人和背后撑腰的英国人同谋挑衅。西班牙人则在新奥尔良和纳齐兹两地，扼守着从南方出海与欧洲贸易的通口，还贿赂买通乡下地方的政客遂行所需，并在纳什维尔到乔治亚南部一带的边界，利用克里克、乔克托、奇克索部落的印第安人不断地制造骚扰。而且，每一位代表都很清楚，英西两国都不相信十三州的联盟组织能够发挥真正的作用。英方对合众国的态度往往是冷淡不屑，那会儿就有人告诉身在伦敦的约翰·亚当斯，英王陛下的政府，只能与十三州个别地进行交涉；因为依照他们的经验，邦联不甚可靠。英国方面曾表示:“要北美诸州以一国的身份共同行动,恐非易事。他们这样对我们来说不足为惧。”

在这种情形之下,怪不得弗吉尼亚认为分裂徒使敌人称快。再说，既然弗吉尼亚都已经愿意放弃在俄亥俄北部一大片地方所有权的主张，它当然也有资格要求其他各州起而效法，以便像在其委任书中说的那样，保障“政府之所以成立的重大目标”，俾使合众国“在平时的幸福，足与战时的光荣媲美”。

当时弗吉尼亚批准联邦大会的决议文是由麦迪逊执笔的，他后来曾说:“公文的准备工作落到了我身上。”可是，此文读来却不大像麦迪逊素来冷静的作风。文中有热情，有弗吉尼亚引以为傲、领袖群州的自我意识。难道它不正是自治领中的老大哥，美洲第一个殖民地？早年特许分配给它的疆界“从这海到那洋，向西直到大西北”。如果弗吉尼亚都愿意“让步”—— 文中如此暗示——大家一定会闻风相从。想想看，和这么伟大的领导风范相比之下，像特拉华那种蕞尔小州，或是乔治亚那类人烟稀少的沼泽之地，还有什么主张和野心好谈？那个自以为是、雄心勃勃、妄自尊大的马萨诸塞湾区，又算得了什么？

代表们刚一一呈递了委任文书，并在城中下榻安顿，一个倒霉的实际问题的马上就出现大减了他们的体面。原来都市生活昂贵，费城居大不易；眼见会议极有拖延的可能，等到大伙可以打道回府，料理他们的产业、他们的农场、他们的律师业务或烟草生意，恐怕都要过了秋收时节。弗吉尼亚的代表威思，就因为妻子生病不得不离会返家，行前还留下了五十镑的公款，“以视同仁需要分用”。而从几个遥远的州来的代表，都不免欠下房东太太的租钱，北卡罗来纳诸人甚至得写信给在金斯顿的该州州长卡斯韦尔正式求援解困："州长阁下大鉴，本州发行之钱币在此地兑换后落差甚巨……兹请再予核发汇票一纸，以供两个月份之公费开销为荷。"

某一周会议进行得特别不顺，意见纷纭，富兰克林便建议每早开会之前，请位牧师来祈祷揭幕。一听此言，北卡罗来纳的威廉逊便不客气地回道，大会可没有余钱聘请牧师。我们很难想象，当时各州的预算有多么微薄；领导各州的贤能之士，本身的财务状况也极不稳定。华盛顿临终时留下了五十三万美元的财产，格里也拥有价值五万美元的证券，罗伯特·莫里斯的土地投资、大陆证券以及股票交易更高达数百万之巨。可是 1787 年开会之际，莫里斯已经步向破产之路；华盛顿甚至在两年后还得借债赴纽约以就总统之职。拥有大片农园的梅森，当时还是向伦道夫借了六十镑，才得以上路赴会。拥有五千美元收入的年轻的查尔斯·平克尼，恐怕是大会同仁中经济情况最稳当的了。而他们当中身家最富的，手上的财产也是土地多于现金。[①]

5 月 25 日，总算凑齐了法定人数，全体一致推选华盛顿为大会主席，簇拥他登上主席宝座。华盛顿便在台上的主席桌后发表了一篇简短的就位致辞，谦虚地表示自己能力不足，恐怕不能胜任这等新奇任务。一位代表记道："他坐下之后，就宣布从来没有经历过这种场面，甚感惶恐不安，如有过失，必属无心，希望大家不要见怪。他为自己力不能胜甚感惭愧。"

---

① 作者注：有关大会代表财产的数字系根据1958年芝加哥出版的麦克唐纳所著《吾等众民》（*We the People*）一书所载。麦克唐纳的数据来源包括代表家中流传下来的文件、贷款公司、地籍书及1790年的普查记录等等。两百年来美元价位的波动自然使英镑和美元之间币值的换算不甚可靠，不过这些数字仍然提供了比较的基础。附带一提的是，当时南方绅士之间有个亲切的习惯，就是经常向友人周转。

不管是提名就任独立军总司令、联邦大会的主席，或是合众国的总统之时，华盛顿总是自惭有所不足，祈求上帝帮助，谦和虚心的态度令人非常感动。而且这是他的由衷之言，一点也不会让人觉得虚假，他这种特质一定令和他共事的人感到安心。华盛顿是举世公认“美国最伟大的人物”—— 名望、身家、相貌，俱属一流。一位对华盛顿印象极为深刻的旅客对其相貌有过一番详细的描绘，先从他高大的身材谈起，一直到“胸膛饱满，四肢修长有力。头部较小……眼珠呈淡灰色……脸鼻俱长，比例恰当。名肖像家吉尔伯特·斯图尔特先生曾对我说，华盛顿脸部的线条特征，和他过往看过的人完全不同。比方说，他的眼眶即大于常人，鼻子上端也比一般人为宽。他所有的五官……都显示出一种激烈的性情，如果他生在丛林……必定是蛮族中最凶猛的一员”。

性子烈的人需要很大的克制功夫。传记作家贝弗里奇曾经形容华盛顿的个性好比“火山”。华盛顿自我节制的能耐极为出名，但一旦被激怒了也非常吓人。战时曾在他手下任职的军官就表示，从来没有看他笑过，他往往一脸严肃不苟言笑，举止极为稳重。华盛顿自然不会是一个健谈的人，一位外国人士曾观察道：“他说话之时好像颇为踌躇，有时需要停下来思索一番方始开口……而他的遣词用句却很有气概，表达力十足。”

像这样一个人，在历史上竟然摇身一变，被渲染得稍带几分主日学的色彩而流传下来，实在是怪事。也许威姆斯牧师写的少年华盛顿砍樱桃树的故事，给世人造成的印象永远都抹不去了罢。但是尽管将军外表有着几近冰冷的自持，他却从未令人觉得傲慢，权力也不曾使他改变。看看他眉间深锁的皱纹就知道了，那是当他面部表情平静之时，不觉流露出的一股忧伤气质。

整整四个月，华盛顿都在会议里沉默地坐着，甚至在全体委员会开会期间，暂时不用担任主席的时候也不例外。他和弗吉尼亚代表采取一致的立场，在大会开幕之前就已经表明，赞同成立国家级的政府。只有到了最后一天，9月17日，华盛顿才站起来参与辩论。在公共讨论中保持沉默，似乎是他的一贯作风。曾在弗吉尼亚议会和国会里分别与华盛顿及富兰克林共事的杰斐逊，日后曾表示就他所见，“他们二人在会中的发言，一次从不超过十分钟；而且一旦开口，旨在解决问题，绝不多言。同时，只对要紧之事表示意见，他们知道那些细微末节自会解决”。

华盛顿的态度有礼却非常坚毅。如果他赞同某个意见，代表们说可以从他脸上看出来。不过大家仍然很难猜出将军到底在想些什么，想要向他一探究竟更是难于登天。他的沉默中蕴含着他的力量，他的坐镇使得联邦大会不致解体，议事得以进行。就像当年在可怕的战火当中，也就是因他的存在，才使得由散兵游勇组成、配备不齐的军队不致解体，终能努力成功一般。

靠近主席台的前排里，坐着麦迪逊，俯首在写字板上不停地振笔疾书。他的眼珠湛蓝，气色红润，并没有一般学者的苍白。他的体格结实健壮，强劲有力，穿着入时大方。麦迪逊虽然经常穿着黑色衣服，不过也曾有人形容过他一身蓝黄两色的俊俏打扮，胸前及袖口还饰着打褶饰边。他顶上已经渐秃，因此把头发向前梳下来遮掩着，还打着发辫，扑上发粉。他走起路来活泼轻快，充分显示出精力充沛的模样。

做起笔记来，麦迪逊好像不知疲倦为何物；他在大会期间所做的笔记非常详尽，不夹任何评议。令人惊奇的是，勤做笔记之余，他竟然还能够同时积极参与讨论。不过，麦迪逊在晚年为了配合后来曝光的一些相左的记录，确实修改过自己原先的笔记，也因此遭人非议。当时其他的代表也做有笔记：包括纽约的汉密尔顿、雅茨和兰辛，马里兰的麦克亨利，新泽西的佩特森，马萨诸塞的鲁弗斯·金，乔治亚的皮尔斯，弗吉尼亚的梅森。不过这些备忘多数都简短不全。要不是麦迪逊，我们今天对于这次大会所能拥有的记载将非常有限。麦迪逊后来表示，这桩苦差事几乎要了他的命。他后来写道："我选了一个靠近主席的座位，左右是其他代表。在这个有利的位置上，我使用自己看得懂的各种记号和缩写，速记下主席台上宣读的文件，以及众人的发言。然后趁着休息空当，一刻也不敢耽搁地把每天的记录整理出来，在会议结束之后，又在短短几天之内润饰一番，用我自己的方式汇编成档……我一天也不曾缺席，每天离席时间不超过一小时；就是这样，除了很短的发言之外，我不曾漏掉任何一篇谈话。"

麦迪逊的记录，的确是一部精心力作，一直到会议结束之后三十年才付梓出版——在此之前，甚至很少人得以一睹。1815 年，杰斐逊从他在弗吉尼亚蒙蒂塞洛的府邸，写信给约翰·亚当斯道："你可知道，关于费城制宪会议的讨论内容，有一部首屈一指的记录手稿存在？……麦迪逊先生将当时每一句话、每一件事都记了下来，其用力之勤，记载之严，简直超乎想象。"

麦迪逊在记录中提到自己，总以"M 先生"名之，而且巨细靡遗，甚至连对 M 先生不客气的话也一字不漏地记载下来。其实大会本来已经投票选定一位正式的秘书，南卡罗来纳的杰克逊少校，他在票数上压倒了老富兰克林的孙儿威廉。从杰克逊的画像看来，他那身军服上方是一张温文平和却茫然的脸庞，微微蹙着眉头，表情看似性喜多言，却往往跟不上旁边比他聪明之人的谈话。杰克逊事前就请华盛顿推荐他担任这个职务，后来还领取了八百六十六美元六十美分作为酬劳，可是他所做的正式记录实在简略得乏善可陈。而麦迪逊当时似乎根本忽视他这位秘书的存在，径做他自个儿的笔记。

大会全速进行之时，费城人士霍普金森——《独立宣言》签字人之一，又是宣传小册作家、音乐家以及美国国旗的设计人——曾写信给杰斐逊简报当时各州困难的处境，并对各地议会里面进行的秘密交易表示忧心。事实上，实际情况比他描述的更糟糕。乔治亚已经宣布戒严，并在沙瓦那加强戒备，以防西班牙人煽动克里克印第安人来袭。并有谣言称，纽约议会里的一些“煽动分子”已经“和加拿大总督进行联络”。霍普金森说道，相信杰斐逊一定已经从报上获悉马萨诸塞的暴动事件。而罗得岛现在完全落在“一群恶棍手里……西南方面，由于密西西比河的航行问题，一场严重的风暴正在酝酿之中”。

霍普金森接着谈到联邦大会：“除了罗得岛之外，各州都到齐了。华盛顿是主席。他们的任务是修改邦联的制度，提出修正案。但在各方意见纷纭、利益冲突之下，要为美利坚找到一个合适的联盟制度和政府体制，恐怕难上加难。代表们之间的商讨，都保密到家，毫无通融的余地，免得受到外界议论责难的影响。可是一等那小鸡孵出来，人人都会立刻上去拔它的毛。”

第三章　会议现场；伦道夫提出《弗吉尼亚方案》

我们的情况很怪异。既非同一个国家，亦非许多不同国家。

——格里，于联邦大会

5 月 25 日星期五早上，华盛顿简短地致辞接受主席职务之后，大会秘书杰克逊少校接着便起来大声地一一宣读在场九州交来的委任书，每一份都是各州精心撰写而成。而且似乎州越小，口气越大。一向因人口稀少被视为“微不足道丁点小州”的乔治亚，在其文书中大肆宣扬，让人无法怀疑它的重要地位：“唯我乔治亚，蒙天之佑，自由，自主，而自立……”

会议中某些代表对“自主”一词早就很反感了。自主权，华盛顿就曾经把它唤作一个怪物。将军很清楚乔治亚用的这个词是从哪个源头推出来的，那就是《邦联条例》：“各州保有其自主权、自由权，以及自立权。”若是没有这一条，邦联根本不可能成形。回溯到 1777 年时，几个大州曾威胁脱离联盟，除非它们在国会的代表席次分量“与它们带进邦联的人口一致，而小州也宣布如果没有与大州相等的席位来保障其权益，就要全力反对联合”。当时亲身经历这些漫长争辩的人士，对这一切都记忆犹新。这次会议是否又要重弹一遍那番争论的老调呢？本来在签署《独立宣言》以前，没有一处殖民地主张过独立的自主权，《独立宣言》正文中也不曾一一列出各州大名。可是，一等到对英和约签订，各州忽然开始大肆宣扬主权，作为他们为所欲为的借口。华盛顿曾写道："十三个独立主权，彼此攻讦，互相竞争，马上就会把全体毁于一旦。"

一般总以为一个带兵的将军，对于政治不会有这么直接而决断的眼光。而在 1787 年 5 月 25 日这一天，各州似乎更把主权说伸张得淋漓尽致。大声宣读委任书，这个动作本身就值得严密注意，从中可以对各州的倾向看出几分端倪。麦迪逊和汉密尔顿两人，认为他们早就知道大家是怎么想的。麦迪逊在会前四处游说拉票不遗余力，他俩在代表中的熟人也多；其中有很多位就是该州委任书的执笔人，当然会坚守自己所写的立场。比方说，特拉华的委任书中就严禁其代表更改《邦联条例》第五条有关国会中一州一票的规定。比例代表制可不合特拉华的心意，如果改由依人口比例分配席次，小州马上都给吃掉了。特拉华有备而来，对比例制的反对是坚决到底。

小州对大州，农业南方对商业北方，以及西部区域的管制问题——这些才是当务之急。至于十三个独立州怎样共有一个立法、司法、行政三权分立的政府，并非每位前来费城开会的代表都对此事带着清楚的概念。而来自费城本地的威尔逊，以及弗吉尼亚的威思，却对这个情况很清楚。二人都是属于麦迪逊一型的学者，他们不但在政府中供职，也曾就这个问题仔细思考、广泛阅读；不但了解实务，也深谙理论。威尔逊就对大会说过："我是宾夕法尼亚的公民，也是合众国的公民。"

一直要到会议进行好一阵子以后，代表们才逐渐领会到麦迪逊和汉密尔顿等人定下的计划到达了什么地步，以及这部宪法将会是何等模样。因此，我们在这里若早早就列出反对宪法阵营的"敌人"，或是指出这个或那个"反"宪法分子，并不恰当，易生误导。到最后一共有五位代表拒绝签字——马萨诸塞的格里、纽约的雅茨和兰辛、弗吉尼亚的梅森和伦道夫。他们都各有定见，分别因不同的理由拒绝签字。但是其中反对最激烈的要数马里兰的马丁，他在最后签字关头虽因私事离城，后来却曾表示就算自己当时在场，纵使“势单力孤”，也一定会对这部宪法“严予否决”。

马丁在大会开幕近一个月后才姗姗而来。因此眼前这段时间，大家暂时不必忍受他那狂热暴烈的长篇大论。在这个头一回达到法定出席人数的星期六，大会面临了双重的课题：一个是理论上的问题，到底美国最适合实行何种政府？民主制、共和制，还是有限的君主政体？另一个则是实际的执行问题，如何从无变有，创造出这样一个从未试过的政府形态来。面对这样一个双重难题，不妨先听听十二州的委任书对大会的任务到底是怎么一个说法。只听见杰克逊少校往下读着：“用以考虑邦联现况……有关贸易等重要事务……俾使联邦政府全然符合实际需要……”好不容易等杰克逊一一读毕，当天剩下的时间只够选出一个程序委员会，以及指派一位门警和信差了。接着便宣布散会，下周再续。

周一早上，富兰克林博士到场了。前几天狂风暴雨的天气使得他无法出门，博士一直饱受痛风和结石折磨，得坐着他专门由巴黎带回的轿子到州议会厅开会，这是唯一能使他免受颠簸之苦的交通方式。这是城中绝无仅有的第一顶轿子，可算是费城一景。两侧各有玻璃窗，长约十至十二尺长的轿柱柔软而有弹性，根据一位当时人士的说法，这使得轿身可以随着轿夫的脚步而微微地上下震动。只见四名由胡桃街监狱挑出来、身子骨极为结实的犯人，一路扛着这宗妙物，小心翼翼力求平稳地步步行来。又见这支小队伍跨上州议会厅的五级台阶，进入东厅，到议席前的木栏旁卸下他们的担子。博士在扶持下出了轿，穿过小闸栏到宾夕法尼亚代表席上的一把扶手椅中坐下。囚犯们将轿子安放在西墙首，便告退离去，午后再行返回。

在这同一天，5月28日，宾州八位代表中的最后一位——英格索尔也抵达了会场。这位人士在以后的整整四个月里，始终一言不发，沉默到底。这对于他这位曾经被人形容为“费城最干练的陪审律师”来说，可还真不容易。特拉华五位代表中的第四位也到了，个子高胖爱交际的贝德福德，讲话一向极为冲动鲁莽，唯恐天下不乱。他是该州的检察总长，曾被选派出席安纳波利斯会议，却不曾前去。这一次以小州的斗士姿态前来费城，只要不妨碍小州应得的权益，任何可以实际运作的体系都可以接受——但是他对宾夕法尼亚却非常地不以为然，抱有戒心。

当天另外还到了两位马萨诸塞的代表：戈勒姆以及斯特朗。戈勒姆（麦迪逊常把他名字 Gorham 拼成 Ghorum）是位老牌爱国分子，波士顿的商人，虽没受过什么显赫的教育，人缘却挺好的；一位代表曾经形容“他的仪表风度，实在谈不上什么时髦优雅”。他刚刚由国会议长的职位卸任，一心希望有个新政府来加强国会的力量。斯特朗的父亲是个制革匠，他自己则由法界出身，一路爬升上来，曾经参与马萨诸塞州宪的制定。他举止朴直而从容。

马萨诸塞四位代表之中，最出色的要算年仅三十三岁的鲁弗斯·金。他是一位律师，在缅因出生，曾任马萨诸塞以及国会的议员。就是他在1787年间提出动议（原案系杰斐逊提出），主张西北疆域应“禁行奴隶制度或强迫劳役”。根据当时人的记载，他“相貌英俊，眼神极富表现力，声音高亢甜美”。而且，“看来天生就是一位绅士，并进一步发扬了上天赐予的天赋”。不过如果他愿意的话，也会出言不逊，毫不客气。他尤其擅长揭露敌方论点的破绽。

程序委员会已经在周末中把议事规则拟定好了；弗吉尼亚的威思起身宣读条例。六十岁的威思，看来像一头老犹强健的雄鹰。鼻子特长，几乎快碰到突出的下巴，头顶尖削；眼神锐利，额头布满了皱纹。威思目前在弗吉尼亚法院任职，因此人称威思大法官，在威廉斯堡，他周围的人把他比作史上希腊著名的将军政治家阿里斯提德，沿用其外号称他为“公正者”。他是《独立宣言》签署人之一，并参与设计弗吉尼亚印信上那极具挑战意味的拉丁文州铭：“暴政必亡”[①]。他也是一位素负盛名的古典学者，在威廉玛丽学院担任首位法律教授。他后来虽然提早离开大会，却仍然留下了极大的影响力。他赞成强有力的国家级政府。

会议的议事规则很简单，兼顾礼貌和方便两大原则。当时是一个讲究正式礼节的年代，康涅狄格殖民地旧宪章中，甚至有这么一条规定：“投票人必须举止安静平和，谈吐有礼。”威思宣读大会的规则道：“每位起立发言的代表，应该先向主席致意。当他发言之时，其他人不得在他与主席之间走动，也不可彼此交谈，或阅读任何印刷或手写的书册文件……除经特别许可，针对同一问题发言次数不得超过两次；而二次发言之前，如果其他尚未发言的代表欲就此议题发表意见，必须先让后者发言……每次散会，代表皆需起立，俟主席走过他的面前为止……”

规则中并明定七州为法定州数，同时，一切议题的表决，必须经由“全体出席的法定州数中，多数州通过”。此外他们还定了一项很好的规定，是由北卡罗来纳年轻的代表斯佩特提出的，大会可以重新考虑业经多数通过的决议。“若有需要，不得排除大会修改任何决议事项的机会。”后来在全体委员会期间，这条规定曾一再行使；许多昨天才通过的决议事项，到了第二天马上又翻案，再度提出讨论。鲁弗斯·金反对另外一条规则，使得这条可以重复议事规则发挥更大作用。他反对把大家的表决立场登记下来，以免后来有代表改变立场时，会对他们造成限制、困扰。弗吉尼亚的梅森附议，于

① 直译“暴君就是如此下场”。

是取消了这项规则。不过，麦迪逊常常在笔记里以括号注明赞成或反对的人名，所以，我们才知道华盛顿最少曾经投票赞成过五项议案。

这些议事规则显现了某种不寻常的意义。首先，它表示了决心：这将是一场正式、具有国会性质、经过授权前来议事的集会。其次，也只有这么一群深富经验的老到之士，才敢实行这么简单的规则，不受囿于种种枝微末节的限制，敢于让众人各抒己见，甚至容许他们改变主意。读着这些规则，我们看见这里聚集的是一批讲理的人，他们为坚守理性原则不以退让为怯。麦迪逊在6月10日写信给杰斐逊道："大会代表的名单一定可以让你安心，足证各州对这件事抱持认真的态度。"麦迪逊此言的确不虚。

威思读毕议事规则，古弗尼尔·莫里斯呈递给主席一封"罗得岛各界"写来的信。这封信是由该州首府普罗维登斯一地十三位商界要人署名，信中表示为罗得岛不能派员参加费城会议至感遗憾，希望该州不致因此在与"姊妹州"的商务来往上遭受损失，并谨向大会致敬祝颂顺利成功云云。这封信还开门见山，否定了罗得岛议会受农业势力左右决定拒不出席的决议，一开头便讲："吾等深受当前不幸情势之弊所病……"

大会对这封政治信函的反应如何，在场代表的笔记里没有记载。到次日（星期二）早晨，麦迪逊的笔记又开始："伦道夫先生接着便将会议导入正题。"

伦道夫，弗吉尼亚的州长，年仅三十三岁，身高几近六英尺，相貌堂堂：一头蓬松的黑发，并未曾扑粉，由前额往后梳去；讲话之际，棕色的大眼骨碌碌地转动闪烁。在大多数代表的心目中，大家在此开会讨论的"正题"是，只要将现行邦联的制度修改一番就可以了。可是伦道夫的见地远过于此。他逐一提出十五条纲领，描绘出一个完全不同的政府体制，设有一位国家行政首脑、一个国家级司法机构，以及由两院组成的国家级立法机构：第一院（众议院），由人民选出；

第二院（参议院）则由第一院选出。

这十五条纲领就是有名的《弗吉尼亚决议案》，或称《弗吉尼亚方案》，也称为《伦道夫方案》，虽然麦迪逊的传记作者往往宣称，这个方案真正的起草人其实是麦迪逊。不管事实真相如何，后者的影响是明白可见的。多年以后，麦迪逊本人曾表示，该组方案是“弗州七名在场代表共同商议研拟的成果”。不管怎么说，这个文件一定是与会人士在印第安王后旅馆或别的什么地方共同努力集思的结果。在这个 5 月 29 日的早晨，十五条纲领向大会宣读之际，在场代表人人都觉得此案非同小可，是一个全新的构想；不过当场却无人表示震撼，或提出强烈的抗议。大家都知道，这组方案只不过是一项建议，麦迪逊认为它只是“一个大要而已。需要补足未提的细节；其中笼统的名词和用语，也需在细部上加以落实”。代表也了解他们需要一个议程，会议才能有所遵循而进行。于是整个夏天里，《弗吉尼亚方案》便成为大会议程的主要根据——并最终成为合众国宪法的基础；在全体委员会里面逐条逐句地详加辩论商讨，一再斟酌、通过或否决。

伦道夫毫不隐瞒他本人的立场。纽约来的雅茨记载道，伦道夫坦白承认他的方案“并不是用来成立一个联邦式的政府——他主张一个强有力的大一统政府，在这个体制之下，主权州的观念将近于废除不存”。

雅茨其实过甚其词了，伦道夫压根儿不曾提过废除州制。他可不会这么蠢，想法也没有这么激进。他的开场措辞非常有技巧，一再为自己比其他代表年轻、没有经验致歉。这项任务之所以落到他的身上，他说，纯然由于制宪会议的构想“最早是出于弗吉尼亚的缘故”。

事实上伦道夫早在二十三岁之龄，就曾作为弗吉尼亚制宪会议的一员，拟定该州州宪；并曾任检察总长，还出席安纳波利斯会议；现在担任弗吉尼亚的州长。这些资历，足使他够格充任此一方案的提案人。他一表人才，出身名门，地位虽然显赫，却谦和自然。提案之先，他略述目前邦联的种种缺失：“所谓邦联，甚至还比不上一州的州宪，任何一位法官都不会裁定《邦联条例》的地位高于州宪……”他呼吁道：“看看各地的现象，从新罕布什尔到乔治亚！难道我们不正濒临战争的边缘，唯一的解救只有这次会议带来的希望了？”

伦道夫滔滔不绝一共讲了三四个钟头，最后当他发言完毕，南卡罗来纳的一位代表，二十九岁的查尔斯·平克尼站起来了。他表示，自己对于新政府的体制也有一套看法，基本的原则和刚才那一方案完全一致。平克尼的方案非常仔细地分成若干章节，是他自己在家乡查尔斯顿独力完成，并未就教于任何人，不过大家对他的计划并不陌生，因为一年以前他曾在国会提过。于是年轻的平克尼向大会大声诵读他的提案，不过时辰已晚，众人不曾就其加以讨论。多年以后，查尔斯·平克尼向人炫耀其构想在联邦制宪会议中发挥的作用，为他自己在当地赢得了“宪法查理”的外号。

纽约的雅茨记道：“然后大会决议，由全体人员于次日组成全体委员会，讨论联邦情势。”

第四章　联邦制对国家制；“一国两尊”；费城掠影

我实在无法想象，一个政府有两个最高权力机构会是什么模样。

——古弗尼尔·莫里斯，于联邦大会

第二天早晨，5月30日，星期三，华盛顿将军从主席台上退下，会议改由投票选出的马萨诸塞州的戈勒姆主持，大会于是进入全体委员会的讨论阶段。在这个阶段里，大家可以自由发表意见，赞成反对，而没有任何承诺的义务。

全体委员会这项机制历史悠久，源自英国下议院的老传统，好让议员们在专制王权的统治下，可以没有顾忌地辩论。全体委员会进行期间，象征王权的令牌从主席台上拿下来；只要看不到令牌，投票的结果一律不用登记，只是用作探测大家意向的参考而已。回到1590年之时，伊利莎白女王左右的王公大臣，就对这个制度很不以为然，他们觉得怎可让那些布衣百姓——商贾、律师、乡绅之流，来品评原属王公贵族的国家大事。这个观念根深蒂固，难以消除。美洲闹革命的时候，乔治·热尔曼爵士就曾怒气冲天地表示，他“绝不能忍受让一群商贾每日聚在一起，随意论断政事”。

费城大会没有君王的令牌，而合众国的这一批领导人物，正是所谓的“一群商贾”。但是代表们基于以往在殖民会议和各自的州议会中得来的经验，对于全体委员会的运作以及它的用途都很熟悉。5月30日当天的第一场讨论，就由伦道夫针对他自己建议的头三条纲领提出的修正版揭开。显然弗吉尼亚州的代表已经在会外私下进行了一番讨论。伦道夫主张，由各州组成一个“区区联邦式”的结合，将不足以应付所需。因此，他提议成立“一个国家级政府，分别由最高立法、行政和司法三部分组成”。

全场一片寂然，鸦雀无声，仿佛大祸临头。政府由三个部分组成，没有问题。有六个州新立的州宪已经这么规定了。但是一个国家级的最高政府？这些字眼如何界定？拥有何等权力？小州代表瞠目结舌，不知所对。当时全场一定充满了坐立不安的气氛，弗吉尼亚的威思立刻掌握良机，问道：“由各位的默然看来，我想大家一定准备通过这个提案了？”

这个做法很狡猾，但并未得逞。南卡罗来纳的巴特勒马上反驳，不！大会并没有这个准备！他要求伦道夫好好解释一下，为什么诸州的存续得依靠这个“国家级”的政府……可是我们已经是一个国家了呀！特拉华的迪金森说：“我们虽然由许多州组成，可是毕竟仍是一个国家呀。”马萨诸塞的代表格里认为，如此强加细分联邦制与国家制的政府令他升起戒心。他觉得若通过伦道夫的建议，无异摧毁邦联，大会并没有权利这么做。因此，他敦请大会应该通过条文规定：“成立一个联邦制的立法、司法和行政机构。”

“联邦制”、“国家制”、“最高权力机构”……大会将为这些字眼争执许久，决议不下。马上有人问道，诸位难道真的打算推翻州政府吗？伦道夫答道，不！在此并没有这个意思。宾州的古弗尼尔·莫里斯站起来，试着对“联邦制”和“国家制”的定义加以阐释。他认为，所谓联邦制政府，仅系一纸建立在大家互信之上的契约；而国家制的政府，却是一个“完整且具有强制性质的运作”。

论者认为古弗尼尔·莫里斯是大会人士中最有才气的一位，他的确也口若悬河，滔滔不绝—— 一共发言一百七十三次，领先麦迪逊的一百六十一次。他的发言次数虽多，却都言之有物，从来不曾令人感到愚蠢或无味。他身材高大，在国会中素有“高个儿”之称，且“辞令滔滔，厚颜无双”。其人相貌温雅丰润，眼神精敏，脸上带着促狭的表情。华盛顿喜欢他，两人私交甚笃。莫里斯曾因骑快马跌断了腿，但听说他虽少了一条腿，周旋于脂粉丛中的本事却丝毫不减。新英格兰地方的人对他颇感怀疑，觉得他一味追求享乐。他们提起当年莫里斯在纽约国王学院的毕业论文，竟然系以“机智与美丽”及“爱情”为申论主题，真是不成体统。约翰·亚当斯也认为，莫里斯“徒有机智及辞藻，却有失轻佻”。莫里斯生于纽约的大户人家，不久前才迁至宾州。他看起来一副阔绰模样，实际上财务颇不稳定。他主张成立一个强有力的中央政府，对于一般平民百姓，以及他们治理国家的能力缺乏信心——有这种想法的人，在大会里倒不止他一个。但是莫里斯的爱国心，以及致力于共和政体的事实，却不容抹杀。他对各州极感不耐。“这一代终将过去，”他表示，“取而代之的会是一个唤作美国人的种族。”

莫里斯在大会上的演说往往非常突兀，让人措手不及。首先他会爆炸似的慷慨陈词一番，表明自己的立场，然后故意以一种嘲笑的态度停下来等一会，好让大伙的思路赶上他的速度。“一旦国家政府的权力和州政府发生冲突，”他说，“到那时候，州政府也只好屈服了。”光是这个说法本身就已经挺吓人的了……什么权力？怎么设立的？莫里斯又打铁趁热地加上一句：“我们最好趁现在就成立一个最高政府，免得还要等二十年后出现一个非有不可的暴君。”然而，他实在无法想象一个政府有“两个最高权力机构”会是什么模样。

这下子，大家可都给搞糊涂了，这也难怪，他们倡议的是一种全然不同的联邦制度，由一个最高权力直接向人民负责。想想看，只不过十一年以前，他们都还在英王陛下和他的枢密院统治之下呢！在过去，新英格兰的殖民地一共可以分成三类：王室的领土或省份，如弗吉尼亚；私人专属所有，如宾夕法尼亚；法人共有，如马萨诸塞。独立之后各州组成邦联，以及各州立宪，已经是向前迈了一大步了。但即使如此，大会却发现简直没有前例可循。北卡罗来纳一位代表写信回家道："展现在我们面前的，是一片广阔之地，却没有一条任何国家踏过的顺当之路可循。"环顾世界，诚然，以前的确也有过联邦先例。希腊就是由城邦组成，大会上陆续还会听到更多有关城邦之言。参议员也不是什么新玩意，代议制度更非史无前例。可是，试行在这么大的规模之上，三百五十万人口，十三州的幅员，甚至有向整个新大陆发展的可能，实在是闻所未闻。

在以后的岁月里，"联邦"一词的意义，在世人心目中将有一百八十度的大转变。但当5月30日那天，伦道夫说出"一个区区联邦式的结合，不足成事"这句话的时候，他所指的"联邦"，是指大会中所将用的定义。麦迪逊告诉代表们，所谓的联邦制政府，系以州为运作的基础；而国家制的政府，则直接地以个人为对象运作。这种说法颇令大会难以消化，因为自殖民以来，美式效忠的对象，一向是本州本土。而所谓邦联，不就是由州组成的联盟吗？宾州的威尔逊马上看出问题核心，他问，到底这个政府是建立在个人之上，还是建立于人为想象出来的州之上？1777年，威尔逊就曾在国会提出过同样的问题，主张个人——而非各州——才是政府事务的对象主体，否则冠上一个州名，就可以让一万人口拥有与四万人口同样的权利。这不是逻辑，威尔逊论道，简直是魔术了。

但是凡从政的人都知道，魔术的魅力往往比逻辑来得大。没有人理会威尔逊提出的疑问。年轻的查尔斯·平克尼建议，不如把全大陆分成四区，由各区提名若干人选，再从中任命组成参议会。

平克尼这个提议，立刻把大会的讨论由理论带入实际考虑，即国家立法机关的成员应该如何选拔，弗州提案第四及第五两条就是讨论这个问题。两院应如何产生——是否第一院由全民选出，而第二院（参议院）则让各州立法机构选出呢？如果是这样，席次又该如何分配呢？照人数还是比财力？而美国财富又该用什么衡量？人口抑或土地？

不深陷在理论探讨之中，可说是这次大会的一大特色。这个会议的目的，不是来为“自由”辩护，也不是为革命找出理论基础。这两项任务早就已经完成了：先有 1776 年 7 月的《独立宣言》，及后在各州的州宪序文中，又再度对政治及宗教的自由有所宣示。而 1787 年制宪会议的要务，是在讨论州权，而非总体性的人权。会议记录里找不出任何宣示性的主张，或是像法国在 1789 年制宪议会中提出的那种富有挑战性的大胆宣言。美利坚已经越过那种阶段了；如果任何人以此质疑挑战与会代表，他们一定会表示，这一类宣示已经深铸在他们的血中。各州派员前来参加 1787 年的会议，不是为了解释合众国的正当性；他们的目的，是为合为一国的各州，设立一个可行的政府体制。在这个大会中，我们不曾看见代表引用那些先贤，如卢梭、洛克、布拉玛奇或者法国哲人的任何名言；即令有人提起孟德斯鸠，也只是用来护卫三权分立的可行性而已。当联邦制宪会议讨论到政治权力、政府权限的时候，他们着重的不是理论，却是从实际的角度探讨在特拉华、宾夕法尼亚、新泽西、乔治亚，在各州到底会产生什么影响。

出席宾州会议的代表们，多数在政坛上的资历都很深，其中不乏高瞻远瞩、深具法政素养之士，但他们都把注意力集中在当前面对的要务。会议中极少出现长篇大论或卖弄言辞的情况；每当有代表似乎又要冲上“社会理论”—— 18 世纪之际所谓的“理性”——的九重天不可自拔之时，必定有人不耐烦地唤醒他回到现实。“只有经验才是我们唯一的导师，”特拉华的迪金森说道，“理性反而可能会误导我们。”

大会足足花去了半个夏天，来讨论国家级的立法机关到底应该如何产生。5 月 31 日，康涅狄格的舍曼表示：“人民和政事之间的牵涉应该越少越好。他们想要多知道一些，结果却往往被误导。”有钱又有事业的格里深表赞同：“我们所经受的最大祸害，都来自过多的民主。一般人要的不是真正的才德，他们只不过是些笨蛋，被假爱国者愚弄罢了。”毫无疑问，格里说出此言，心里头必是想着谢司上尉和他那些饱受债务所苦的农民，他们冲进法院，要求立法机关“改革”。而这些可怜的农民之所以暴动，完全是官逼民反，这个事实却不在格里的考虑之列。在这位波士顿商人的心目中，暴民就是暴民，这种货色岂可在政事大权之中有份？

格里是塞缪尔 · 亚当斯的好朋友，老牌“爱国分子”之一，曾在《独立宣言》上签名。不过当年联邦制宪会议代表心目中的“民主”一词，和我们今日的体认又有不同。对他们来说，“民主”意味着无政府、无秩序；“民主”的“民”，不是人民，乃是暴民。当新泽西的佩特森提到“民主的潮流高涨”的时候，他并非在赞颂，实在是含贬损之意。我们一再听到这类说法：如果贵族政治是“恶政”，没有限制的民主亦应全力回避。伦道夫也认为应该“遏制民主的狂热”，还言及“各州立法机关，实在民主到失去规矩”了。

格里继续说道：“我依然赞同共和，但是经验也告诉我，这种主张一切平等的思想非常危险。”

他所谓的经验，指的又是谢司上尉领导的农民叛变。史家对于这次暴动对各州造成的冲击，着墨甚多。有人甚至认为这次会议的召开，谢司事件是一个主要原因。华盛顿曾这样写道：“老天！除了托利党或英国人，谁能逆料到竟会发生[这种动乱]？……这就好像世上最明亮的早晨，竟然不幸为乌云覆盖一般，真令我痛心得无以名状……岂不令敌者大快，证实他们所料非虚！那些专制独裁者岂不都要额手称庆，发现我们无法好好治理自己；发现那建立于平等自由的制度，原来只不过是一场惑人的空论。但愿上天及时施能，扭转我们太过理性而不能理解的事态吧！”

相反地，杰斐逊对谢司上尉等人的暴动事件，却抱持着很轻松的看法。他以愉快的口吻写信给伦敦的约翰·亚当斯夫人阿比盖尔道：“我倒蛮喜欢三不五时地有一点小叛乱发生。这股抗拒政府的精神在必要时非常可贵，我希望它能永远保持不灭。虽然这种事有时做来不一定正确，但总比完全不去做来得好。”他又写给亚当斯夫人的女婿威廉·史密斯：“如果我们每二十年不来这么一个变乱那才叫糟糕呢！牺牲少数几条生命，在一两个世纪的时光中又算得了什么呢！自由之树，必须不时地靠爱国者和暴君的鲜血来浇灌才能得到新生。鲜血是自由大树的天然肥料。”

杰斐逊这个时候离开家园已经有三年之久了。在欧洲的所见所闻，使他坚信管得愈少愈好。“我们还以为我们的政府很差！”他写信给南卡罗来纳的拉特利奇说道，“依我之见，世界上唯一可以和我们的情况媲美的是印第安部落，他们的律法比我们还要少。欧洲人哪，是骗子管着呆子的一种政府。研究共和精神最好的地方在伦敦、巴黎、马德里、维也纳、柏林。”他写信给华盛顿表示，在来到欧洲以前，他就坚决反对君主政体；如今更加一万倍地反对：“这些国家，几乎无一恶不是来自他们的君主，而且也无一善不是来自他们当中微小的共和精神。我敢更进一步说，欧洲各国的君王，连让美国老百姓选来担任教区委员的资格都不够呢。”

难怪杰斐逊对麦迪逊说，他觉得马萨诸塞州发生的叛事，实在不值得“大惊小怪”。在巴黎，杰斐逊和一班男女哲人，成了意气相投的同志；他们终日聚首，畅论理想的政府体制。怪不得他对遥远祖国发生的地方动乱耸耸肩膀——从千里之外的巴黎看来，那只不过是一股小烟雾罢了。“他们只是在放风筝，探风向，”他写道，“维持鸡园子里的秩序而已。”

如果说马萨诸塞的格里，从谢司上尉事件里学到“主张一切平等的精神非常危险”；弗吉尼亚来的梅森可不作此想。他从费城大会写信回家给儿子道，东部有些人是“反共和政体的”。也许从他们在革命时期的表现来看，这个评语不大合理；但是，梅森写道，别忘了人心常常会走极端。东部各州当初因为对“自由”的期待过分乐观，结果现在特别嫌恶这些意料之外的乱象。六十岁的梅森，是华盛顿在波托马克河边的邻居和老友，彻头彻尾的共和主义者，年轻时起就是一个热情的爱国者；弗吉尼亚州州宪有部分即由他执笔，他也是《弗吉尼亚人权宣言》的起草人。他把家族纹章上的拉丁文铭辞“永为吾土”，改写为“永为共和”。杰斐逊敬他为“一代之贤”。

白发皤皤，却精神奕奕的梅森，在弗吉尼亚拥有五千英亩的土地。他自始至终都是州权的拥护者，不过他也认为美国亟需一个较好的政府。对于人性，他虽然有所怀疑，却对一般大众具有坚定的信心。于是针对格里贬斥老百姓的说法，老梅森站起来反驳了。他说，他最怕看到的事情，就是我们为了避免过多的民主，而走向了另一头极端。“我们必须兼顾到各阶层人民的权利……不管他们地位高低，我们都应同样用心地保障每位公民的福利。”大会到目前为止，还未触及“奴隶”一词，可是早在“废除奴隶主义者”称号出现以前就已经强烈主张废奴的梅森，很清楚自己话中指的是什么。他继续说道，我们立法机关的第一院，“也就是我们所说的下议院……应该认识并同情我们社会中的每一分子”。最后，他说，我们自己的子孙，“在不久的将来不是也会加入所谓的一般大众吗？”

从这些人的谈话中可以看出一个明显的事实，在这个会议的第二周里，代表们观点纵有分歧，却和他们的阶级出身毫无关系。拥地广袤、举止高贵的梅森，对普通老百姓有信心；然而鞋匠之子舍曼和白手起家的商人格里，却恰恰相反。出身寒微、但人生经验之富名重全国的富兰克林，则据麦迪逊记载，不时“对任何有辱普通大众之精神的事物表示厌憎。如果说诚实常伴财富，贫困易起盗心；同样地，富有之人往往愈发贪得无厌。他所遇过的坏蛋之中，最大的恶棍经常是那些最有钱的人……欧洲对我们这部宪法将会非常注意，如果其中对富人大加偏袒，不但将有损于当地有识之士对我们的敬意，也将使一般老百姓对移居此地却步不前”。

委员会在这5月最后的一天散会之前，已经决议原封不动地通过伦道夫的第三条：“国家级立法机关应由两院组成。”当时各州中只有宾夕法尼亚和乔治亚两州是采取一院制，不过他们也很快就修改州宪，改为两院制。不过在宾州，富兰克林却反对这项改变，他主张极端的众院一院制，并且终其一生立场坚定不变。根据麦迪逊的笔记，第三条是在“全体无异议之下，一致通过。只有宾州例外，或许会顺从富兰克林博士”。但是到了6月21日，这同样的问题又再度在委员会里提出，这一回，在把恼人的“国家级”字眼剔除以后，以七比三通过（马里兰代表意见分歧）。

《弗吉尼亚方案》的第四条规定，众议院由全民普选选出。出人意料地，这一条竟然也获得大家同意过关；虽然到了一个礼拜以后，马上又有人提出来翻案。照这个情势看来，小州派来的代表们，在会议初期似乎尚未就绪，并没有联合战线共同抵制。比方说，新泽西和南卡罗来纳对第四条投了反对票，而康涅狄格和特拉华却内部意见分歧不决。更令人惊讶的是，伦道夫提出的第六条的上半条，主张授予国会凌越州法的权力，一开始竟然也无异议地通过了；而到了后来，这一条规定却遭到激烈的反对而弃置。大会的议事规则，显然容许委员会对提案一再反复投票；这种做法在华盛顿坐上主席位、整体提案最后提至大会全体表决之前，可以探试出代表们的想法和感觉。

第六条的最后一款是：“召聚联邦武力，对抗任何不履行《[邦联]

条例》规定义务的联邦成员。”对于这一款，麦迪逊要求延期表决。他说他强烈主张以列举式明定国会的特定权力；他越考虑，越觉得用动武来对付州的主张，就实际、公正、效力而言都有问题。他说，这简直就像“宣战”嘛。

根据麦迪逊的记录，大会对延期表决的动议“一致赞成”。结果日后最终出炉的宪法，并没有这么一条以国家武力对付州或地方的条款。“[全体]委员于是起立，”麦迪逊记道，“散会。”

此时是下午3点，代表们鱼贯离开州议会厅，闲步出去，或往板栗街，或通过南门沿院中迤逦的小石子步道而出。院中新栽的树木，尚不足以乘凉遮荫。在此，唯一可以寄望的只有从六个街区以东的河面上，或是第九街市区尽头西去的绿野中微微飘来的轻风。

那一年夏天，并不是州议会厅最风光的时候，它的尖塔在早几年前就已经因为摇摇欲坠给拆掉了。但是它有着两翼厢厅和其间高大的拱廊——18世纪时被称为“回廊”——看起来还是很迷人的。矗立在狭窄的街道上，整栋建筑物距砖砌的人行道有一段距离，越发显得庄严伟大。房子两头的行道上各围了一口有盖井，高悬着木制的打水泵。城的西端——第六街处——郡法庭的新厦刚刚动工，此时只不过才在地上挖了一个大洞。第五街上也是一片嘈杂的敲锤声，到处是一堆一堆的木料，窒碍难行：费城哲学会会址正在施工。胡桃街对面，正朝着州议会厅庭院的，是四层楼高的石造监狱。这座监狱可是费城的光彩，管理方式新颖人道，完全比照费城贵格派的理想，以及意大利改革家贝卡里亚的理论设立。贝卡里亚认为我们不能只处罚作恶者，也应该帮助他们改过自新。在此，昏暗的单人牢房互相隔绝，债务犯也与刑事犯分开拘禁。

大会代表步出州议会厅庭院，囚犯纷纷从铁条窗里伸出尾端系着布帽子的长芦秆，大声呼叫乞讨着，谁若是不理睬他们，就会挨他们一顿臭骂。有人说：“从这笼脏家伙嘴里，吐出下流可怖的咒骂。”

代表们下榻之处也离此不远。华盛顿和罗伯特·莫里斯就住在一个街区之隔，第六街东边，莫里斯坐落在市场大街的家里。许多代表都带了自己的车马和随从马夫来，将军也不例外。格里则住到云杉街一处宅子，并且派人往剑桥把家眷——他那美丽的新婚夫人和襁褓中的儿子——一道接了来。其他的代表，有的寄宿在有名的女店东玛丽·豪斯夫人在第五街与市场大街交口的旅馆；有的则下榻第四街印第安王后之类的旅馆，经常是两人挤在一间客房。

费城地方上对代表们的招待很殷勤。从代表的日记里，我们知道宾州本地的代表，富兰克林博士、英格索尔、罗伯特·莫里斯，以及那两名永远打不倒的宾州政坛人士——米夫林和克莱默，均曾纷纷宴请他们。城里头还有书肆、文具铺，可以买到许多新旧名家的著作，如那年 5 月，贝尔新刊的一百零九卷《不列颠诗人》，或是法学家布莱克斯通的四大本《英国法律评论》。巴洛的新诗集《哥伦布的远见》正在做广告，招徕读者。二楼设有图书馆的木匠厅，与州议会厅只隔一个街区，代表们大感方便。他们当中许多人都知道这栋砖楼，1774 年第一届大陆会议就在这里召开。一进去，右手边陈列着各色工具机械的模型：犁耙、清谷器、梳麻机等等。一位费城人士写信给杰斐逊，告诉他这个夏天城里出了许多搞发明弄点子的人。“有一个叫菲奇的家伙”，已经花了一年的工夫来研究怎样用蒸汽引擎带动船只，他在这上面“耗了许多金钱，狂热到他自己都快变成一具蒸汽引擎了”。写下此信的《独立宣言》签署人之一、作家霍普金森相信“这类方式一定可以带动船只前行，不过制造这个机器的成本太大，又非常复杂，绝对没有法子普及”。

费城让人感到兴味的地方不止一处。代表们还可以上皮尔先生的博物馆看看骨化石、动物剥制标本、肖像画，皮尔先生本人同样值得一见。据人形容，这位皮尔先生十分可亲，待客“殷勤”。皮尔曾打过独立革命战争，在当地政坛很活跃，为华盛顿画过五幅像，不久将着手画第六幅。费城绵长的特拉华河河岸，也是多彩多姿值得一游的地方：西侧仓房成排；几十个码头上停泊了无数船只上下货物，热闹非常。三年前，此地的“中国皇后”号首航中国广州，如今铺子里充斥着五光十色的货物，从茶叶、可可、中国丝绸、象牙扇子到西班牙柑橘、法国香皂球、南卡罗来纳米，应有尽有。不时也有大批从爱尔兰、苏格兰、德国等地来的契约佣工在此登岸，事前报上早已大肆刊过广告，都是些强壮的年轻男子，有时也包括女子，就等出价最高的雇主前来雇用。

市集每逢周三、周六早晨开市，盛况令人大开眼界。从市场大街，一路搭棚到河岸，“干净整齐，就好似一间大饭堂”，摆满了新鲜鱼肉、蔬菜水果、奶酪等各色货品。人潮汹涌，大清早就挤得水泄不通。迫不及待想要自给自足的美利坚，已经在国内生产越来越多的货品，大家也都以此为傲。“近从伦敦迁来的家具木工师”朗先生，在《宾夕法尼亚邮报》上登出法式摩登沙发的广告，那优雅的产品光是图片就令人垂涎。拱门街的戈登，能在九小时内做出顾客订制的皮靴。贝克医生销售他那“出名的抗坏血病的牙粉和阿尔比恩香油”。牙刷近日开始流行，不过被认为多少有些女人气；绅士们若需要去除口臭，用一小片布沾点鼻烟粉擦擦牙齿就可以了。沿街每隔不远，就设有费城远近驰名的打水泵，装着铁制的把手。但说起来，夏天里的费城并不卫生，饮用水的味道也很差。讨厌的苍蝇蚊子始终不断，有时风向正对，还会吹来一股又一股屠宰场的浓重异味。城里的人家也不讲究，污水残渣随处乱倒；还有人抱怨排水沟里可见动物的尸体。监狱里的犯人，被派来清扫街道及公共厕所，剃光了头，戴着脚镣，大家叫他们“手推车工人”。

代表们晚上多聚在酒馆客栈里谈话，通常也就足够准备翌日会议所需了；摆在他们前面的苦差事还长得很，不必急在一时。大宴小酌甚多，遵照当时的风尚，恐怕也是任何地方“有会即有酒”的传统。酒类的消耗量甚大。根据记载，有过一次十二人的晚宴订了六十瓶马德拉酒的纪录。在某些代表眼中，费城此地道德松弛，众人追逐享乐，喜好跳舞，对城里将要兴建的一座戏院争闹不休。梅森抵达费城不到十天，就写信给儿子发牢骚，说他越来越受不了在这座城市里如此流行的社交礼仪和无聊之举。可是就当时另外一些法国旅人如沙特吕和布里索看来，费城简直正经得令人却步，小姐们拘谨古板到难以置信："这里的男人严肃阴沉，女人不苟言笑。找不到一个游手好闲的人，没有风流太太，没有咖啡屋，连像样的散步道也没有。"总之，这次联邦大会的地点，是一个忙碌繁荣的新兴大城，走在街上，可以碰到三教九流，各色人等：城外来的德国农夫；操着奇怪口音从各地来的水手；战后重返的法国贵族，一游这个他们曾为之作战的国家；打着带穗绑腿的边疆拓荒者；戴着大宽檐帽的贵格派；肖尼印第安人和特拉华印第安人……

城里永远飘扬着钟声。一周两次，晚钟响起预告明日的市集；每晚饭后，教堂钟响宣布木匠厅的图书馆开门。小贩摇着手铃沿着清晨的街道叫卖；礼拜天的教堂钟声，使得这一日显得愈发静谧。入夜后直到天明，每隔一个钟点，城中居民在床上可以听见巡夜人呼报时辰及天气。若有人打算赶午夜后两三点的早班驿车出城，可以请巡夜唤醒他——这是费城特有的一项服务，外来旅客都非常感激。

第五章　最高行政长官；费城的威尔逊、特拉华的迪金森、富兰克林博士说出心中事；6月1日至6日

诸位难道打算为世袭君主制开路不成？

——梅森，于联邦大会

代表们都明白，打从当初打算开这次大会起，就多少有些冒险的性质。到今天会议总算揭幕了，看来却颇有重蹈国会覆辙的光景。头十天里，大会连法定的州数都无法达到，大家开始发急，纷纷写信回州催促同事快点动身，勿再延误。纽约的代表们虽说一早就到了，但是不到7月8日，这三人就都消失了，而且后来只有汉密尔顿一个人回来。马里兰的麦克亨利6月1日因家人生病离会，一直到8月才重返费城。新罕布什尔的代表则一迟到底。此外，弗吉尼亚的威思因夫人有恙，在6月4日返家，一去不回；不过他本人极为赞同宪法，后来还在该州议会上全力支持批准通过。至于其他的代表，在会议期间，有的往返于纽约的国会，因公私诸事缺席数天甚至数周之久。

在这种情形之下，大会实在随时有解体的危险，整个计划有流产的可能；可是众人从不曾在信中吐露半句——保密的规定使大家极为慎重。每隔几天，每有新代表报到，华盛顿便一一记在他的日记当中。看到这些代表陆续抵达，令人不觉心安，感到又有一些把握。

6 月 1 日星期五，乔治亚的胡斯顿到达。这位年轻的律师，除了家世显赫、相貌英俊之外，其他乏善可陈。但不管怎么说，连最偏远的乔治亚州，四位代表总算也已到了三位。

一俟胡斯顿的委任书审查完毕，大会立刻决议再度转为全体委员会的形式，探讨弗吉尼亚提出的第七条大纲："设立一位国家行政首脑……"

南卡的查尔斯·平克尼马上站起来，强力主张设立一位"强而有力的行政首脑"，他并未使用"合众国的总统"的名称。一直要到好一段时间以后，大会才转而采用"总统"一词；在此以前，不论单数复数，他们一律称此职位为"最高行政长官"或"国家行政首脑"。平克尼说完，宾州的威尔逊随即主张，行政首脑应该只设一人，平克尼附议赞成。

会场立时一片沉默。"停顿了好一会儿。"麦迪逊记道。*一位单一的首脑*！这几个字里充满了威胁性，某些人不觉从中看到了君主政体的意味。不错，目前事实上已经有九州各自设置单一的行政首长制——州长或议长——可是，不管在哪一州，总是由当地的立法机关操有最高权力，被大家视为人民喉舌，随时随地控制着州长。但在国家政府中设立一位单一首脑的建议，却又唤起过去的那种景象——谁也管不了的钦派总督、皇冠、貂袍、令牌！

沉默持续，一向留心会议气氛的富兰克林，开口希望大家抒发一下自己的心情。南卡的拉特利奇，也为众人怯于就各项问题发抒己见感到悲哀。他觉得大家好像担心一旦开口表明立场，就再也不能改变主意似的。宾州的威尔逊于是便起立说明，他为何赞成一元首脑制。行政部门的基本要件，由活力、迅捷、责任三项组成，而前两者往往最能在同一人身上展现。威尔逊系《独立宣言》的签署人之一，是一位律师兼法学专家——注意，这两个职业并不见得同义。他生于苏格兰，二十一岁来到美洲时，已在爱丁堡和圣安德烈两处大学受过充分的训练。早在1774年，他就对大不列颠帝国未来可能的发展，有过杰出独到的看法。他写道："各个不同的州邦，彼此独立，却又联结在同一主权之下。"他一直秉持着这个信念，到了1787年，将其修改纳入合众国的宪法之中。

威尔逊曾被人称为联邦制宪会议英雄中的遗珠。一个世纪以后，方由英国史学家布赖斯爵士称许他为大会中"思维最深刻、逻辑推演最精确"的参与者之一。威尔逊主张强有力的中央政府，主张主权在民。他不受他人影响，独立思考，因此常招来强烈的反应。联邦制宪会议之后不久，一群憎恨他对宾州政治看法而情绪激动的群众，曾烧毁他的肖像泄愤。不幸的是，威尔逊似乎鬼迷心窍，沉迷在财务上下赌注，天性好投机冒险。他不但深陷于西部土地公司的股份投资，有朝一日还得四处躲避债主，焦虑成狂，悲叹自己宛如一只为人猎捕的野兽。

我们不知道威尔逊在土地上的投机，是否曾影响他作为政治家的品格风范；不过，有人的确批评他在国会和法官任上有过特别关说之嫌：当然了，西部的土地投机者，必然认为一个强力的中央当局有助地价。献身政坛为国服务，却因私人理财不当染上污点，像这一类的政治家，威尔逊并不是头一位。英国名政治家、哲学家弗朗西斯·培根，1621年即曾因贿赂遭国会弹劾。另一个例子是联邦制宪会议另一位代表罗伯特·莫里斯，他在费城显赫风光一时，最后却身败名裂，负债累累，贫困以终。

但在1787年6月，当威尔逊起立呼吁为合众国设立单一首脑之际，众人所见的是位年方四十四、两肩下垂、褶边衬衫齐整、表情凝重冷静的男子。他戴着圆形的眼镜，镜脚钩在他扑了粉的假发里面。威尔逊的苏格兰口音很重，费城人都叫他"加勒多尼亚的詹姆斯"[①]。

① 加勒多尼亚（Caledonia）：苏格兰旧称。

他主张单一首脑的提议立刻遭到反对，康涅狄格的舍曼认为：所谓行政首脑一职，“应该仅为执行立法机构的议决事务而设……该人或诸人，应仅由全社会主权意志所托的立法机关任命，并向立法机关负责而已”。伦道夫则“激烈反对”首脑职务合于一人之身，认为如此无异于孕育了君主制雏形。他也实在想不通为何当行政首脑的重要条件——活力、迅捷以及责任——就只能在一人身上齐备，三个人就不行？他说，我们绝不能“以不列颠的政府形态为榜样。美利坚固有的民情，需要一种不同的政府”。

威尔逊不同意这个说法。他表示，一元首脑制，非但不会演变为君主制，反而将是抵制暴政的最佳防护。多元首脑制也有可能导致如希腊三十僭主，或罗马十执政般的集体高压统治。他也绝非宗法不列颠模式，“我们必须考虑到我国的两项特点……合众国的幅员和民情”。威尔逊说道，“一个面积如此广大的国家，乍看似乎需要君主制的活力，但我们的民情却是一向反对国王，全然主张共和”。

“君主制的雏形”、“我国固有的精神”、“国家意识”……诸如此类的名词，众人已经逐渐耳熟能详了。大家也习惯了动不动就援引英国政府为例。英国是怎么做的？每个人都朝这个方向问个不停。它的下议院是怎么回事？英国法官是否参与立法，还是只处于顾问地位而已呢……这种现象不足为怪。在场诸公，甚至连最年轻的一位也是在英国统治之下出生的；他们都在同一个信念之下长大：英国政府以及它的普通法，是全世界最好最自由的体制。他们认为，若不是大不列颠违背了它自己的原则，殖民地也不会诉诸战争。可是现在仗已经打完了，以不列颠政府为模式有何不可？连那有名的孟德斯鸠不也参考英国政体，鼓吹司法、立法、行政三权分立吗？

但是，代表之中彻底反对借鉴英国的也大有人在。马里兰的马丁就记道：“英国政府这个道理，英国政府那个先例，没完没了地烦死人。”6月2日，特拉华的迪金森起来发言，赞成设立一元首脑制。

他表示，虽然他还是觉得有限君主制不失为“最理想的一种政体”，但在美国绝对行不通。贵族院不是吹一口气，或大笔一挥，就可以凭空造出来的。但是，“我们也千万不要绝望”。

迪金森时年五十四，因在1768年著有《一个宾夕法尼亚农场主致英属殖民地居民的信札》而名重全美，该作家喻户晓，无人不读。他不但善述理论及实务，精通英式自由的基本精神，也熟知美洲殖民地与母国之间陷入的僵局。这一系列书信的笔调温暖质朴，好像当面娓娓道来的口吻，几乎带有富兰克林之风。迪金森曾在伦敦中殿律师学院研习法律，夫人是诺里斯议长之女。他和威尔逊二人，曾名列大陆会议中的“冷面魔鬼”，在1776年时曾竭尽所能地阻挠独立；结果把约翰·亚当斯惹火了，1775年曾在那封中途被截、臭名昭著的信当中，指迪金森为“某一极好命又无用的聪明鬼”。但是，后来在1775年7月里写下了《关于拿起武器的原因和必要的公告》中气势磅礴的结语之人也是迪金森，一年后他还在制定《邦联条例》的委员会上担任主席。他虽然投票反对《独立宣言》，随后却毫不迟疑地随义勇军开往伊丽莎白镇。如今在1787年的联邦制宪会议上，他则是强烈支持国家级政府的一员。

一元首脑制、多元首脑制，争议愈加激烈，众人也忘了先前的踌躇腼腆。弗吉尼亚虽赞成强势的国会，伦道夫却起立反对一元首脑制。他表示，民众永远不会对任何单独一人有信心；而且，不论何人当选，此人一定来自人口中心区附近，“导致边远地区失去平等的立足点”。相反地，三元首脑制的元首则可由全国三个不同的区域挑选出来。

南卡罗来纳的巴特勒强烈反对。他说他亲眼看到荷兰这个小国，由于实施军事多头制度，在皇家部队攻打下阵脚大乱。多元首脑制中的成员，容易被其出身地区的地方利害左右。巴特勒在爱尔兰出生，父亲为英国国会的一员；母系是古老贵族佩斯家族，巴特勒从不让人忘记他有这么显赫的身世。他头戴扑粉假发，颈围美观硬领，外套上缀有金色穗边。不过在南卡地方，他却不曾投效他所属的地主商人阶级，反而站在乡区老百姓的一边，帮助他们对抗沿海地带的政客，抗拒后者压低他们的地价，或故意阻挠前者在州议会中的代表席次。巴特勒这个人做事冲动，而且好惹麻烦。他既然在大会中强力支持国家级政府，自然也同样赞同一元首脑制。可是当辩论旋即转到弗吉尼亚提出的第八条——授予最高行政长官对立法的否决权时，他却又突兀地改变主意。他激昂地表示，在座诸君似乎以为，我们丝毫不必担心首脑权力的滥用，“罗马有过喀提林[①]，英国出过克伦威尔，这种事难道就不会在这个国家发生吗？”

喀提林和克伦威尔这类例子，日后在会中不断有人引喻比方。虽然没有人提及乔治三世的名字，这位倒霉的君王无疑存在于每一个代表的脑海中。梅森问道：“各位是打算为世袭君主制铺路不成？难道我们还沾沾自喜，以为老百姓会同意我们这个伟大的创见吗？”

总统否决权——当时大会称其为“行政反对权”——此事关系重大，非同小可。人民从经验中得到过一个教训，不论在地方还是中央，一人抑或多元，行政权力务必谨慎从事。《弗吉尼亚决议案》的第八条建议，由最高行政长官，配同“人数合宜的国家级司法机构”，组成一个审议会，负责逐项审核国会的法案，核定后方可定案实施。富兰克林在这个问题上持有明确的看法。早在当年宾州还是佩恩家族名下的专属殖民地的时候，他就曾出任过老议会的议员。对于这个以行政牵制立法的做法，他表示，早已经领教过了，“州长的否决权往往成为敲诈勒索的手段。如果不私下同他讲好条件，没有一个好法案可以通过。不是加他的薪，就是得捐给他钱。到最后就变成惯例，每有法案需要他的签字，必得同时由州库开具票据，一并呈

① 喀提林（Lucius Sergius Catilina，约前108–前62）：古罗马阴谋政变者。

上给他，以便州长大人可以在签字之前就拿到好处”。

富兰克林又说，甚至在印第安人剥西部居民头皮的消息传来之时，州长也迟迟不肯支持任何防卫的措施，一直到大家同意专属产业可以免税方才首肯……如果行政长官另有一个民选的审议会辅佐，他的权力就不会那么惹人非议了。“不错，大不列颠的国王自1688年革命以来，从来未曾……使用过他的反对权。不过其原因很简单，因为现在贿赂报酬的对象，是国会两院议员，这样一来，[皇家的反对票]自然没有作用了。如今每样事情，都是依各部大臣的意思来做。”博士又补充道，他担心一旦授予行政首脑否决立法机构定议的权力，他对权力的需索将日增，最后立法机构将“完全听命于行政首脑的意志而行事”。

富兰克林博士在海外居住多年，他对英法两国颇有认识，并且能操法文——他也深谙其身任议长的宾州的政情。他表示希望设立多位首脑。单设一位首脑，不但要担心他会野心过强或有“好战”之虞，而且万一病倒了怎么办？这时候该由谁来处理国事呢？万一他死了，又该由谁继任以待下届选举到来？为什么不干脆选出一个终身制的审议会？此外，说起这单一首脑，富兰克林道：“头任必然是个好样的，可是谁敢说以后来的会是什么德性呢？”

富兰克林年已老迈，语音柔和。他说道，知道自己年纪大了，记性也不可靠，不得不事先把自己对行政首脑待遇的意见写下来。威尔逊自告奋勇愿意代为宣读，富兰克林表示同意。文中论道，不论一元或多元首脑制，博士都反对付给行政部门薪金。“各位，”威尔逊念道，“人事往往深受两种欲念影响，那就是野心和贪欲，一好权，一好利。”一开始合乎中道的薪水，很快就会增加；为谋职图官相争的人，将络绎不绝。英国的高官就没有任何待遇，国内则有贵格派做榜样，他们对公职的看法是酬劳越低，荣誉越高。而且，领薪的首脑很快就会把美国带上君主制的路子。人类天性里都有倾向君主政府的意识，君主制有时可以把人从贵族权势的支配下解放出来。伺候一位暴君，总比伺候五百位暴君要好。“凡是做君王的，只要有法子，百分之九十九都会照着埃及法老王的例子，先搜刮尽了老百姓的钱财，再夺去他们的田地，最后还迫令他们和子子孙孙，生生世世永为奴仆。”

如果大家以为，要求人才无偿地为国任职是乌托邦的想法——难道我们不曾看见，“我们最了不起、最重大的军职，我们部队大元帅的任务，是由一位爱国人士，在没有分文待遇之下，尽忠执行担任了八年之久？他的伟大无需我再赘言赞美，否则反显唐突……难道说，在全合众国之中，竟然找不出三四位热心公益的志士……来献身国事，督策我们法令通行吗？我们连这点信心都没有吗？”

这段时间里，华盛顿从下了主席台之后，都一直坐在弗吉尼亚的代表席上。在州议会厅里的人都知道，甚至全美人人皆知，不管用什么名义，新政府的首脑一定少不了华盛顿将军。大伙为了美国是否可以信任一位单一首脑，甚至可否以民脂民膏偿付之的事情，争得不可开交之际，华盛顿本人正端坐在此，如往常一样背脊直挺，领口垂着硬邦邦敷粉的发辫。整件事情，麦迪逊后来写信给杰斐逊道：“真是尴尬得很。”

末了，富兰克林的大文提出动议，主张行政首脑应采无薪制。汉密尔顿起立附议。接下来没有人有任何意见，于是决定将动议暂行搁置——“大家对这个建议处理的态度很恭敬，”麦迪逊记道，“可是这个态度主要是出于对提案人本人的敬意，而不是信服于动议本身的权宜和可行性。”

威尔逊接着表示，各州政府里的人员“都已经习惯，并且愿意接受一元首脑制”。大会可不为所动。要是碰上一位野心勃勃的最高行政长官，有谁去限制他呢？如何监督他、牵制他呢？用弹劾吗？梅森和伦道夫一样，强烈主张三元首脑制，一位选自北方诸州，一位选自中部诸州，还有一位选自南方诸州。如此岂不就可大定民心？梅森问道，而且经由这种方式选出来任职的三人，他们对这伟大联合之国的真正福祉，岂不更有完善周到的认识吗？

委员会各州投票结果，七比三，赞成一元首脑制。纽约、特拉华和马里兰反对。麦迪逊的笔记记道："华帅，赞成。"

"我认为，"梅森阴郁地表示，"邦联政府多少因为这次会议而解体了。"其实他有些言过其实：此时国会坐镇纽约开会，作战、财政、外交、内政各部门的运作，仍如常进行。不过，大会的确大大偏越了当初交代给它的规定（日后也的确有位美国总统——马丁·范布伦——将制宪一事视为"一次英雄式的，但乱法的行动"）。

现在该讨论第八条行政否决权了。这条建议必要时"行政首脑应会同司法部门审议修订法令"。鲁弗斯·金立刻反对。他认为，法官审案时，如果发现沿用的法令违宪，必然会中止该法的执行；因此，他们不应该参与法令的制订，甚至连反对的否决权也不该有。迪金森同意这个看法。国家级司法机构，绝对不可以和行政首脑的职权相混，"因为一个解释法令，另一个执行法令"。

富兰克林则认为，无论在哪种情况之下，都不宜授权一人去否决立法机构通过的法案。麦迪逊发表了一场"极有见地的精彩演说"，梅森记道，演说强烈赞成法官会同行政首脑共同组成修订会议。他认为，这种做法绝对合适，"而且绝不会干犯到各部门泾渭分明、各行其权的独立性"。但是格里不以为然，暴躁地表示他可不希望看到行政首脑"有此特权，又受到法官的诡辩蛊惑"。

在场的诸位法官——南卡罗来纳的拉特利奇，弗吉尼亚的布莱尔，纽约的雅茨，新泽西的布里尔利，特拉华的里德，康涅狄格的埃尔斯沃思、舍曼、约翰逊诸人——听到此言不知作何感想，是否还笑得出来？五十五位代表当中，其中三十四位是律师。国会里的比例更为悬殊；律师们还起草了《独立宣言》，制定了《邦联条例》。不过，他们也清楚国人对自己的成见，特别在革命事起之后。律师身上沾染着英格兰的气味，伦敦中殿律师学院等英国律师学院的气味——尤其是那一股威权味儿。律师催讨债款，也不管天时不好，币值下跌，更不顾那可怜的农民所有的只是那一大摞不值钱的纸币，硬要他们以正金本币偿还，若还不出来就把诚实人扔到监狱里去。

早有人说过，革命就和乌托邦一样，总认为没有了法庭，日子可以更好。莎士比亚对这种心理知道得很清楚，他笔下杰克·凯德的一名叛军叫道："我们头一件大事，就是要干掉所有的律师！"多美呀，一个无政府的国度，法庭关门大吉，监狱空无一人，有钱人被打倒，再也没有法警带传票来擂门。1775 年大陆会议后不久，酷爱律法的约翰·亚当斯就碰上了一件倒霉的事。从费城开完会回来，他在波士顿遇上一位老客户，是那种一年到头被人家告到法院的人物。这位仁兄兴奋得不得了。"哎哟，亚当斯先生呀！"他叫道，"太棒了，你和你的诸位同僚替我们做了天大的好事呀！真是感激之至，无以为报！现在本省再也不会有法院了，希望以后永远不再有呀！"这桩插曲，亚当斯说，让他心情大为郁闷。他难道就是为了这种下场而不顾身家性命地去革命吗？他一直以为自己是为支持法律而战，而不是要打倒它呀！

在谢司上尉那伙人的眼里，律师是群"残忍的毒蛇猛兽"，"一窝蜂"行动（讨厌律师的人总喜欢说他们"一窝蜂"行动）。更糟糕的是，自 1783 年对英讲和以来，由于律师们在法庭里代表托利党打官司，替他们讨回被爱国分子夺去的地产，使得一般人更讨厌律师了。汉密尔顿在这方面就很活跃，纽约的雅茨也是；汉密尔顿甚至在报端为文主张他的立场。威尔逊家里被抢，和他为托利党辩护有部分的关系。

所以，格里提到法官诡辩，其实反映了一种普遍的成见。格里本人在本次大会还有许多发言，他也够资格有意见，因为他在《独立宣言》和《邦联条例》上面都签过名。事实上格里自1772年深受塞缪尔·亚当斯影响以来，就一直在政界极为活跃。政治上来说，他是个彻头彻尾前后不一的人物；终其一生，始终在联邦制和反联邦之间摇摆不定。他个子瘦小，神容忧愁，鼻子很长，讲话时老喜欢眯着眼睛，带点结巴。不晓得什么缘故，他颇受太太小姐们的欢迎。他很容易被激怒，约翰·亚当斯说他有股"因小失大"的顽固脾气。总之，格里其人不但极富谋略，更具有施展这些谋略的精力。

就行政首脑绝对否决权的问题，委员会里的十州代表一致反对。讨论中间，麦迪逊曾建议，行政首脑否决之后，可以借一定比例的国会票数,再行将其推翻。他认为没有一位首脑能够与国会全体抗衡。甚至连大不列颠国王，尽管显赫尊荣，也不敢冒大不韪反对国会两院的意思!

关于此一行政权修改立法之事，大会曾就许多不同的方案加以表决，却一直不曾作出任何决议。一直要到6月18日，委员会才终于同意授予行政首脑否决权，同时也通过其否决可以由国会里三分之二的票数再行推翻的提案。于是宪法中便有了这项规定。

次日上午，星期二，利文斯顿到达。他年约六十四，根据一位代表所记，"身子骨相当硬朗"。利文斯顿自1776年以来即任新泽西州长，出席过两届大陆会议，在革命运动里以活跃著称，一篇托利党的文章称他为"泽西州的唐吉诃德"。他出身世家，地位又高，向来以正直不阿、精力无穷闻名，如果有人攻击他的政治原则，他会变得激动不已。说来也奇怪，这样一种性子的人，利文斯顿在制宪会议上却鲜少发言。不过他倒被提名进入多个委员会，麦迪逊后来评论道，"也许别人认为，有他在场自有其作用力，会发挥一定的影响罢"。论起外表，利文斯顿个子又高又瘦，动作有点笨拙；有人曾戏称他为“鞭刑柱”，这个诨号也一直随着他。他是大会里最有名的几位人士之一。

利文斯顿抵达的那个早上，议题转向伦道夫提出的第九条，有关下级法庭法官的任命事宜。谁负责提名任命州级的联邦法官？行政首脑，还是国会？威尔逊认为这项工作最好由一人专责，因为经验显示经由大型团体提名任命的作业，往往导致“阴谋、偏私和隐瞒”。拉特利奇激烈反对——身为南卡罗来纳的大法官，他的话很有分量。革命期间，大家甚至称他为“独裁约翰”，他一向习惯让别人听他的。这时他说法官绝不能由行政首脑任命，“老百姓会认为，我们简直太倾向君主制了”(这是大会无时或忘的论据)。除了一个最高法院之外，拉特利奇反对设置其他任何国家级法庭。

舍曼则主张，目前各州已有的法庭已经足够，再加设联邦法庭花费不赀。鲁弗斯·金不以为然，他认为在地方设立联邦法庭最终反而划算，因为如此一来，可以省下更多的上诉费用。巴特勒则强烈反对设置联邦法庭。人民不会支持这种新制度的，各州对这种侵害权限的做法也会群起反抗。就算联邦法庭有可取之处，大会也不该冒这个险。“我们应该效仿梭伦[①]的做法，他送给希腊人的，不是他自己所能设计的最好政府，而是人民所能接受的最好政府。”

随着辩论气氛升温，富兰克林博士平和地插话了。他说，到目前为止，我们只提到两种选择法官的方式；这是个要紧之处，他希望还有人可以提出其他不同的方法。他本人打算介绍一种据了解在苏格兰地方通用的方式。麦迪逊记道，老人家于是“简短生动地描述了一下这个苏格兰的模式，原来当地系由律师中公推提名，而他们总是挑出同行中最出色的，好把他赶出去，自己就可瓜分他留下的业务”。而在我们这里，选民为了自己的福利着想，一定会作出最

---

① 梭伦（Solon，前638—前559）：古希腊政治家和诗人，曾任雅典执政官，推行一系列重要改革。

好的选择。

老人家讲话有时是挺烦的，可是如果是这一位老人家开口讲故事，却令人不觉莞尔。麦迪逊提议将第九条中“由立法机关提名”的字样删去，留下空白“俟日后获得更缜密成熟之议后再行补上”。全体委员会投票，以九票对两票通过。

6月5日星期二当日余下时间，大会很快地审阅了《弗吉尼亚决议案》其他六项条款，会场上的意见照样可由议决结果见其一斑。第十条经由全体无异议通过：“应订立规定以批准合众国境内依法成立之新州加入。”第十一条则向各州保证，政府将采共和政体形态。此条经新泽西动议，暂予搁置延后讨论，新泽西的检察总长佩特森——保护小州权益的斗士——认为应该先将各州在共和政府里“代表议事人数的问题”解决，再论其他。佩特森与帕特里克·亨利想法一致，“嗅出事情有点可疑”。接下来《弗吉尼亚决议案》第十二条，未经辩难便无异议一致通过：“保持现有国会……直到合众国之改革条款经采纳施行后的特定日期为止，以完成其现行一切事务。”现在这个国会，一时毕竟还是少不得的。第十三条规定宪法的修正案，无须经由国会的同意。这一条在三州——以及格里——的反对之下，暂行搁置延后讨论。接下来的一条，规定各州政府官员需宣誓支持国家政府，据麦迪逊所记，“经过一番简短无趣的讨论之后”，也遭到搁置延后的命运。

《弗吉尼亚决议案》的最后一条，即第十五条，是有关大会决议的认可批准事宜。这时候讨论可一点也不枯燥了。雅茨记载道：“本会决议提出的修订，将由大会呈递邦联……并经国会核可之后，于适当时机提交由各州立法机构举荐召开、由民选代表组成之一次或数次大会，加以斟酌核定。”与会的代表都知道，认可批准的方式非同小可，宪法的成败系于此。舍曼觉得没有必要经由全民认可：《邦联条例》不是已经规定任何更改修正，只需国会和九个州同意即可？

可是，麦迪逊却认为一定得经过全民性的批准认可。他表示，《邦联条例》“只不过是一种特定的条约而已”，任何一州违犯其中任何一条，都会解除其他州履行条约全部内容的义务。因此，他认为，新宪法需要的批准认可，“应采取最无懈可击的方式，并出自全体国民的最高授权”。

麦迪逊记道，格里又照他的一贯作风，“似乎很不放心把这个新制度交付给一般老百姓”。根据他的看法，新英格兰诸州的居民，“对政府有着世界上最荒唐的想法”（谢司党的阴魂不散，又来了！）。在马萨诸塞那里，他们竟然主张废除参议院，将政府一切权力都交由一个只有一院的立法机构。可是格里的同事鲁弗斯·金却跟他看法不同，赞成交付国民代表大会批准。鲁弗斯·金表示，这个特别大会只有一院，因此修订案的推动通过，将比较容易。

威尔逊此时站起来发出严重的警告，提醒大家前头将会面临的险境。在批准的过程中，很可能由于“某些州不顾他人、自私自利的反对”而使新宪法受挫。麦迪逊表示，不论批准的方式为何，他都希望不必经由十三州全体一致的同意才能成立，至少应该容许其中几州形成局部的联盟，好留下“一道门让其他各州可以加入”。

大会决定将宪法批准方式的问题——第十五条——延后以待进一步研究。但是查尔斯·平克尼却又站起来说道，他担心国人是否能够接受立意如此大胆创新的政府，他“希望，万一这项实验不能在全体同意之下实行，或许可以允许九州在同一政府之下联合”。

第六章 “生命、自由和财产”；一般人民；国会议员选举方式；6月6日至7日

假使各州都不肯放弃自己任何主权，再怎么讨论成立一个国家级政府也是枉然。

——威尔逊，于联邦大会

全体委员会在一一审查了《弗吉尼亚决议案》的十五项条款，并逐项予以通过、否决或搁置延期讨论之后，次日6月6日星期三早上，再度聚集讨论其中最棘手的议题，即第四条：“国家立法机构的第一院，应由各州人民分别选出。”这第一院当然就是众议院。一个礼拜以前，在全体委员会中，本项已由六比二通过实行全民选举——新泽西和南卡罗来纳反对，康涅狄格和特拉华意见不一。小州不满表决的结果，不肯就此罢休。全民选举是不是意味着比例代表制？三大州不费吹灰之力就把其余十州给吃掉了？而且，有些代表也还不准备把这么大的责任交给一般民众呢。

6月6日的早上，南卡罗来纳的查尔斯·平克尼首先发言，提议第一院——众议院——代表的选出，应该交由州议会，而不应由一般人民负责。他提出的理由，是从会议开始到现在大家都已经听熟了的说法：“老百姓不是作裁定的合适人选。”而且如果州议会发现自己被排除在新政府之外，他们很可能拒绝实行，不予通过。代表们

对于自己那一州当地政坛上人物的名望高低，都很清楚。至于这些人士的分量，是否会胜过主张中央政府、倡行大陆主义者，如汉密尔顿、麦迪逊、华盛顿以及威尔逊等人的名望，大家且拭目以待之。

格里同意平克尼的主张，认为国会代表应由各州议会推派；可是能不能由民众先在选区里指定一些人，再由州议会从这些人中决定最后的任命呢？他跟平克尼一样，也不希望完全剥夺人民对新政府的信心，一定得让老百姓感受到自己也在其中有份。在英格兰，格里说，老百姓面临失去自由的危险，因为极少数人才有选举权，但是我们这里的危险则恰恰相反。看看马萨诸塞发生了什么事！“最不像样的人，给选进了议会……一文不名、不学无术、下流龌龊，不管手段多脏，强行推动他们的点子……”

对大会的代表来说，“一文不名”毫无疑问是个脏字眼。像这一类的词句，在大会中时时可闻：那些无钱无品的人、那些没有品格产业的人……“最危险的势力，”迪金森即曾论道，“来自那些既无产业也乏原则的群众，而我国很快就会和其他国家一样，到处充斥这一类人。”这些话在今天看起来可能很吓人，简直有些可笑，但是要知道当时他们所处的美国至少自好几代以来，一直以为贫穷就等于好吃懒做、游手好闲。1787 年时的美利坚，四分之三以农业为主，地广人稀。即便最穷的移民，也很快就可以积攒出足够本钱给自己买下一块地来，砍树建屋撒种，以待来春成长。因此当那些革命美利坚的治理者，论到“上等人”或“下等人”的时候，他们指的并不是“有没有品德”，而是指“有没有财产”。如果说“财产”一词在今天具有邪恶的哲学寓意，对 1787 年的大会来说，可完全是两回事：产业不是上流阶级的特权，而是做人应该通过斗争捍卫的权利。事实上，有人就是为了捍卫这个权利而在对英作战中身亡。

“要自由、财产，不要印花税！”这曾是美国革命的第一声口号。在某个重要的关头上，纽约甚至把它改成了“自由、财产和节俭经营”。依照英国人的传统，一个人的家就是他的城堡，不容他人擅入，完完全全为他自己所有。英国《大宪章》上不就明文宣示，除经依法裁定之外，他人不可非法夺取一个人的产业吗？

伏尔泰曾道：“自由和财产，是英人全国一致的呼声，绝对强过什么‘圣乔治[①]与吾权’，或是‘在圣丹尼斯大旗下前进’[②]。这完全是出于自然的呼声。”1764年罗得岛的霍普金斯，在反对王室提出来的《印花税法》时也表示：“无财产者无自由。”1768年在麻州流传的有名通函，也宣称“这是天生根本、不可改变的权利……永远奉为神圣、不可取消的……但凡人以正当手段取得之物，绝对归他所有”。甚至连卢梭也认为，财产是神圣不可侵犯的（虽然他希望能够更公平地分配）。大陆会议在1774年作成其第一部宣言及决议时，也宣告殖民地人士拥有“生命、自由和财产的权利”。杰斐逊在《独立宣言》里将其改为“生命、自由和追求幸福”的权利。如果没有人晓得这到底是什么意思，没有关系，他们也不用知道。因为他们都已经深深地体会到了，都已经在革命的空气里呼吸到了。追求幸福，意味着一个人可以依凭着自己的才能和勤勉，在这个世界上出头立足。

对约翰·亚当斯来说，财产“就像自由一般，都是人类理所当然的权利”。就连他的堂兄塞缪尔·亚当斯，对“权力和财产”的主张也跟他同声同气，宣称“如果权利和财产缺乏保障，政府将和财产俱亡”。以“无代表，不纳税”为原则而起的反抗，绝对称不上是一场无产阶级革命。也没有一场无产阶级革命，会有一位口中不时冒出“有见地、有原则、有财产的众人”之语的总司令。当时不像今天，可没有所谓“人权”对“财产权”的争论。麦迪逊说：“每个人在以

① 圣乔治（St.George，约260–303）：古罗马时期基督教殉教者，英国护国圣人，传说曾斩龙。

② 中世纪法兰西人作战时的口号。

下各事上都拥有财产权：在自己的意见上，意见的自由表达上，自身才干的自由发挥上，以及自身的安全与自由上。”对18世纪的人来说，“财产权”使得个人与社会产生利害关系，使他负有责任，让他在政府里有投票及发言的权利。“共和政府真正的基础，”杰斐逊写道，“在于每位公民享用的平等权利，包括人身权和财产权……在美利坚各州，一个人只要愿意，都可拥有自己的田地，为自己付出劳力。”同时，“每个人，有了财产，或温饱得宜之下，都会乐意支持法律和秩序。”

“有了财产，或温饱得宜”。杰斐逊本人，拥有过万英亩土地、一两百黑奴——对幸福的追求可不是从零开始的。“衣食饱足之后，”杰斐逊继续论道，“才能安全而有利地为自己保持住对公共事务健全的监督控制，以及某种程度的自由；这种权利和自由，如果落到欧洲城市那些乌合之众手里，马上就会脱轨，大小事物不论公私，必将遭到毁灭化为乌有。”

联邦大会对于财产的重新分配可没有兴趣，这更不是它召开的目的。面对当前无政府乱象的威胁，大会发起人追求的是秩序。因此，我们若对大会责之以“保守”，等于以今日的眼光来评定1787年的时代。否则当时并非大会成员，日后却大力拥护宪法的政坛人士约翰·杰伊（后任第一任首席大法官）在说出下面这番话时，就不会得罪与会的代表了：“人民拥有国家，也应该由人民来治理国家。”

1787年的大会，并不是以社会哲学的角度来讨论美国事务，他们是以他们眼中所见、周遭所遇的国内实际状况为出发点。地里并没有褴褛可怜的佃农仰仗着主人家的恩准过活，耕作者都拥有自己耕作的土地。甚至连拓荒地区那些简陋荒凉的小屋中，住着的也是自愿前往西部拓荒的移民。自然，各州也的确有贫病老迈之人，照顾这些可怜人，大会视为地方上的责任——费城就有救济院与二十位救济监护委员。而当时美利坚的大半基础是建立在奴隶制度之上，这个事实可完全不是大会的当务之急。此会召集的目的不是进行社会改革，而是为现有的社会创立一个政府。这个时候的美国，几乎还没有不劳而获、坐享其成的有钱阶级。每个美国人都在为自己所拥有的一切而工作，不论是南方的垦殖者，还是北方的商人，大家都知道这一点。

简单地说，美国是由中产阶级组成，而杰斐逊口中赞誉的“半神大会”，充其量不过是一场由中产阶级的半神组成的会议。对他们来说，所谓“人民”，代表拥有自己土地的人、打过独立革命战役的人、坐镇在地方议会或市政厅里的人，或是授权代表为他们出席的人。古弗尼尔·莫里斯在讨论最高行政长官的选举方式时曾表示：“所谓一般人民——就是我们国中终身持有产权者。”弗吉尼亚的亨利·李——日后是反宪法派的领导人物——认为“集体中可靠、自由、独立的成员”，就是那些“小康之人、没有债务的人，同时也是赞成共和政府、不打算谋取巨富高位和重权的人”。

联邦大会的成员，都属于有产阶级。他们半数以上持有公债，而在一个有力的新政府之下，公债价格自然会提高。麦迪逊告诉与会同仁说，合众国尚未达到欧洲那种人口密集的程度，在那里有产阶级和贫民阶级自然势同水火。1787 年美国的有产阶级跟今天的有产阶级一样，他们对一般小民的同情心因人而异，有很大的差别。对华盛顿来说，谢司上尉和他的部众受到了“误导”；对杰斐逊而言，这些人象征着健全的共和国；而在格里的眼里，这些暴民简直是无可救药，根本不该准许他们和政府有任何瓜葛。

接下来的三个月里，大会将继续就美国人民，也就是“一般百姓”的本性、立场进行辩论、争议。人民到底喜欢怎么样的政府？他们配有什么样的政府，又会接受什么样的政府？当时大多数的州宪规定选民必须拥有一定的财产，数目从纽约规定的二十镑，到马萨诸塞的六十镑不等，但是宾夕法尼亚、特拉华以及新罕布什尔都已经宣布取消对财产条件的规定了。最后大会决议将这个问题留交各州议会自行决定。不过有关联邦官员的财产规定，大会却跨出了比较大胆的一步。本来在许多州里，这方面的限制非常严格。马萨诸塞规定，若要担任州长，一定得拥有价值一千镑的终身产权；南卡罗来纳则规定该州首长必须拥有“至少价值一万镑通货的农园或终身产权，并且不得有任何债务”，该州的州议员则必须有三千五百镑通货的身价。北卡罗来纳的州长领有薪水，但本身得拥有价值一千镑的终身产权方可，而该州依英国国会平民院之名称呼的下议院，其成员一定得拥有“至少一百英亩绝对合法持有的土地”。

看到以上种种规定，令人不得不觉得大会的决定真是非比寻常。他们干脆把这些传统一笔勾销，最后出炉的美国宪法里，对于担任公职的人士，不论参议员、法官还是最高行政长官，一律没有任何财产条件。这项成就得来并非没有挣扎。一位史家说得好：“追循社会理性成长的轨迹，真是一件乐事。”

全民选举这问题，的确是共和政府的核心——可以考验大家对同胞的信心到底有多深，考验他们到底敢把多少权力交给人民。格里和查尔斯·平克尼对这个问题的态度很直率，一点也不保留他们对一般人的不信任。而费城的威尔逊——加勒多尼亚的詹姆斯——却完全是另外一种想法。他起身直言反驳，一点也不拐弯抹角，说希望成立一个强有力的政府。对大会代表来说，所谓“强有力”、“有活力”这些字眼，用在政府上头，就意味着强势的中央权力。威尔逊希望看到这个强有力的权力“直接来自一切权力的最终法源——人民”。威尔逊说道：“而政府不但应该拥有一般人民授予的*力量*，而且也该有着一般人民的*想法或心意*（麦迪逊特别强调这几个字）。立法机构应该就是整个社会最逼真的缩影。”为什么要有代议制？那只是因为人民无法集体行动而已。一般公民不会反对全民直接选举，反对只会来自州政府罢了。

梅森同意他的看法。“在目前的邦联体系之下，”他说，“国会代表的是各州，而非各州人民。”麦迪逊的笔记特别在“各州”、“人民”下方画线强调，他这么做很自然，毕竟这多半是他的主意！“新政府的体制则完全不同，”梅森继续说下去，“他们代表的是人民；因此，应该由人民选举产生。一个真正的代议政治，最重要的条件就是代表们必须和他们的选民看法一致，以人民的想法为想法，以人民的感受为感受。为做到这一点，代表甚至应该与选民为同一地的居民。反对民主式选举的意见已经说了很多……但是要知道，天下没有任何一种形式的政府能够完美无缺，毫无瑕疵；若要成立一个共和政府，选举中多少会有一些流弊，这是无法避免的。”

这个时候，麦迪逊用坚定的语气插话道，立法机构里至少该有一院由人民选出。他认为这是“自由政府体制最显明不过的一项原则”。

现在轮到特拉华的里德站起来发表高论了，他的谈话内容就一个小州代表来说，可谓一鸣惊人，预示出日后政治现实的发展情势。“我们太执着于州政府了，”他说，“我们应该把眼光放远，考虑州政府的前景。一个中央级的政府，很快就会因事实需要把州政府给吞噬了。州政府的功用，不久就会变成仅用来选出国家议会罢了。”

五十三岁的里德是《独立宣言》的签署人之一，以律师为业，终身从政。他家居纽卡斯尔，住在特拉华河畔一栋大宅子里，府内绿草如茵，马厩成行，不过听说他手里头没有什么钱。里德瘦长的个子，和悦近人，却带着一股素朴苦行的气息；两眼下的眼袋，像是一夜没睡好的模样。此时他说起话来语气颇重，在发脾气的边缘。与其让小州笼罩在大州阴影之下，他倒希望将所有的州界一概抹去。他反对把原来的老邦联体制修补一番就算完事。“这就好像用块新布为旧衣裳打上补丁一样，”他说，“原来的邦联用的是暂时性的法子，它撑不了多久，也补不好啦。要是我们不想出新法子来建立一个像样的政府，大家要不完蛋，要不就又得重新再来一次。若以为一般老百姓会嫌弃普选出来的政府，这种想法大错特错……我们一定得把州政府扫地出门不可！大家最好大声说说实在话吧！”

这番话不但令人印象深刻，也很吓人，不过里德之言的确是出自肺腑。紧跟着他这一阵爆发之后，南卡罗来纳的平克尼将军起来发言了。将军比他聪颖的堂弟，另一位查尔斯·平克尼年长十一岁，曾投入革命的战事。他可真是一号不简单的人物，早年在英格兰受教育，出身西敏寺公学，后来又入牛津，在名法学家布莱克史东门下受教。在伦敦中殿律师学院研读法律之后，取得英国律师的资格；转赴欧洲大陆游览之前，甚至曾随一位法官出巡视案。他说得一口好法文，家财万贯，又结得一门好亲事，言谈举止想来必是一副英国绅士派头。当年对英作战，在南卡罗来纳的查尔斯顿镇，他做了英军的阶下囚。英方曾用尽方法，好言相诱，想把他从美方劝过来。平克尼将军在家乡极受人爱戴，父老们都知道他同梅森一般，是个坚贞不二的共和派。而且他言语辞藻华丽，令人叹为观止，却又句句肺腑之言：“若我有一根血管，不随着对国家的热爱而跳动，我就自己动手割裂了它；若我有一滴鲜血，不光彩地在我体内流动，我就自己动手放光它！”

但是在会议上，针对里德的意见，将军所说的却不是这么铿锵响亮的宏论。相反地，他此刻的话是那种虽然无关紧要，却相当实际，往往可以纾解公共辩论里紧张气氛的看法。将军带着点无奈表示，有些州里人口就是太少，没法子进行全民普选：“南卡罗来纳的居民这么稀落，怎么凑齐那四五千人一道来投票啊！”

说完，将军便坐下了。就算他这番简短朴实的意见，不曾使联邦大会诸君开窍，却也提醒了现代读者，与会代表当年所处的美国，几乎完全是一片村野，有大片无人居住的地区——代表们也许还视之为未开化地呢——居民质朴简单。几年以前，在革命的关键时期，马萨诸塞的塞勒姆选出来的议员就曾经被打发回家，因为大家发现，原来当地是用一顶帽子装着玉米粒和豆子来投票计数的。约翰·亚当斯听说此事，大大不以为然！塞勒姆人爱怎么选就怎么选，只要他们高兴，用数死鳕鱼的方式也可以——可是绝不要妨碍他们参与政事的权利。

平克尼将军发言的时候，时间已经晚了，于是大会宣告散会。这一天没有做出任何一项正面的决定。所有的决议都是否定的，大会以八比二反对由一般普选选出众议院的代表。总之星期三这一天讨论过的所有事情，后来都得重来一遍。也就是在这样的一天之后，当天晚上，华盛顿不得不在日记里写道：“今日出席大会，无事可书，全会过程不值一记，日后亦无可补述。”

那一整天里雨下个不停。华盛顿将军晚间和富兰克林老博士共进晚餐，并留下来喝茶。之后他回到莫里斯的住处，写信给法国的拉法耶特侯爵。将军在信中写道，侯爷大概会很惊讶他这位老朋友（指华盛顿自己）竟然违背心意，又回到了“公众舞台”。但是，很少有人能够抗拒出席联邦大会的魅力呀！这些会议将决定美利坚的前途，决定这个国家到底将会有一个保障生命、自由、财产的政府呢，还是会陷入无政府的混乱状态，听命于“某些野心煽动家”的嗾使。

当时《宾夕法尼亚邮报》转载一篇《纽约日报》的文章，讨论大会是否应该将会议的内容提供给报社。这篇文章语气高傲，却言之有理：“像这么重要的关键时刻，甚至需要会议以决定邦联的命运，大会却杜绝了报纸这么重要的流通渠道，老百姓的好奇心不能满足，他们的心声也无从传达，这种做法岂不危险，有悖政治常情？”

但是代表们才万万不愿卷入报纸这宏伟的大通道的乱流里呢。严守秘密的规定继续不变，次日星期四早上 10 点，宾州州议会的门口依然站着岗哨，向前来开会的代表敬礼，间或彼此寒暄两句，聊聊天气什么的。代表纷纷落座，厅门关闭，会议一开始，《弗吉尼亚决议案》的第五条立刻又被提出来讨论，这一条是关于合众国参议院的问题。应该选多少位参议员才恰当？又该怎么个选法？迪金森动议主张参议员应由各州议会选出，康涅狄格的舍曼附议赞成。麦迪逊则认为，和全民普选出来的众议院相较，参议院的作用在于其议事过程可以更为冷静、有系统、富智能（这也是一般对不列颠上议院的看法）。“如果扩大参议院的编制，”麦迪逊说，“不是反而让他们染上了本来希望靠他们纠正的弊端吗？”格里也提醒众人，到目前为止，大会已经考虑过四种选拔参议员的方法：由众议院推选，由行政首脑选派，由人民选出，或由州议会选任。大家别忘了，美国分成土地利益与商业利益两派。格里自己赞成参议员由州议会负责选出，因为“商业与金钱利益，交在州议会的手里，要比放在一般民众手里保险得多”。州议会里的诸君子，“品德比较高尚，可以防范……不公。州议会反对纸币，老百姓却喜欢”。

格里是那种专顾本身利益来立法的政客。这并不是责备他诡诈或缺乏爱国心，他在独立革命里的热心程度，还没有几个人比得上。但是他也有目光短浅的时候，被一时的事件——谢司上尉一帮人的暴动、马萨诸塞的纸币派等等——把他的眼光给蒙蔽住了，因此他所主张的宪法也只能医一时之弊。而不久将从马里兰赶来开会的马丁则是另一号这类人物，他们两人的顽固不相上下。看起来，代表着“商业利益”的有钱一派，在大会中的表现可谓乏善可陈。到目前为止，只有像麦迪逊、威思、威尔逊之类的学者派，才会从长计议，愿意在仔细筹划之下，为将来冒一点风险。

这时候，作风永远中庸稳健而饱学的迪金森提出了两个看法。这第一个意见虽然颇有特色，大会却根本没法子接受；而他的第二个意见却以巧妙譬喻，一下子就为大会解开了此前老想不透的不解之谜：所谓国家级的联邦结合——“两个最高权力机构”——古弗尼尔·莫里斯就一直弄不通这个概念。

迪金森说道，他希望美国的参议院能由最为显赫的人士组成，一以身份，一以财富，和不列颠的贵族院越接近越好。这类人士由州议会选派出来的可能性比其他模式都大。美国境内，有太多各种不同的利益需要调和折衷，但是没有关系，与其把这看成弱点，毋宁说是力量更来得恰当，像大不列颠，其宪法就极具多样性。我们是不可能废去各州，合并成为一个政府的。“让我们的政府，”迪金森说道，“效法太阳星系。总政府就是太阳，而各州则是行星，虽形似排拒却复牵引，整个体系在各个轨道上规律而和谐地运行不已。”

大会众人紧紧攫住这个比喻不放，会场上但凡作笔记者一时都在振笔疾书。迪金森的演说中又提到了“十三道小溪，遵循着同一水道”。纽约的雅茨法官记的是“个别小溪联合起来，最终将汇为一条壮观大河，徐流入海”。

迪金森所作的比喻——不包括“壮观大河”那部分——后来一再地被众人提及，在冬天各州批准的辩论过程中发挥了极大作用。但是此刻在大会上，对这个问题了解得很透彻的威尔逊，可不需要这番阐释来帮助他看清问题。威尔逊有礼貌地对他这位同仁的巧妙譬喻表示接受之后，马上就反驳道，不列颠政府的例子不足为训。“我们的风俗，我们的法律，我们对限定继承权与长子继承权的取消，以及我们人民整体的民情思潮，都与他们格格不入。而且我也知道，过去所有的联盟都系毁于某些成员力量的增长和野心之下；因此，我主张参议院应由人民投票选出。”

威尔逊的意见遭到否决。委员会一致通过迪金森的动议，国家参议院的人选应由各州议会指派。这个问题就如此解决了，再也没有更改。到了 6 月 25 日，大会以九州对两州，在弗吉尼亚和宾州的反对之下，正式地采纳了这项动议。于是在 1787 年的宪法中，便如此地规定了。（直到 1913 年，美国才通过第十七条修正案，改由人民直接选出参议员。）

第七章　国会否决权；比例代表制；代表们去信家园

联邦自由权之于诸州，正如公民自由权之于个人……我不以为各州将有为国家级政府吞噬之虞。反之，我倒希望它们别把国家级政府给吞噬了才好。

——威尔逊，于联邦大会

不论是法国的克雷夫科尔、托克维尔，还是英国的布赖斯爵士，对美国观察最入微的人士好像都是外国人，至少也是在国外出生并且受教育的人。在联邦大会里面，威尔逊就是一个清晰有力的声音，这个声音的后面，是他长年浸淫在美国政治法律中深广的经验。提起威尔逊，富兰克林老喜欢说“我那博学的同仁”。威尔逊的口才并不便给，也缺乏帕特里克·亨利谈话时所带的魅力和诗意。他讲起话来蛮枯燥的，有力而持久。但是，单单他观点中常带着的那份澄澈明白，就使人留下深刻的印象。

6 月 8 日那天，威尔逊发挥的效力特别显著。那天早上，全体委员会动议，重新考虑《弗吉尼亚决议案》第六条的倒数第二款——用平克尼的话来说，就是：“国家级立法机构有权否决所有其认为不当的法律。”格里宣称他坚决反对；他认为，国会一旦拥有这种权力，各州就只有供其驱使的份了。“这项否决权一定会被滥用，”格里激昂地说道，“新成立的州，如果看法和老州分歧，就绝对不会加入合众国了。它们甚至可能会处在外国的影响之下，在这种情况下，它们会遵从其他州意志下的否决权吗？”

西南的纳齐兹、新奥尔良等地有西班牙的阴谋，纽约反独立分子和隔界加拿大地区的英人勾结。欧洲方面来的影响，在代表的心目中一直阴影重重。外国金子！这名词以后还会不断地出现。但是若将国会的否决权做某种形式的修改，虽然不失为权宜之计，却难免使决定权偏向某一边。以个人为例，威尔逊说，世上可没有哪一种法律，让你在某种情况之下务必遵从，在另一种情况之下却可以悉听尊便的。“联邦自由权之于诸州，正如公民自由权之于个人。”当初未开化的野蛮人，就是在放弃了个人的自主权之下，才换得社会组织里面的公民自由，因此才渐离自然状态。难道各州竟然不愿意作同样牺牲，以换取联邦的自由吗？威尔逊提醒在场的代表，国会刚成立的时候，也是抱定单一国家的宗旨出发，没有倾轧，不分利益。“我们千万不能忘记，当初革命初起时所说的话：‘不再有弗吉尼亚，不再有马萨诸塞，也不再有宾夕法尼亚。我们已经成为同胞一国，埋葬掉所有的地方私利和倾轧。’”

帕特里克·亨利这句革命时期的名言，再度在众人的耳边响起。但是，“形势开始变了，”威尔逊继续说道，“各州政府才一成立，大家的猜忌和野心就马上露了原形。每一个州都争先恐后地想要在这块共同的面包上多抢一口，最后终于把邦联弄得支离破碎，搞成现在这副无能模样。回想一下国会通过这部《邦联条例》的过程，好好地把它最初的草案和最后的定案比较一下！……里面的毛病之一，就是缺少一个能够有力控驭各部分的整体力量。整体怎么可以在不必要的情况下随意牺牲部分呢；可是反过来说，任由各部分来摆布整体，总体的利益不就一直会被地方的私利给牺牲了吗？”

邦联的困境，历历在目；战争的岁月，如在眼前；也难怪大伙发起言来，开口闭口就要想当初，因为“当初”才过去没多久呀——

对英和约是四年前定下的，《独立宣言》也不过是十一年前的事，各州州宪的制定更是才没有几年。这段日子里头，各州的势力强大起来，国会和邦联的力量则日渐萎弱，与会代表对这个情况都看得很清楚。他们也知道，联邦大会上有两类文件可以用以遵循：一是各州州宪，一是《邦联条例》。除此之外，完全是一片未知领域——也就是拉丁文所说的“不曾记载的疆域”——得凭大家大胆冒险涉入，一探究竟。而事实上大会也已经一步踏进去了。宾州州议会的门外，百万人民在等待。他们的意见、想法，都是大会在建立这个新政府的时候，必须加以揣摩考虑的。

迪金森同意威尔逊的看法，认为应该授予国会凌驾于州法之上的权力。“我们面临两项选择，”迪金森论道，“一是甘冒各州被国家政府权力损伤的危险，另一是冒国家政府为各州损伤的危险。我认为来自各州的危险为害更大。”

可以想象，会场中此刻必定掀起一阵骚动。特拉华的代表贝德福德，简直气极了，愤愤指出迪金森的话正好证明了“桌上这份决议案主张的体制”不可行。贝德福德当时一定还手指一下桌上的《弗吉尼亚决议案》。他问道，难道这套决议案意欲剥夺小州的投票权不成？然后就可以任意乱整特拉华了？于是在国家总政府里，特拉华就只占九十分之一，“而弗吉尼亚、宾夕法尼亚鲸吞掉全部的三分之一”！

贝德福德性情顽强火爆。他那位于威明顿的墓志铭这样形容：“其人俊逸。”而他的耿耿忠心也只到特拉华的州界为止。他问道：“如此一来，如果这些大州嫌小州有碍他们的野心或利益取向，不就可以随时任意践踏小州了吗？依我看，宾夕法尼亚和弗吉尼亚好似有意建立一种体制，好让他们随意操纵，为所欲为。”而且，这个所谓的否决权又该如何行使呢？难道要把那些州定的法律悬而不用，却专程送到八百英里外，一直等到那个不见得能够判断地方需要的机构考虑之后再说吗？“这个国家立法机构，”贝德福德最后问道，“它的会期是不是永无休止，好修改各州送来的法律呢？”

可以感觉出来，整个联邦大会期间，与会代表都一再意识到美国幅员的广大，各州距离的遥远，以及从南到北漫长、昂贵的旅程。从南卡罗来纳出发到英国去，跟北上波士顿的便利程度是一样的。由伦敦过海来的报纸，抵达乔治亚州萨凡纳的速度，要比马萨诸塞或康涅狄格的陆运邮递来得快捷。每一位代表的思绪都受到这些事实的感染，他们仿佛看到了不断换乘的马匹，还有冒险沿海破浪缓行的船只。

针对诸小州的疑虑，麦迪逊回复贝德福德道：“如果大州真的有那种如阁下指责的贪欲野心，一旦中央总政府的控制不存，小州在强邻环伺之下，处境难道还会更安全吗？”万一合众国解了体，小州会有什么样的下场？要是我们不为现在这个有缺陷的系统赶紧找一个有效的替代系统，合众国的解体极有可能。

这个时候，南卡罗来纳的代表巴特勒介入发言，南卡对自己遥远的地理位置，颇感忧虑。巴特勒态度高傲而且——麦迪逊记道——“态度激烈”。巴特勒“态度激烈地反对国会对州级法律的否决权……因为如此一来，将断送了远方诸州对平等正义所怀的一切期望。南卡一地的人民，他相信，绝对不会听信这一套说词的”。根据汉密尔顿简略的笔记，巴特勒语气甚重：“难道有人情愿将自己的财产放手信托给一个千里之外的政府吗？”

“就平克尼和麦迪逊所提，将国会的否决权延及所有情况一案”，麦迪逊的笔记记载了表决结果如下：

赞成——
- 麻州
- 宾州
- 弗州（伦道夫与梅森反对，华盛顿将军意见未予征询。）

特拉华（分歧）

反对：
康州
纽约
新泽西
马里兰
北卡
南卡
乔州

此既经否决，从此定案，不曾再提出讨论。

第二天早晨，6月9日星期六，是联邦大会的一个险日。大家再度把《弗吉尼亚决议案》里面那个要命的第四条拿出来讨论。新泽西的佩特森提出动议：“［全体］委员会应该就有关国家立法机构投票规定的条款再度进行讨论。”各州在国会里的代表席次应该依什么方式分配？像现在国会所行的制度一样拥有同等的投票权，还是像《弗吉尼亚决议案》建议的那样，依各州的人口或财富而定？新泽西的布里尔利法官附议佩特森的动议，他很抱歉大家得再把这个问题重新讨论一遍。因为照表面上来看，“依比例分配”好像很公平，但依布里尔利的意思，这种方式既不公平也不公正。“如此一来，像马萨诸塞、宾夕法尼亚，还有弗吉尼亚几个大州提出的议案，一定都能通行无阻。光是弗吉尼亚一州，就可以拥有十六个席位，这样一支坚强的队伍，等于摆了一个谁也打不破的阵势；而那个只分配到一席的乔治亚，还有其他几个小州，就只有委屈加入大州阵营，祈求自己在天平上还能维持住那么一点分量。”

这个问题能造成大会好几天，甚至好几周的僵局。布里尔利又继续说道，他此番前来，一心准备支持一个较前有活力且更稳定的政府。可是现在他却感到非常吃惊,也很担心。对于代表制度的不公，究竟有何因应的匡救之道？“我看只有一个法子，就是打开一张美国地图，把现在所有的境界线统统抹去，把整个领土重新划分成大小一样的十三等份。”

小州人士开始包抄上来了。新泽西的佩特森也马上在他同事布里尔利的后面起来表示，比例代表制是在打击小州的存在。他要大会想一想，大家到底是在什么名义之下来到此地开会的——别忘了那项经由国会通过、并为数州授托委员会所引用的决议啊。让我们再把马萨诸塞代表的委任书拿出来念念看！

于是大会又把马萨诸塞的委任书念了一次：“唯一且特定的任务，系修改现行《邦联条例》……”

“我们如果不遵照这个规定去做，就会被我们的选民指责僭权。”佩特森愤然说道，“我们在这里聚集，是为了联邦之事，以十三个各有主权的独立州的代理人身份出席。我们怎么可以擅自把各州独立的自主权合并起来成为一个国家，却把当初为了不同目的，派我们前来的本州主权废去呢？……美利坚人民的眼光是雪亮的，绝对不会被我们欺蒙。他们从来就不曾考虑设立一个与联邦制政府相对的国家级政府……我们没有权力在联邦框架之外另起炉灶，就算我们有这个权力，老百姓也还不到接受它的程度。”

又是那句警世的老调：老百姓还不到可以接受改变的时候，他们还不能接受改革，还不能行使选举权，还不能容纳“创新”。佩特森才气纵横,在家乡极受同僚敬重。在会议目前进行的这个阶段当中，他有这种想法倒也不是没有道理。前面的道路无法看清，小州的地位好像也确实受到了威胁。佩特森继续说道,各位先生似乎是在暗示，如果小州执意不肯合作，大州恐怕就会考虑单独结盟。他们爱结盟就结盟好了！他们可不能强迫别人跟他们合伙。

“因此，本人在此宣布，”佩特森作结论道，“我永远不会赞成我们现在讨论的这个制度，我会尽我一切的力量，在我代表的州内反对它。我本人，以及我的州，绝不会向任何暴政或专制低头！”

佩特森说完之后，会场必定起了一阵骚动低语；他在最后一定提高了音量，声音十分响亮。雅茨、鲁弗斯·金、麦迪逊几个人都把他这段话记了下来，我们也有佩特森本人对此所做的记录。我们不禁想看看，小州代表在被这番话激起了挑战心之后，是否会有更多的回响；我们也想看看伦道夫、威尔逊、麦迪逊这类人士，听了佩特森一席话，会沮丧到什么程度。这个时候，威尔逊起来回答佩特森了。从他的话里，我们可以感受到他的愤怒，到了最后，他甚至有些拼命的味道：“新泽西在国事上可以和宾州有一样的权利吗？我要说，不可以！这样太不公平了——我绝不会参与这种联盟的方式。新泽西来的那位先生的意见很坦白，我要为此嘉许他，而且我也会和他一样地坦白。我再说一次，我绝不会同意他的信念。假使各州都不肯放弃自己任何主权，再怎么讨论成立一个国家级政府也是枉然。”

这个节骨眼上，甚至在整个6月份里，大会竟然始终不曾流产，代表不曾各自收拾回家，倒真是令人稀奇。那些大州坚持起来，其顽固的程度比起小州有过之而无不及。说起来，毕竟是小州人士，如特拉华的里德以及新泽西的布里尔利，主张抹掉州际的界线，把合众国给重新分配一次。特拉华当然可以这么说，重新定界对它只有好处没有损失。大会最主要的问题，还是在于小州对抗大州，十州抵制三州。罗得岛虽然不在场无法计入，可是大家知道它迟早都会加入新政府的——如果还会有一个新政府的话。

威尔逊一言既毕，一个早上也已经过去了，州议会厅外面的大钟正好敲了正午。于是比例席次的问题暂行搁置，全体委员会暂时休会，到下周一再行聚集。代表们各自回到旅馆或寄宿之处。华盛顿到城市旅馆用餐，餐后“在包尔先生家饮茶”，他在日记里写道：“直坐到十点钟才告辞。”

马里兰的马丁，这位专好点火煽动的反国家主义者，已经在当天早上抵达会场。他就了座，却出奇地沉默。大伙都需要利用周末好好休息一番，并在星期一前重新斟酌考虑。布里尔利法官，以及接在他后面发言的佩特森，他们这天反对统合政府的辩辞都令人印象深刻，火力十足。不管大会打算采用哪一种制度，小州都绝不会同意《弗吉尼亚决议案》所提议的比例代表制。到目前为止，纽约的代表一直很少发言，虽然汉密尔顿在场，而且他一向亦非沉默寡言之人。他本州的两位同事公开和他唱反调：雅茨和兰辛强烈反对成立一个国家级体系，在老家造成很大影响。他们不喜欢在纽约州之外，再另设一个“强大的政府”。但是，大家都知道汉密尔顿非常有技巧，他的沉默只不过是在等待时机到来罢了。

现在代表们都意识到一个事实，大会不是一天两天就可以解决的事了，很可能一直拖到秋天都难讲。最大、最棘手的问题还没有开始面对呢。奴隶问题！各州的奴隶应该怎么个计算法呢？统计各州应有的票数时，奴隶是该算作人口，还是财产呢？还有西部地区的问题！西部居民的票数该怎么算呢？是照人口还是用个什么方法以财产为准呢？这两个题目都很棘手。华盛顿写信回家道，他不可能在秋收以前返家了，“而且天知道那之后还要拖上多久”。他吩咐家人把书房里那把新雨伞，还有“那件暗红领子的蓝大衣”给一道送过来。他还叮嘱家人，爬在房外的忍冬也该钉牢架妥，好让它蔓爬开来。“另外，”将军写信给农场的管事道，“那些长得太密的胡萝卜，你把它们弄疏些了吗？”

没有一个农场的主人会忘记自己的田地，尤其在成长的季节里；也没有一个庄稼人，不管他在哪里，不会在早晨望望天，看看今儿个天气怎样。华盛顿爱极了他的弗农山庄，每次离家外出都难受至极，而每回返乡则是一大乐事。自他成人以后，不论身在何方，联邦大会也好，战地也罢，或是总统的官邸，将军的信里总是句句不忘农事的叮嘱。将军在1787年这年夏天的信里，显得意气消沉，延续了他同年春天那种没有把握的心情。他写信给杰伊道，他担心那个怪物——主权问题——会把事情全盘搞砸。随着大会的进行，将军在给友人戴维·斯图尔特的信里说道，他真想知道到底“哪一种政府才最适用于我们的国家”。但是他也深深相信：“这一切乱象最主要的根源，出在各州政府，和渗透他们整个系统的那股深入坚持的权势……”只顾自己的地域观念，对独立主权的欲望，个别的利益等等——种种褊狭的作风，都不肯为了共同福祉做半点让步。“国内荏弱，国外受人轻视，就是我们现况的写照，”华盛顿在信末写道，“真是可鄙啊。”

大会期间，华盛顿写的信从来没有乐观过，那股在独立战争时期支持他争取国会后援的将军之怒现在似乎停息了。华盛顿从来不曾像其他代表一样，在信中提及这次会议有多“重要”，也不曾以为全世界的眼睛都在看着费城。相反地，将军的态度似乎根本就像是在勉力忍耐着，把它忍过去。他坐在主席台上，面对着众位代表；全体委员会开锣，他便从主席位上下来。这个夏天里面，他曾经两次表示极大不悦。除此之外，华盛顿始终保持他一向节制寡言的作风，大家也认为他本来就是这样。

将军的老友，从弗吉尼亚的葛斯敦堂来的梅森，却完全是另一副模样。梅森写信给他在弗州的儿子说，他从来没有想到自己会处于这等情境。这话出自一位曾经有过辉煌爱国纪录的人士，用词真是很重了。“全合众国的目光，”他写道，“都落在大会上，他们焦灼地期待着。但愿上天帮助我们别让他们失望，好好建立起一个贤能公正的政府。就我个人来说……如果光是出钱叫我来开这个会，一天付我一千镑我也不干。那时候跟英国闹革命，建立新政府，和我们现在面临的大事比起来，实在都算不得什么了。那个时候，大家多少有着一定程度的兴奋，激励鼓舞着人心。可是我们现在却要完全靠着沉着理性，来考虑这个拟议中的政府体制，对那些尚未出生的百万人祸福的影响。这个责任，实在艰至巨至，从某种意义上说，非人的理解力可参透。”

那个世纪的人说话行事，动不动就要提到后世子孙，很直白地寻求他们的支持和喝彩。“现在和未来的世代，世人都会知道。”约翰·亚当斯三十岁的时候，在反抗印花税的宣传文件里就有过这么一句。带有这种使命感并不好受；要一个人承认，后世子孙会因为他的所为或所不为而赞美或诅咒他，可不是件容易的事。大会中代表们常常如此表白。“我们应该想一想，”威尔逊说，“我们不仅仅是为眼前一时提供一部宪法而已，我们为的是未来的世世代代。”南卡罗来纳的拉特利奇也表示：“我们是为一个伟大的帝国奠定基础，应该要有长远眼光，不单单只为目前打算。”麦迪逊则宣称，此刻所斟酌的大计，“将决定共和国永久的命运”。甚至连小心谨慎、精于谋算的格里，眼光虽然狭隘，也提醒大会“一定得做出一点成果来，否则不单是美国，全世界都会失望”。

这番话竟然会出自这样一群有家业的绅士口中，的确是一件稀奇的事，因为某些历史学者暗示，他们一心一意，其实只是为了商务目的，并保障自家钱财。麦迪逊写信给巴黎的威廉·肖特说：“众人的眼光和希望，都在这次大会上面。”他在6月这同一天里又给杰斐逊去信道：“华盛顿将军前来出席，可见他对此会的重视程度。此地人人都满怀希望；大家都认定会议的结果，在某种意义上，会对我们的命运有重大的影响。”

“在某种意义上”。年轻的麦迪逊，宪法之父，讲话从不夸大。

这一年夏天，由大西洋对岸寄给杰斐逊的信件又多又重，他的友人都迫不及待地尽可能把消息传递给他。费城有一位本杰明·拉什医生，对大会满怀着希望，甚至到了超过现实情况的地步。他写信给伦敦那位以同情美国著称的普赖斯医生道，迪金森先生告诉他，代表们人人“目标一致，他希望他们在方法手段上也都能同样地团结合作……亚当斯先生那本大作《为美利坚合众国宪法辩》主张的精彩原则深入人心，我们无疑可以建立一个大有为的合一联邦立法机构”。他又提到罗得岛不来与会的恶劣举动，但是也表示该州不论人口、实力和声望都微不足道，所以它的叛离也就无足轻重了。至于普赖斯的老朋友富兰克林博士，“他每天准时到会，甚至参与大会作业和讨论，充分表示出他对大会无上的眷爱。他说这是他这辈子参加过的最了不起、最令人肃然起敬的会议了”。

这些信件当中，对于大会的动态描述得最为栩栩如生的一封，恐怕首推天性愉悦、英勇坦率的炮兵将军诺克斯所写的信。诺克斯曾做过书商，是独立革命战争的英雄。诺克斯体重达三百磅，夫妻两人被时人称作“纽约州尺码最大的一对”。他们在纽约过着豪奢的生活，经常宴客。作风豪爽俗气、看事一味乐观的诺克斯跟威尔逊一样，是个土地投机客，借起钱来不顾死活，官司不断。讨厌他的人批评他十足发酒疯的德性，又嫌他话太多。可是他对华盛顿、拉法耶特等人却充满了敬爱。他对联邦大会热情洋溢，充满了兴趣，曾写信表示他的希望都在这个大会上面了：“如果他们敢大胆地坚持，不顾众人的反对，建议成立一个有效率的国家级政府，让大家脱离目前这种毛病百出的州政系统纠结，那我们还有可能成为一个幸福伟大的国家。不过我不以为他们的建议真会那么高明，也不期望大家会马上接受。我认为各界反而会嘲笑他们，就像那些人嘲笑诺亚的老方舟一样……可是，万一大会打算迎合现状，万一他们昧于地域之见、缺少全局的观点，万一他们只是把现在这个叫做邦联的差劲破东西钉补一番，注意　，你们这些爱国分子只好求告老天了，因为你们就需要它的保佑了！”

第八章　美利坚分成两派；“舍曼妥协案”；全体委员会提出报告；6 月 11 日至 13 日

在非常时期，势单力微者亦当义正辞严地奋力一搏，不愿意如此铤而走险之人，殊为可耻。

——伦道夫，于联邦大会

叫一个南方人习惯“东部人”的作风，真不是件容易的事。弗吉尼亚州州长伦道夫，就是一个地道的南方弗州人。虽然他天生的修养风度，使得他可以和新英格兰那些人相处，可是他们真的完全是另外一种人——个性乖张，狡猾难缠，说起话来哼哼唧唧，带着一种刺耳的杂音。宾州以南地方来的人听这些新英格兰人说话，真像是一种永无休止的恼人活罪。曾经有人听到一位南方人（不是大会一员）说过，在他自己真正和他们有过接触以前，他本来讨厌所有新英格兰地方的人，因为他们老爱穿黑色的羊毛袜子。这些人是可恶的扬基[①]，自从南卡罗来纳第一批志愿军投效华盛顿的部队以来，南方人就一直讨厌北佬扬基。约翰 · 亚当斯在费城参加大陆会议时，

① 作者注：一个马萨诸塞的军官于“1776年7月8日，克朗波因特驻地”致兄弟的信中，提到美国部队受挫的一场小冲突。“但我很高兴地告诉你，”他写道，“这里没有爱管我们叫‘可恶的扬基’的南方部队。”

就曾在家信里写道："从新英格兰那四处殖民地来的人士，品性跟其他人很不相同……差别之大简直就像是不同国度的人。"他担心因此会有不良的后果："双方若不留神，若对彼此不能保持极度的宽容谨慎谦虚，后果将不堪设想。"

他说此话之时是在1775年，但到了1787年的6月，联邦大会正在如火如荼进行的时候，地域性的歧异似乎仍然牢不可破。杰斐逊就说过，有人建议封闭密西西比河，这事令他忧心不已，恐怕"我们邦联将因此东西分裂"。南卡罗来纳的巴特勒写信回家道，东部各州与南部各州的利害冲突迥异到"就好像俄国和土耳其般水火不容"。康涅狄格对稻米、靛蓝类染料知道多少？宾州对以奴工起家为本的经济体系又了解几分？约翰·亚当斯在对英和约中，提出了一个基本条件，规定麻州渔人可以熏晒在纽芬兰大浅滩捕获的鱼只。可是乔治亚人才不在乎波士顿州议会厅讲坛上面雕饰的那条神圣鳕鱼呢！那一英亩丰硕鳕鱼曝晒在太阳下所散发出的宝贝香气，一只南方鼻子可嗅不出。甚至连博学多闻的麦迪逊，也坦承自己对乔治亚事务的了解跟对俄国堪察加半岛事务的了解一样少。杰斐逊曾写信给友人沙特吕，描写南北两地的特色：

北方人	南方人
冷静	暴躁
严肃、不沾酒	嗜酒
勤勉	怠惰
有毅力	不可靠
独立	不独立
力保自己与他人的自由	热心自己的自由，践踏他人自由
私心	大方

欺诈	诚实
迷信宗教，伪善	忠于自己的良心，没有特殊的宗教狂热或主张

6月11日星期一，大会最出风头的人物是位地道的新英格兰人，康州来的舍曼，从外表到行为都符合典型。六十六岁的他，个子高瘦，鼻子尖细，一头深色头发，间杂几抹银灰，笔直地切过前额，直垂领际。他衣着朴素，手大脚大，有人记载，他的动作"像匹粗硬布般拘谨僵硬"。但是那张棱角分明的脸十分庄严，间距很宽的棕色双眼很是深邃。约翰·亚当斯这样说他："这个老清教徒，诚实得就像个天使似的。"有一回在国会里，杰斐逊把他指给一位访客看，说："那位是康州来的舍曼先生，他老先生这辈子从来没有说过一句蠢话。"舍曼出自鞋匠家庭，少时从父学艺，然后一路务农、任律师，一步步出人头地，是《独立宣言》的签字人之一。大家都喜欢传讲他的故事，像他如何在年轻从政时就告诫同僚道："如果你是少数，多多发表意见；如果是多数，专心投票就好了。"还有一次，舍曼应邀为一座新桥落成典礼致辞，他上桥走了两步，就回转身来，仅仅对着满场静等他开口的来宾说了一句话便结束了："我只看它站得挺稳的。"

在联邦大会里，舍曼发言次数共达一百三十八次，只有麦迪逊、威尔逊、古弗尼尔·莫里斯三人超过他。与会众人之中，没有一人比他给我们的印象更为生动鲜明。乔治亚的皮尔斯上校记道："我从不记得见过像舍曼这么怪异的家伙。他动作笨拙，表情呆滞，举手投足之间，说不出的奇怪……谈吐奇特，演说时用字不雅……这些都使他显得那么怪异可笑。可是，他却值得大加赞美。他是一位能干的政治家，行事极具手腕，值得注意的是他很少失利。"

舍曼在5月30日来到费城，刚来的时候并不急着在国家级政府上下注。杰里迈亚·沃兹沃思曾从康州首府哈特福特写信来道，他担心舍曼有意把邦联这一“政府的旧框架”修补一番就算了事，而不准备另行考虑其他比较有效的方式。“他像魔鬼一般狡诈多计，”沃兹沃思批评舍曼道，“要是你想攻击他，动手之前一定得先把他搞清楚再说。他可不好摆布，要是让他疑心到你在耍他，你还不如去抓条鳗鱼尾巴吧。”

像魔鬼般诡诈，像天使般诚实，像鳗鱼般滑溜，像粗硬布般僵硬——只有一个政治家才能招来这么多自相矛盾的形容词。6 月 11 日那个温暖的星期一早晨，大会才刚开始，舍曼就迫不及待地站起来提出议案，这议案当天虽遭否决，最终却救了大会。他针对的问题，是上星期六搁置的那个重要问题，如何分配国会席次：小州希望各州等席，而大州却出于显而易见的理由主张比例分配。

“沙曼先生建议……”麦迪逊记道。麦迪逊算是当时的拼字好手，却把舍曼（Sherman）拼成沙曼（Sharman），他自然是依照发音而拼的。他也习惯把拉特利奇（Rutledge）的第一个 e 拼成 i，把迪金森（Dickinson）的第二个 i 拼成 e，把平克尼（Pinckney）的 c 给漏掉，“秘密”（secrecy）一字的第二个 c 拼成 s，“可能”（probably）一词的第二个 b 漏掉不写……“沙曼先生建议第一院 [众议院]，其席位依各州自由居民的人数而定；而第二院即参议院里的席次，不多不少每州一席。”

直到一个月之后，大会才又回头采用舍曼这个解决方案，史称“康涅狄格妥协案”、“大妥协”或“舍曼妥协案”。这个功劳也不能完全归给舍曼，以前就曾经有人提出过。不过确有记载表明，舍曼在 1776 年时就略微提过这个想法。当时大陆会议正着手准备《邦联条例》，为各殖民地应依人口比例分配席次呢，还是“根据他们缴纳的款项”而犹疑不决。舍曼认为应该双管齐下：既依州，也依人口。当时没有人理睬他的话。“一个重大问题首次提出时，”约翰 · 亚当斯曾经说过，“往往很少人，甚至连最了不起的大人物也不例外，能够立刻直觉地察觉到其全面影响。”

联邦大会和当初的大陆会议一样，对舍曼的议案半信半疑，虽然他解释这个办法可以保护小州。“上院票决的效力，”他说，“和下院不相上下，这样就可以保护他们的权利。”

在此关头，连不带感情的文字记录都盖不住现场那一片激动的气氛。每一个人都在议论不休，纷纷提出动议和修正案。南卡罗来纳的拉特利奇表示，下院的票数应依各州“贡献配额”而定——也就是各州缴交国库的税额与贡款。拉特利奇的同僚巴特勒则直截了当地指出，金钱就是力量，各州应依财力来决定其在政府中的分量。如果税金决定代表的多寡，格里插嘴问道——那么黑奴该怎么算？“黑人也是财产，”格里说，“对南方来说，就像北方的牛马一样。”那北方的牛马为什么没有代表权呢？

这是个辛辣尖刻的问题，在日后的年月里，还会一再被提出来。威尔逊此时建议采用“五分之三条款”，如同1783年邦联国会的建议一般，席次比例应依照“全体白人和其他自由公民的总数计算，余下除不用纳税的印第安人以外，其他所有人则以五分之三计数”……所谓其余所有人，指的自然就是黑奴——宪法中很小心地回避了“奴隶”一词不用。而这“五分之三条款”却一直沿用下来，直到1868年第十四条修正案通过之后才弃而不用。

黑奴问题却也并不完全是一个南北对抗的地域争议。南方弗吉尼亚的梅森虽然拥有两百名奴隶，却曾公开地力促解放黑奴，他希望所有黑奴都获得自由。而北方新英格兰的船东，却从奴隶进口与南方的交易中获得极大利润；他们振振有词主张，奴隶制度是一个经济问题，与道德无关，应当交由各州自行决定。

奴隶问题一直要到8月份才又重新全面提出讨论。在这6月的时候，争论重点主要集中在代表比例上面，小州对大州相持不下。这一向以来，富兰克林博士一直安静地坐着写东西，现在他想请大家听听他的意见。于是由威尔逊站起来代他传达心声……富兰克林表示，他已经注意到小州比大州好治理多了。因此他倒不反对把宾州的版图缩小一点，让些土地给隔邻的新泽西和特拉华两州。

这个来自宾州议长的大方建议，自是相当惊人。博士是认真的吗？富兰克林继续表示，到今天为止，他都很高兴地看到，大家在发言讨论的时候，都非常冷静沉着："大家把我们派到这里来，是来互相商讨，不是来彼此斗争的；持着成见，或一味坚持己见，对我们毫无启发，也说服不了别人。这一方自以为是、激动，自会令另一方做出同样反应，而且更生重大龃龉。和谐一致可以增加我们会议的分量，有助于促进保全大家共同的福祉。"

对于代表比例的问题，博士表示他并不担心大州会把小州给吞了，这样对他们有什么好处？他记得这个世纪初，有人建议把苏格兰和英格兰合并起来，苏格兰的爱国志士也同样担心得不得了，生怕代表人数占上风的英格兰人，会在国会里把他们给消灭了；结果事实证明这种想法根本多虑。而且，依照大会目前已提出的解决方案来看，恐怕只有小州把大州吞噬的可能吧。

于是富兰克林提出了一个拉特利奇议案的扩充版本——说明起来非常复杂冗长。议案提出后，并没有人就其提出动议。可是他这番长篇大论，却换得让大家激动情绪平静的机会。接着舍曼便请求大家，就他刚才主张参议院中各州等席的建议加以表决。大家以六比五——非常接近的票数——否决了他的主张，接着又以六比五通过两院中均行比例代表制。这个问题后来还会再度提出来讨论。

又是散会时间。代表们走入午后的暑气，疲惫地穿过街头走回各自住处，其实在那里也纾解不了多少困倦。富兰克林先生的花园里，则多亏桑树提供了好些荫凉。但是像这么个热天，即使有风，也是西南方向吹来的火炉般的风。整个费城都在暑气中汗流浃背，代表也只有咬牙忍受。

热气整晚不散。除了中间一度缓和，共持续热了九天。这些天气状况，我们是从一位康涅狄格代表，纽约哥伦比亚学院新上任的院长约翰逊的日记里得知的。大家称呼他为约翰逊博士，这是位很有魅力的人物，个性谦虚，一派学者风范。有人记得他在革命时对托利党、革命党双方，都同样采取疏远的态度，并在当选代表后拒绝出席大陆会议。但是联邦大会的代表们都很尊敬约翰逊博士，他曾被提名进入大会多个重要的委员会。每天傍晚他都记下当天的天气状况。他在 6 月 1 日抵达费城，下榻第二街的城市旅馆。

对任何熟悉费城夏天的人来说，约翰逊博士的日记读来真有痛切的感受。这个城市湿热的暑气使人情绪低落，国外来的旅客仿佛陷入万劫不复的境地。“费城热季最受罪的事，”一位法国旅人写道，“就是那些数都数不清楚、随时落在你脸上手上的虫蝇，它们到处叮咬，到处留下脏玩意，搞得每样东西污浊不堪。夜晚房门也得关得紧紧的，除非你不怕天亮时受它们的折磨。可是这样到处把门窗紧闭的做法，又使晚间入睡时的热气更加难以忍受，令人愈发难以成眠。白天里热得人发昏，只想上床睡觉，可是不管你多小心，只要一不留神放了只蝇子进来，马上叫你跳下床睡不成觉。”

另外叫法国旅人不满的一点，是他们口中费城那种“使用断头台式窗子的可笑习惯”。这种上下开关的窗户，关的时候直往下冲，又不能像那种往外推式的窗户可以完全打开……1787 年这个夏天，有位英国人记道，这个城市白天多忙、多吵啊！晚上，又静得多怪啊！到十一点，“全世界大概找不出第二个城有这么死寂的；这个时候除了巡夜人，你可能走遍半个城也见不到一个人影”。根据法国旅人莫罗·德·圣梅里的记载，城里到处都是蚊虫，甚至大白天光里也看得到臭虫；接骨木花粉末被认为是最好的杀虫剂。费城的星期天，简直是炼狱一般。“什么样的悲哀静寂笼罩着一切啊！”那名快活的巴黎人沙特吕写道，“死寂得简直令人疑心，恐怕是什么疫病或黑死病正在流行，使得费城人人把自己关在家里不敢出门。”不过英法两国来的旅客，都深为城西斯古吉尔河一带的优美景致、夜晚的萤火虫和白日花园里的蜂鸟所迷。此外，泥塘里牛蛙的喧叫、雷雨的狂暴，对外乡人来说，都是值得一记的新鲜事。

对大会代表们来说，他们的睡眠一定时续时断。寄宿处的房间很小，一觉醒来精神也不能完全恢复。但是大家鲜少发牢骚，他们在下午离开州议会厅之后，一定都极为忙碌，到晚间也是一样。许多秘谋、核心会议和政治协商，都在会外进行。代表们共进晚餐、互相拜访、在书信或日记中作简要记录，而且总是（实在令人惊异）不忘保密规定。6 月间一个早上，乔治亚的皮尔斯曾拜访富兰克林博士，宾主们坐在花园里闲谈。皮尔斯记道，他们相谈“甚欢”。有人提到博士的高龄。“我的年纪够大了，”富兰克林愉快地说道，“都碍到后代子孙了。”

皮尔斯当年的笔记，以及他对代表们所作的记载，后来皆由其子将之精致地装订成册，加上红皮封面，并借来古雅书名，烫金印上《皮尔斯遗稿》。不过对于诸代表起居作息记载得最清楚的文件，要数华盛顿简洁精细的日记了：6 月 11 日的晚上，舍曼提出“大妥协”那一天——将军一晚上都待在他借住在罗伯特 · 莫里斯家的房间里，稍早前约翰逊博士和他们共享了晚餐。星期二，将军赴城市旅馆出席一个音乐会，那儿的两间交谊厅的布置极为雅致，每间至少有五十英尺长……总之，不管是贴头密合的假发、密密扣合的羊毛外套，还是挥之不去的蚊虫、不干净的饮水——代表们都一一忍了下来。也许在州议会厅里，他们会脱去外衣，松开领巾吧。在这种时刻，历史是沉默的，英雄也只有默默受罪。

皮尔斯的札记还提到另外一段插曲，不但显示大家对保密规定的重视，也让我们看到代表对他们的主席，大会的执行长，是多么敬畏。一天下午散会的时候,一位代表不慎将一页笔记失落在地板上,有人捡起来交给华盛顿。皮尔斯的笔记告诉我们,第二天讨论完毕,宣布散会之后,华盛顿从位子上站了起来。“各位!”他说,“我很遗憾我们当中有一位代表,竟然忽略了大会保密的规定,这么不小心把一份会议记录遗落在州议会厅里,还好今天早上凑巧被人拾起交给了我。我必须呼吁各位多加小心,千万不能让会中的情况泄露给报纸知道,免得未成熟的猜臆搅乱人心安定。我不晓得这是谁的笔记,可就是这一张(说着扔到桌上),谁掉的就把它拿去吧。”

“说着,他一躬身,”皮尔斯记道,“拿起帽子走出房间,神气是这么严肃,使得在场每一个人似乎都吓着了。至于我,尤其害怕,因为我把手伸到口袋,发现也正好掉了同样一张纸头,等走到桌前一看才松了口气,那纸上是另一个人的笔迹。回到印第安王后旅馆,我在早上脱下的外衣口袋找到了失落的那页笔记。可是稀奇的是,竟然没有人去认领桌上的那一张。”

如果大家真的因为将军这番话而感到难为情,他们在他面前表现的这种羞怯客气对会议的确很有帮助;这使得大家控制住自己的脾气,管住因为怒火快要不听使唤的舌头。在宾州州议会的厅堂里,一个个未决的问题,随着时间的过去显得更加沉重。众议员的任期该有多长?舍曼和埃尔斯沃思都主张一年,拉特利奇主张两年,而麦迪逊和马里兰的丹尼尔·詹尼弗却赞成三年。麦迪逊辩道,国家这么大,代表们将需要花上三年的时光,才能够对自己本州以外的他州诉求有所认识。而且,其中一年的时间,“光是用来准备出席和来回国会就用尽了”。

这话一点没错。美国之大,各州相距之远,的确是许多重大问题的关键所在。但是格里可不管麦迪逊这一套。他坚持道,每年一次的选举,“将是人民抵制暴政的唯一防卫”。格里表示他“有多反对世袭君主,就有多反对众议院三年一选”,他认为三年一选“有独裁专制的嫌疑，人民一定会提高警觉”。

他这个说法又是各地自由派的老论调。在英国，那些被爱尔兰政治家伯克呼为“热衷于公众事务的绅士”的政治人物，每年选举总是当选。有人曾经形容“年度选举一毕，就是奴役之始”，这句话也成了反对人士的宣传口号。格里自己对于公共事务的立场，往往有点摇摆不定，一会儿这样，一会儿那样。不管怎样，他现在这番话显然大大激怒了麦迪逊，后者立刻冷淡迅速地对了回去。麦迪逊说，大家动不动就喜欢提到“人民”，奉人民的意见为圣旨。这个大会又怎么知道人民此刻心里到底是怎么想的，当然更不会知道如果人民可以拥有“在座诸君拥有的信息和见识”，又是怎样一种想法呢？我们最好的法子自然就是设想一下，到底需要哪些条件才能拥有一个最合宜的政府；有了这个结果之后，那些最有见识的公民就一定会予以支持。麦迪逊说完，格里又将自己的意见重申一遍。可是到投票之际，他的主张并未通过。七比四，大多数的意见赞成众议院三年一选。

两院国会议员的待遇又该如何支付呢？麦迪逊力主不可由各州负担，他们对自己当地议员的悭吝已经是出了名的。如果待遇不足，最优秀的人才就不会出来服务。富兰克林先生最终还是同意，应该照《弗吉尼亚决议案》第三条所说的，设一个“固定”薪津。可是他认为这个数字绝对要“适度”，不该太过“慷慨”，因为滥用是一定免不了的。于是博士又说了一个小故事来佐证他的看法，“说得极有兴味，”麦迪逊记道。他说，当初耶稣的十二位门徒事实上都是无给职的，但是看看那些领有圣禄的神职系统，最后膨胀发展到什么地步，竟然变成了罗马天主教会那样庞大复杂的一个组织！

投票结果以八比三赞成由国库开支国会议员的薪水。接下来讨论的是参议员的任期问题，北卡罗来纳的斯佩特动议七年一期。舍曼有异议：“如果那些家伙不行，七年就嫌太长了；如果他们做得不错，就很有可能会再当选。”乔治亚的皮尔斯建议三年，“英格兰七年一选的制度带来很大的弊端，他们那里大多数关心国事的政治家们，都认为这个制度有很大的问题”。皮尔斯有点夸大事实，不过他的看法自有道理。伦道夫则赞成七年制：“目前各州议会过度地民主放任，证明我们需要稳定的参议院。这第二院的目的，在于控制国家立法机构中的民选第一院。如果这一院不够安定，另一院人数众多，又是由人民直选出来，它的风头气势就会把第一院给压制住了……这第一院尤其需要稳定独立，因为它必须能够捍卫宪法，使之免受行政首脑对宪法的侵害，后者极可能和民选一院的群众煽动分子结党营私。”

麦迪逊此时提醒大会，新政府是多么需要“稳定”这个“被共和制敌人宣称为与共和本质不合”的特质。他说，可惜我们在这方面可供指引的经验实在太少，马里兰的州宪，是唯一和这部分大纲有几分相似的例子。接下来格里又建议，限制参议院发行钱钞的权力，在英国国会只有下议院才拥有此权。巴特勒不耐地表示，我们“老是以为英国国会有多好多好，也不管合不合适就依样照抄……既然我们自己的两院都是由人民任命出任的，我们对两院就该给予同样的信任”。格里又反驳道，他看不出我们为什么要否定英国政府所做的每一件事，而仅仅是因为我们过去恨他们欺压我们。

七比三，委员会否决了格里的方案。

大会开幕至今已经四周了。所有讨论都是根据5月29日提出的《弗吉尼亚决议案》进行；代表们把这些条款称作“伦道夫先生的决议案”。这些条款经过一再细分，最后从原始的十五条增加到了十九条。全体委员会最后终于将各条逐一讨论完毕，否决其中几项，通过其他几项，其中最重要的数条则延后再行讨论。6月13日，全会主席马萨诸塞的戈勒姆宣布，全体委员会的报告准备就绪。这表示经过修改之后的《弗吉尼亚决议案》次日将可以向大会提出，交付正式的讨论和表决。

戈勒姆于是将修正版的十九条决议一一大声宣读，读毕放在主席台上。众人同意代表们可以抄写一份带回（前面所提那份不慎掉落在州议会厅地上的稿子，很可能就是这些决议案的抄本）。代表们的誊本流传下来了几份，彼此内容稍有出入，却都很清楚明确：“（决议案第一段写道）本决议案，兹由伦道夫阁下呈交大会考虑，经全体审议委员会修改、增补、同意。”

从这些条文当中，我们可以看出一个非常明确的政府轮廓。这一向以来，虽然困难重重，大会毕竟有了进展。但是事实上，这还只是开始而已，《弗吉尼亚决议案》只不过是大会遵循的一张地图罢了。而自5月29日以来，与会代表对这份地图已经日益熟悉。他们对它涵盖的疆域有了一些认识；依着这份地图，他们对于自己行程的终点也略有所悉。但是，一个漫长夏日的苦差事还在前头等着他们，满是摩擦、不断升高的风险，还有摇曳欲灭的希望。而新泽西州在暗地里还另外有一套主张准备提出来。这份议案主张州权至上，大走极端，鼓吹联邦制而非国家级政府，和《弗吉尼亚决议案》恰恰相反。新泽西需要时间整合力量，拉拢其他小州的支持。

当天的《马萨诸塞前哨报》冒出一大串忠告，敬告那些因为大会秘密进行而感不服的民众：“汝等美利坚众人，除去汝等内心那些鬼魅、疑心和不信任罢，这些心思将加速汝等灭亡。放心罢，汝等派遣的那些人士，必会想出一套办法来的，如果天可怜见，汝等全国的救赎就在那些你们可以信托的人身上——他们广博的学识、名世的干才，以及众人公认的爱国诚心，都向汝等保证这救赎的实现……想想看，他们之中有华盛顿领衔，此公之敦厚和蔼，就不用我们在此赘述了。”

次日早晨，星期四，新泽西的佩特森宣布，另有几州的代表希望拟出一个不同的方案来：“将完全遵循联邦制，和此前讨论的提案完全不同。”他请求保留一些时间好准备这个新案。大家都很清楚，持有异议的这几州希望可以腾出一天来，好让他们自己先开会讨论一下。众人对此没有异议，于是便宣布当天立即散会，不再议事。

“热啊，”约翰逊博士在日记里记道，“大会暂行休会。”北卡罗来纳的代表趁暇去信州长卡斯韦尔：“虽然我们每天不停地开会，连星期六也不例外，却没法知道到底眼前的大事什么时候才能完了。举目是一片旷野，不见一条任何国度足迹行过的直路或正道。一个由独立州共同组成的联盟，各自保有其公民自由，却又互相联结以保众政府之长久与效力——如此体制，史不曾书；如此情状，人类历史未之有也。大会代表诸君中，其中数位的夫人已抵此地，余者亦纷纷派人接来眷属。看来苦战一夏，势不可免。我们这些一时可以放下私事留在此地的人，只要有为吾州与吾国联盟作贡献的一丝可能，就必将坚持下去。”

第九章 《新泽西方案》；汉密尔顿发表看法；6月15日至19日

为什么国家级政府就会不得民意？难道说，一个特拉华的公民变成合众国的公民就会降级了吗？

——威尔逊，于联邦大会

6月15日星期五，佩特森向大会摊开了他的《新泽西方案》。代表称之为“佩特森先生的方案”。大家商议了怎样以最公平的方式讨论这份文件，同意应该交付一个全体委员会审查，并把“伦道夫先生的方案”也重新交会审查，将两案一并予以适当比较。纽约州的兰辛则请求再予顺延一日，让支持新方案一方的朋友们可以誊抄一份，好好准备一下，以便加以阐释和提出支持。那天晚上在印第安王后旅馆、城市旅馆等处，代表们一定忙至深夜才入寝。

星期六早上大伙一到齐，兰辛就请求将两案中的第一条分别宣读一次，因为这里面包含的原则可说“完全背道而驰”。果不其然，大家一听之下马上发现两者的确大异其趣。《弗吉尼亚方案》的条款“议决成立国家级政府，分设最高立法、司法及行政部门”。可是《新泽西方案》则“议决修订、改正并扩大《邦联条例》为联邦宪法，以应政府所需，并维合众联盟之长存”。

兰辛热烈地表示，佩特森先生的方案“维持了各州的主权，而伦道夫先生的方案却将之摧毁”。他继续表示，大会不但没有权力提出或讨论伦道夫的方案，各州也不可能批准通过。“这整个设计太新颖了，找不出同例。”《新泽西方案》是联邦制，而另一案则为国家制，“各州绝不会牺牲他们最重要的权利，让渡给国家级政府”。要是纽约事先就疑心到——兰辛作结语道——大会打算把诸州合并成一个国家级政府的话，就根本不会派员前来参加了。

两方现在都公开了态度，表明了阵营。于是大家又把一场老仗重新打过，这种基本意识形态之争早在独立以前就开始了，跟美国人民的血缘一般，是与生俱来的。如今在 1787 年，主张州权至上的爱国人士，并无意离开依《邦联条例》松懈定义之下的联盟组织。支持佩特森的一派和那些“老爱国党”以及“主张当初原则的人士”一样，不能信任一个强大的中央政府；他们只打算把现有的老邦联改头换面一番即可，让国会继续听命于各州的意志行事。此派意见中信念最深、主张最力者，要数纽约的兰辛和雅茨、特拉华的贝德福德、新泽西的佩特森和布里尔利，以及马里兰的马丁。接下来发言的人士，包括马萨诸塞的格里、康涅狄格的舍曼和埃尔斯沃思，以及弗吉尼亚的梅森，每个人都有自己的一套理由。特拉华的里德则特立独行，和大家都不一样——有人称他是小州人却有大州看法。所有这些人当中，则以梅森的立场最为超然，动机最为纯正。在他眼里，一个强大的中央政府，和当初美利坚之所以起来革命的共和理想完全相左。杰斐逊也持相同的看法。“我不赞同政府的活力太过充沛，”杰斐逊从巴黎写信给麦迪逊，“因为这样一种政府往往会压制人民。如此一来，政府得其所哉，人民却被牺牲……反正就所有对外事务来说，欧洲政情必会使我们紧密地联成一国，对内就让各州自行为政吧。”

杰斐逊自然把美国看作一个农业国，由许多小农、自耕农组成；不过他曾说过一句如今家喻户晓的名言，预见到有朝一日，当美利坚人民“在大都市中摩肩接踵之际”，就可能需要另外一种体制了。杰斐逊当时要是也出席联邦大会，就不知他会怎么说并怎么做了，令人不由得想猜测一番。当然，他并不像马丁、雅茨或兰辛那类全然反宪法派——兰辛后来甚至把宪法称作“一个三头怪物，和黑暗时代发明的阴谋诡计一样地深邃狡诈，专门和自由之民作对”。

《新泽西方案》中最引人注目的特色，就是设立一院制的国会，不分人口财力，各州席次相等。大会讨论期间，威尔逊曾经将两案异同，作了精彩扼要的综合对比。当时作笔记的代表全都记了下来：

> 《弗吉尼亚方案》主张立法机构两院制。
>
> 《新泽西方案》则主张一院制。
>
> 《弗吉尼亚方案》，立法权力来自人民。
>
> 《新泽西方案》，来自各州。
>
> 《弗吉尼亚方案》，一元首脑制。
>
> 《新泽西方案》，多元首脑制。
>
> 《弗吉尼亚方案》，立法多数可行动。
>
> 《新泽西方案》，少数可主导。
>
> 《弗吉尼亚方案》，立法机构可就所有国事立法。
>
> 《新泽西方案》，只限于特定事务。
>
> 《弗吉尼亚方案》，可立法否决州级法律。
>
> 《新泽西方案》，授权行政首脑以武力强制服从。
>
> 《弗吉尼亚方案》，可弹劾罢免行政首脑。
>
> 《新泽西方案》，可应多数州所请罢免。
>
> 《弗吉尼亚方案》主张设立次级国家法庭。
>
> 《新泽西方案》，未予规定。

至于汉密尔顿，他很早就宣布自己“不倾向于任何一案”，也许他是为了下星期一保留火力吧。佩特森起来发言，为他的方案辩护。随着他的发言，他的言辞愈趋强烈。佩特森是个小个子，只有五英尺二英寸，四十出头，个性内敛，人说他“极为谦逊，却带有无比力量，使你无法招架，产生意想不到的出奇成效”。佩特森的画像显示他有个大鼻子，高鼻梁，目光坚定锐利，身穿律师袍，头戴一顶清爽干净的假发。“如果邦联真的出了什么大差错，”他开始说道，“那就让我们各自回家先取得更大的授权再说。我们不能自作主张，扩大职权……我们没有权力擅改各州主权平等相当的主张。目前唯一可以解决困境的权宜措施，就是把各州财产混同。试试这法子，我们不久就会知道麻州、宾州和弗州三地的公民接不接受。”而且，《弗吉尼亚方案》执行起来“极端昂贵”，佩特森继续说道：“二百七十位［国会］议员，每年至少得从共和国远近各处来上一次！在目前大家财力都这么艰难的状况下，难道真能认真考虑这么一种昂贵的体制吗？”

佩特森援引中世纪法的说法——把各州“财产混同”，立刻大受欢迎，从此在整个夏天成为大会辩诘的流行语，其他爱用语还包括“结党密谋的危险”、“外国金子的诱惑”、“陪审制度”、“我们自由的守护神”等等。可是威尔逊一针见血、犀利尖锐的作风可不需要这种花哨浮词，此刻他便站起来答复佩特森，发表了他从政生涯最出色的谈话之一。把两个方案的主要差异概略做了比较后，威尔逊表示以他之见，大会未获授权做出任何结论，却获授权提出任何建议。至于人民的感觉，难道我们不也常常把自己一小圈人的意见，错当成群众的声音？威尔逊说，他可没法说服自己相信，人民是多么地崇拜各州政府和各州自主权；他也没法相信，老百姓就会像一些人所以为的那样厌恶一个国家级的政府。“为什么国家级政府就会不得民意？难道它就不够庄严高贵了吗？难道人民的自由和保障就会因此减少吗？难道说，一个特拉华的公民变成合众国的公民就会降级了吗？”

南卡罗来纳的平克尼将军，这时候带着几分中肯、几分尖刻批评道，如果新泽西可以获得同等效力的席次——十三票中的一票，它恐怕就不会反对国家级政府了。就他来说，他觉得大会有权做出任何认为有必要的建议，好匡正召开大会所要解决的弊病。

伦道夫同意这个看法，只是语气更为激烈。共和国一旦面临存亡关头，我们如果不赶紧想法子挽救，就是不忠于大家对我们的信托。“看看我们目前所处的可怜境地，”他说，“我们欠下法国多少恩惠荣誉，当初我们需要之时向人家借来的大笔款子，到现在仍然分文未还。而我们那些奋勇作战得胜的官兵将士，以及慷慨借款给公家的债权人，他们都仰望诸君解救他们脱离困境……我们部队的英勇，却被我们政府的软弱无能给羞辱了。”真正的问题，伦道夫继续说道，在于我们是否该一味坚持联邦方案，还是改采国家方案。只有国家级的政府，才能在适当的组织之下，完成我们的目标。他请求大会仔细想一想：“若要设立一个国家政府，现在这是最后的机会了。错过了这个良机，老百姓就会向绝望低头。”

伦道夫说完，已经是星期六正午。可是他最后结语时所说的“绝望”，大会以后却还会不断听到。

“于是大会解散，”雅茨记道，“星期一早上再行复会。”

星期一上午，共有十一州代表出席，汉密尔顿头一个就站起来发言，一开口就接近六个钟头——事实上他占用了这一整天。他站在那里，代表们看到的是美国有史以来，甚至把以后的年代也算上，美国所有最不寻常人物当中的一位。厅内人人都认得他，也知道他的赫赫名声。他在西印度群岛出生，年轻时来到美国，三十二岁就已经闻名全国，并遭某些圈子嫉恨。汉密尔顿碰到思路缓慢的人会显得很不耐烦，遇到自己喜爱的人则特别虚心，性子激烈却又能摆出冷傲的态度，说话行事总带着一点他那异国神秘出身的风味——

这实在不是美利坚人的本色，也不合它那十三个顽固州的乡下佬作风。约翰·亚当斯就把汉密尔顿叫做“那个苏格兰贩子生养、乳臭未干的小杂种”。“他的举止，”大会一位代表评道，“颇为呆板，有时又带些虚夸，让人看了很不顺眼。”

美国历史上大概还找不出第二人，能如他这般有这么多不同的评价吧。当时新英格兰有位历史学者——他的政敌——把他形容成“一位带外国血统的年轻军官；天生大胆，多才多艺，又各方调配得宜的投机冒险家”。而另一方面，泰利兰德这位观察敏锐、本身也与欧美各国元首相熟的外交家，却将汉密尔顿列为“当代人杰之最”。后来布赖斯爵士也曾宣称，在开国元勋当中，汉密尔顿是唯一不曾得到美国百姓完全公平的评价的一位。美国第二十六位总统老罗斯福更进一步，认为杰斐逊的贡献“远逊汉密尔顿”。才华洋溢，天不怕地不怕，在政治上作风无情，汉密尔顿心目中的美国，是一个单一、一统的国家，和英法两国并驾齐驱，并在海上称雄。他如果生在现代的工业世界，一定如鱼得水。此外，他确信自己知道如何去达到自己的目的，从何着手，如何去行。

这样一个人，难怪要被他同代人怀疑了。汉密尔顿个子不高，只有五英尺七英寸。部队里大家唤他作“小狮子”。他栗色的头发松散地向后梳去，肤色白皙，两颊红润如少女，鼻梁高耸，鼻孔纤细，双唇细薄，像匹高贵的纯种骏马。他总是高抬着头，湛蓝的眼珠发怒时据说会转为黑色。这是一张英俊、表情多变的脸庞，当他在讲话的时候，就会熠熠生光，充满了生气，以至日后成为他政敌的杰斐逊说，这个人“区区一人就抵过多少常人”。

在联邦大会里，汉密尔顿的立场很特别，充满了挫折与尴尬。麦迪逊事后记道：“雅茨和兰辛投票表决的时候，和汉密尔顿的意见从来没一致过，*一次也没有*；因此大伤他的感情，会没开完就回家了。”事实上，汉密尔顿居然能出席大会就已经很稀奇了。要不是因为他的岳父，纽约当地大地主世家出身的斯凯勒的政治声望，纽约的州议会根本就不会提名他前来参加。原来纽约州政坛分成势不两立的两大派。现在第六次当选为州长的克林顿，是站在乡间农民这一派，主张发行纸币，州权至上。日后1788年6月纽约的宪法批准会议，就是由他在波基普西主持。

克林顿在1777年的州长选举中击败了斯凯勒，他的一党在城里的机匠、工匠中的势力很大。但是斯凯勒也有他的一党，后台是一群老地主家庭：凡·伦塞勒、莫里斯、凡·科特兰、利文斯顿及贝亚德等等家族，加上州内城中的金融利益人士——银行家、律师、商人等等。这些人都支持强有力的国家政府，因此便设法至少派上一位国家主义者去费城开会。联邦大会的代表对这些内情都很清楚，很多人曾与汉密尔顿在国会共事。他们也知道汉密尔顿在效忠派田产发还一事上，和克林顿一党有过正面的激烈冲突，这是政坛上争执甚烈的一件大事。没收这些人的财产，发交公开叫价拍卖，自然是大受一般人民欢迎的铁票，克林顿州长已经把这一招用到极限。而费城大会里至少有四位成员反对这种没收的政策，他们认为这样不但有失公平，显然违背了对英和约中明确的规定，而且对国家也没有好处。为什么要强迫那些有产有业、受过良好教育、对国家很有价值的公民，与政府继续为敌呢？这“不怀好意而又可笑”，汉密尔顿在纽约的报纸上批评道。

纽约议会选拔代表赴会之时，汉密尔顿这些背景都成了他的要害。汉密尔顿本来希望组成一支较大的代表团，比方说五位，由杰伊、杜安、利文斯顿家族来的三位和他站在一边。这样一个人，不知贡献了多少心力大会才得以召开；这样一个人，后来几乎是只手回天，使得起初心存敌对的纽约议会转而核可通过合众国的宪法；可是此时在会场上，他却势单力孤地站在这里。汉密尔顿承认他自己的企图心很大，事实上也的确如此，他喜欢贵族政治，推崇不列颠宪法为全球之冠。杰斐逊后来责备汉密尔顿，说他完全被英国例子给“迷惑曲导了”。而几年以后，汉密尔顿对英国的这份崇拜热情，也确使他做出了一些值得商榷的行为，他竟试图推翻破坏一些他认为有损美英两国关系的政府计划。他外表尽管非常冷傲，骨子里却似乎暗藏一种神经质的不安定。只要想想看，战争期间他与华盛顿元帅之间那些固执可笑的争执，就令人不免怀疑，这个人竟然能为国家做这么多的事情。但是华盛顿很信任汉密尔顿。华盛顿告诉约翰·亚当斯说，汉密尔顿这种一刻不停的雄心从无见不得人的意图，“而是最可赞佩的特质，使得一个人不管做什么，都能出类拔萃”。

年轻的汉密尔顿结了一门很好的婚事，正符合他的作风。他的岳家是纽约州内最富有、最有权势的家族之一。婚后他也深深爱上妻子——有着一双乌黑眸子的贝特西，他爱她爱到担心自己无心办公了。“我的天使！”他写道，“我诚实地对你表白，我爱你实在太深了。我陷在其中不能自拔，软弱得无法恢复我的理智，面对我的职责……这样一位棕栗美发的少女，竟把我弄得如此神魂颠倒，真是太美妙了。”而汉密尔顿本身不仅为其家人所爱，也为各类友人所爱。像他这种强烈的个性，他人一旦碰上，往往难以忘怀。“我感到体内呼唤着，”拉法耶特在1785年从法国写信给他，“要告诉你，我是多么温柔地喜爱着你。”

汉密尔顿未曾尝到老境滋味。众所周知，他不到五十便死于和另一位政界人士伯尔的一场决斗。不过，我们好像也很难想象汉密尔顿老了会是什么模样。即使连他那份冷静、多疑，都不是由于谨慎，而是出自年轻胆大、满不在乎地挑战每件事的一股盛气。汉密尔顿求知欲极强，阅读甚勤。他的政治才干，他对恢复公众债信提出的对策，对他同时代的人来说，都是虽然动听却想象力太丰富的高调。

但是他的外表、举止和气质，总有那么一些地方让人起疑心；因此，汉密尔顿最后还是在全盛时期败下阵来。他看起来异国风味多重啊！甚至连他对绘画的喜爱，他那天生拥有又乐于歌唱的一副雄浑好嗓，都带有极重的外国味。他对纽约毫无效忠之心，对母州的光荣骄傲毫无所知；他不是在这份光荣之下出生，反而鄙夷地以为它带有乡下土气。汉密尔顿尊崇的对象是联邦，他那丰富的想象力只有联邦光荣无穷的未来才能配合。6 月 18 日星期一的早晨，当他这样一位人士起来在大会面前发言时，难怪大家对他的话都要抱以怀疑、勉强赞美的态度了。在大家的心目中，大会刚才讨论消化过一个弗尼吉亚提出的方案，而新泽西的方案也正提出来等候表决。这会子，斯凯勒这位衣冠楚楚的女婿，又有什么高见要发表，他打算建议什么呢？

大会代表人人都知道汉密尔顿是个国家主义者、大陆主义者，他主张“高姿态”的政府，一个无孔不入的、强势的中央权力。可是他今天提出来的主张，其大胆狂妄更胜以往。汉密尔顿表示，他要向委员会宣读的这份政府蓝图，在他以为胜过正在讨论的那两个方案。本来他一想到要在幅员如此广大的国家建立一个共和政府，就几乎觉得束手无策了。可是他现在要建议的政府构想，是以共和为形式，以“民定之规”选举产生的政府。他并不是向委员会提出另外一份方案，他只是把自己的想法正确地表达出来——以后也许可以作为对《伦道夫方案》的修正之用。

汉密尔顿表示，他希望看到美国能够设立一位终身制行政首脑，由选举人选出，授予绝对的否决权力。参议员也享有终身任期，另一个下院或议会，则由人民选出，三年一任。各州州长由国家政府选派。如此一来，参议院和行政首脑（汉密尔顿称其为“首长”）便可以和民主性质的议会之间产生平衡作用。这种形式的政府，权源来自人民，却可以检视并牵制对自由的狂热。“人都爱权力，”汉密尔顿说，“把权力交给多数，他们就会蹂躏少数。把权力交给少数，他们就会欺压多数。”

接着他毫不迟疑地举出大不列颠为例，他们的上议院被他称为最高贵的君子席。“我相信，”汉密尔顿说，“不列颠政府是全世界最好的典范……这个政府就他们的目的而言，既拥有公众的力量，也不乏个人的安全保障——我们却以为两者无法得兼。每一个社会都分成两个不同的群体：出身良好的少数有钱人，和一般的多数大众。而民众的心声一向都被说成是上帝的意旨……这不是事实……一个每年从人民大众中轮换选出的民选议会，如何设想它可以稳定地追求大众的幸福呢？”

汉密尔顿继续说道，大众的热情，“像野火般散布延烧，变得无法抵御”。他试问新英格兰诸州他们的亲身体验是否如此？为什么一个经由选举产生的终身君主，就会比七年一任更令人害怕呢？各州现在的州长不就等于是由选举诞生的君主吗？汉密尔顿自己的笔记对这一点论述得更为深入。“君主式首脑，一定要有相当的权力，”他写道，“他的地位必须是世袭的，并拥有极大权力，所以再冒险去争取更多权力对他没有好处。君主制的优点在于，他不会腐化。对外交涉，一定总以全民真正的福祉和光荣为依归。”汉密尔顿一再向大会表示，他实在担心像我们这么大的一个国家，能否建立起一个共和政体。他说：“各州会把地方私利置于全体公利之上……假以时日，弗吉尼亚会变成什么面貌？它现在拥有五十万居民——二十五年之内，其人口就会加上一倍……面对这样一个分量可观的对手，国家政府支撑不了多久。”汉密尔顿表示，像这种警例史不绝书，古希腊由诸城邦组成的议会，就是这样失败的。

我们只要想一想他这番言论的意旨和内蕴的大胆不逊，加上大家对所谓“英国范例”普遍升高的不满情绪，就会发现当时竟然无人开口打断汉密尔顿的发言，可真是件稀奇事。泯灭各州特色，废止各州运作？整个大会里面，恐怕只有特拉华的里德和南卡罗来纳的巴特勒会赞同他的意见。选拔单一行政首脑，还是终身制？这近乎是君主政体了。矛盾的是，汉密尔顿主张下院由人民直接选举的想法，却远超过代表们打算对“民主”做出的让步，连麦迪逊都反对。一个国家级的总政府，操有完全主权？汉密尔顿论道，除此之外没有其他方法可以帮美国在内建立国家力量，在外建立国誉。

汉密尔顿这番话足够叫麦迪逊急白了头发。汉密尔顿这一下子把大会里每一位主张小州权益的代表都得罪了。雅茨、兰辛、马丁几位先生，在位子上也一定如坐针毡。这天天气热得可怕，汉密尔顿结束的时候一定已经超过3点了。担任全会主席的戈勒姆坦承自己“几乎已经完全向热浪屈服了”。汉密尔顿最后结束时说了句名言流传后世，虽然当时全场只有他的对手雅茨法官记了下来。汉密尔顿下结论道，《新泽西方案》恐怕最为接近大众的期望。而他知道，他自己的提案以及《弗吉尼亚方案》，“却和民众的想法相去甚远。可是民众对于政府的看法，也在慢慢地成熟之中。他们对于过度的民主也渐渐感到厌倦，而且甚至连《弗吉尼亚方案》，也不过是以民主牵制民主，岂不是同样一块猪肉，只是小换个酱汁而已？”

“然后休会，”雅茨简洁地在笔记中记道，“明日再议。”

汉密尔顿在联邦大会的表现相当令人失望，跟他自己在过去和未来支持宪法时的杰出表现格格不入。他的长篇大论——足足费了一整天的工夫发表——完全不合时宜，和正反两方面的意见都不搭调。的确，后来特拉华的里德在大会里说过，他希望汉密尔顿的提案“取代目前会议桌上的这一份”。但古弗尼尔·莫里斯也的确曾批评这篇谈话“轻率已极”。不过莫里斯出于他个人的见解，恐怕会把汉密尔顿对英国的偏爱，贬为与其国外出身的背景有关；汉密尔顿也承认自己带有“异国情调”。五十年之后，约翰·亚当斯的儿子约翰·昆西·亚当斯，无意中在麦迪逊的文件中发现汉密尔顿这份演讲稿，认为它“精彩已极”，汉密尔顿为宪法勾画的蓝图在理论上也确比后来所实行的高明。“可是其主张之强有力，以及与不列颠系统接近的程度，却绝非当时舆论所能忍受。”

令人惊讶的是，当场竟然没有人当面和汉密尔顿争执。第二天早晨，也没有人起来反驳，更不见大会就他的建议采取任何行动。几天以后，康涅狄格的约翰逊博士的一番话，恐怕说出了大家一般的反应，他说“纽约来的一位先生，大胆决断地提出了一种和双方意见都相左的体制，虽然广受众人赞扬，却没有人同意他的看法”。看来汉密尔顿的演讲太激进了，以致没有人能够反驳；内容太过极端，虽然他显然句句心声，他后来的作为可以证实。也许他是故意向大会提出这么一个太过“国家化”、太“统合”的建议，好使《弗吉尼亚方案》显得相对温和，而《新泽西方案》则完全不可能实行。

然而，汉密尔顿事先一定也预期到他这番话的作用。他的经验太丰富了，在这种时刻，不会没头没脑地忽发狂言。要是当时大会是公开而非秘密举行，相信他绝不会冒这么大的风险。汉密尔顿说话的态度虽然桀骜不驯，但是从麦迪逊、雅茨、兰辛、鲁弗斯·金等人的记录中却可以看出，他言语之间有着那么一份迟疑和不确定的感觉。根据雅茨法官的笔记，汉密尔顿说他自己“极为尴尬”，“绝望了”——而且有两次表示自己“非常困惑”。

日后汉密尔顿要为自己在6月18日的这次演讲付出代价，终其一生不断有人拿这番话来打击他。一逮到机会，他的敌人便针对此事无所不用其极。他们说宪法里“带有很强烈的君主政体嫌疑”，又说汉密尔顿想为美国立位国王。汉密尔顿予以否认，指称对方“断章取义”，他甚至还否认自己提议设立一位终身制的总统。麦迪逊在弗吉尼亚来信淡淡说道，他的否认，“系由于他记忆欠佳之故”。

“汉密尔顿先生今天一早就出城离去了。”兰辛在6月30日记道。十天之后，兰辛本人和雅茨一道，也一怒离开大会回返纽约，永远不再回来。他们决意反对大会的进展，准备不管大会最后决定采用哪种形式的“国家”体系，都要与之周旋到底。而汉密尔顿本人，却在一整个夏天中不时回返费城出席，而且总会发表一些重要的看法、惊人的言论。到了9月份，他还在纽约两位同仁不在场的情况之下，独自回到了费城的州议会厅，并不顾纽约政治势力的反对，参与了宪法最后的签署——这是一个极有勇气的举动。

第十章　大辩论：6月19日至28日

大会现在的情况，就好像在黑暗里头摸索，想要从中寻出政治的真理一般。

——富兰克林，于联邦大会

早上大会一开始，麦迪逊就迫不及待地站起来发言。这是在6月19日星期二，全体委员会仍在进行之中。麦迪逊准备就绪，要说的话都已经想全了。他甚至完全不提汉密尔顿前一天长达六个钟头的演说，因为这对主张国家主义一派的人士一点帮助也没有。汉密尔顿太激进了，他极端的主张可能会把本来打算支持的人都吓跑了。周一晚上在旅馆、俱乐部里，各处的代表一定忙着谈论。是否有人责备年轻的汉密尔顿太鲁莽了呢？他们是否决定，最好的办法就是完全不理会他的话，专心处理眼前待办的大事——就新泽西和弗吉尼亚两案进行最后表决？

不管事实上到底是怎么回事，总之星期二一早，麦迪逊一分钟也没有浪费，把《新泽西方案》批评得体无完肤。他很冷静，用逻辑推演的方式，一点一点攻击，把新泽西提出的每一点都以问题的方式打回去。《新泽西方案》可以避免各州侵害彼此权益吗？比方那负债的几州所为，发行纸币来报复债权州？这个方案有能力阻止州内的骚动吗？比方马萨诸塞经历的谢司事件？它可以保护联邦不受外国势力的影响吗？《新泽西方案》主张各州自负派往国会代表的全部费用，小州有没有考虑过实行起来的经费问题？一个国家能否在一纸无法约束全体的约定下生存？

此外，小州有没有设想一下，如果一味坚持佩特森先生的方案，而不考虑其他任何方案，会有什么后果？新泽西的代表们已经表示过，如果任由弗吉尼亚拥有高于特拉华十六倍的席次，就太不“安全”了——这是他们用的字眼。这些先生情愿把大家全部凑成一堆，再重新分成十三份。麦迪逊暗示道，他们是不是被自己编织的乱网缠住了？邦联组织的历史里，处处充满了这类陷阱和险境。

麦迪逊说完之后，马萨诸塞的鲁弗斯·金便立刻提出问题：伦道夫先生的方案是否比佩特森先生的更好？他们投票表决，《伦道夫方案》以七比三胜出，其中马里兰内部立场分裂。《新泽西方案》从此寿终正寝，麦迪逊给了它致命一击。不过此案要是早一点提出来，也许会占得上风——谁又说得准呢？但是这之前代表们已经花了三周时间仔细考虑、交谈、讨论，渐渐习惯了那一开始看来好像令人震惊、似乎完全不可能的方案。于是从这个时候开始，大会便遵循弗吉尼亚提出的十九条大纲继续讨论下去——虽然到 9 月 17 日最后定案以前，仍然会经过许多改变。最后签订的宪法具有更大的弹性，会和原始的《伦道夫方案》有很大出入。

不过在 6 月 19 日这一天，代表们虽然否决了《新泽西方案》，却并不意味着小州就此弃械投降。有关国会代表制的争执，还会继续闹上整整一个月，一直吵到 7 月 16 日，大会才采纳了“大妥协”的建议，决定在参议院中各州平权——每州不论大小，一律两席，而在众议院里则行比例代表制。在这以前，宾州州议会厅里每周都高潮迭起，紧张的压力不断升高，气氛则愈形阴郁，似乎找不出任何解决之道，暴风雨的尽处毫无光明，没有一部强有力的新宪法可适用于这焦灼强悍、彼此争闹的美洲十三州。

次日早晨，6月20日，代表们召开全体大会。华盛顿重登主席宝座，这是自那重大的5月29日起，伦道夫和查尔斯·平克尼各自提出一份方案之后，将军头一回主持全天性的讨论。在这段期间一直担任全体委员会主席的戈勒姆，步下主席台，回到麻州代表席上。戈勒姆本是位能言之士，说话爽快而有分量，这下子他可以畅所欲言了。

大会当天早上头一个动议，就是把“国家级”这个字眼由《弗吉尼亚决议案》第一条中抹去。康州的埃尔斯沃思主张，把第一条的“议决成立国家级政府，分设最高立法、司法及行政部门”，改为“议决合众国之政府，应分设……”云云。

这是一个极富政治手腕的巧妙提议，戈勒姆附议赞成。这个“国家级”字眼，埃尔斯沃思指出，会把人民给吓着了。而且各州也绝不会批准通过宪法——任何宪法——除非其内容看来像是就原有《邦联条例》加以修改一般。把“国家级”这个词去掉！根据麦迪逊的笔记，这个动议“无异议，全体一致通过”。

此时纽约的兰辛站起来发表了一个长篇大论，针对整个大会走向提出强烈抗议。兰辛说话很难让人倾听，乔治亚的皮尔斯说他“讲话吞吞吐吐的”。兰辛说，这个大会没有权力创立一个两院制的立法机构。对于国会可以否决州级法律的这项建议，兰辛追问道：“我们大家想想，国会能有这么多闲功夫来管这些事吗？保守估计一下，各州送审的法条数目，就像一年有三百六十五天一样，将不可胜数。总立法机构的成员，能够胜任这个评审的重任吗？乔治亚来的议员先生，对新罕布什尔法令的权宜性能有多少认识？这种否定权，会比大不列颠施行的否定权更有害。”兰辛坚持道，我们现在讨论的这个总政府的体制，“根本就不可行，构想太新奇、太复杂了”。

弗吉尼亚的梅森，带着老人的暴躁火气，强烈反对授予国会广泛的权力:“美利坚的人民，是那么小心翼翼地看顾着自己的权益，那么戒备重重地保护自己的自由，难道我们真以为他们会放弃这一切，把宝剑与荷包一并交出给同一个机构，而这个机构却又不是由他们直接选出来的？”此外，国家税款又该如何征收？梅森质问道：“难道还要派出民兵，一州一州去向共和国里拖欠税款的人一一催讨不成？”像这样把公民自由和军事强制执行混在一起，简直是像水火不容般的两回事！“那些被军队侵入的州县公民，难道不会相互帮忙，最后一致起而反抗，结果把合众国弄到四分五裂？”梅森表示，他的脑海里突然浮起了这些未来可能发生的恐怖景象。

现在轮到马里兰的马丁站起来，开始发表他那一连串又臭又长、令人难以忍受的演说了。他的一再唠叨，成为大会的一项特色，一直要到9月4日，距离宪法签字只有十三天的时候，马丁一怒（或说大发慈悲）离开大会才告终了。马丁年约四十，肩膀宽阔，衣着随便，发短鼻长，声音粗哑，嗜好杯中物，最后也因此不幸破产身败名裂。他行事冲动，缺乏修养，简直就是大会里的一名野蛮分子，狂暴地维护小州主权。虽然他说的话也不全然都是废话，但是他却又可以像白痴一样地大谈“自由人和自由州的权利”。那位洞察入微的历史学者亨利·亚当斯就形容马丁是一位“任性机巧、骄横无礼的马里兰检察总长，嗜酒、豪放、懒散、傲慢……臭名昭彰、人神共厌的天才”。

不过亨利·亚当斯这个评语是在一个世纪之后才说的。在联邦大会上，恐怕没有人会把马丁看作一个天才吧。代表们对他的　嗦都烦到了极点，偏偏又是挑在费城最热的日子，大家坐在潮湿的暑热里已经难受得不行。马丁实际上说的就是他不以为国会需要两个议院。一个就可以了……国家级法院延伸入州既缺乏效力，也会招来憎恨……将不必要的权力授予总政府，很可能破坏“联盟最初成立的目的”。国会代表的是州级议会，不是人民；不但事实如此，当初的立意也是如此。此外,他也反对在各州召开特别大会以批准宪法。

麦迪逊在笔记上写道:“以上就是这篇极其冗长的谈话的重点。”然后把这句话给抹去了。

对于那个最重要的问题——国会代表比例一事，大家既然一时无法达成协议，甚至也讨论不下去了，陷入僵局的大会只好回头商讨那些比较次要的问题，反复推敲、争议、较劲，在这个过程中，一步步了解自己国家，慢慢走向最后必须达成妥协的那一天。否则——大家心里都很清楚——大会就只好失败解散了。他们说过的话，一再地说；听过的话，还会再听；那些经验老到的代表，对于这种重重复复，只有一个感觉：非常不满。尽管如此，会场中依然不断产生新的争议，众人一再用新观点重新检讨老问题。当年代表们在大会中说的某些话，甚至在几代以后，还影响到法院的判决。

针对国会议员的薪俸问题，威尔逊主张应该由国会自行决定，并且由国库支付……可是麦迪逊反驳道，这种做法太下流了。立法机构绝对不可以把手伸进老百姓的荷包，把钱放到自己的口袋里。薪饷应由宪法规定妥当。如果由州政府自行决定这个数字，“[阿巴拉契亚]山以外的穷州僻地”又该怎么办?日后西部成立的新州，我们应该以平等地位，兄弟一般地相待;应该明定规则，好让他们可以把最出色的人派往国会……至于参议员，他们根本不应该叙薪(这是平克尼将军的建议)。作为参议员代表，照理是国中的有钱人，因此，他们本人就很富有了。富兰克林博士再次表明他的立场，认为政府官员应该一律不支薪。他说，现在坐在这间厅里面的年轻才俊，将来无疑都会当选参议员。小心外界可能批评大会，说他们为自己开辟出一条财路。

至于国会议员就任期间是否可以担任政府其他职位一事，也引起热烈讨论。现场许多代表目前就在州政府或国家政府担任要职，这是约定俗成的，大家也都习惯了。詹姆斯·威尔逊赞成保持现状，他不希望设下限制使有能者裹足不前。他说，我们当年的全军总司令，不就是从国会中挑选出来的吗？

这番话很露骨。华盛顿听到此言，不知是否露出笑容。鲁弗斯·金也同意威尔逊的见解，而南卡的巴特勒却反对，他提出英国做例子：那里的人进入国会的目的就是为自己和友人占地盘、抢职位，这种做法已经毁了英国政府。梅森的想法类似，他认为应该把紧关口，不让腐化侵入政府。戈勒姆却不同意：英国政府的腐化现象，不可能在美国发生。我们的选举次数频繁，而且我们没有像英国那种虽然人数不足，却仍然可以选出议员的烂选区。

大家翻来覆去地讨论不休，麦迪逊断然表示，弗吉尼亚光是去说服那些最好的人才赴议会任职就已经很难了，难道还要叫各州单单靠着爱国心去延揽人才不成？“如果爱国心是唯一的号召力，”麦迪逊说，“你就会发现，大家对立法部门的职位兴趣缺缺。”

格里则一本他的老作风，冲口而出大肆批评起来（国会里曾经有人说他不管会造成多大伤害，往往一箭射出去先批评一顿再说）。“记得刚刚对英开战的时候，我们拥有的美德比古罗马还要多，可是现在在我看来，情况完全相反了。我们的土地，我们的股票掮客，比世上任何地方都多……我们一直在努力地把政府的三大部门分开；可是如果我们通过目前这个建议，”格里作结道，“……立法之人就会分享了行政的权力，要不然也会受到行政首脑极大的影响，因为他们往往得仰仗他谋取政府职位。”

年轻的查尔斯·平克尼愤愤地表示，美国人民恐怕是“世上唯一民智开启到能够同意派遣代表前来筹立一个总政府的国家”。既然如此，我们为什么还要模仿那些老式政府，把参议院弄得像贵族院的玩意呢？在合众国，财富分配比别国均匀。像欧洲那种有钱已极，或是有钱到可能形成一种恶势力的人，在这里还不多见——整个美洲大陆的“有钱人”加起来恐怕还不足一百呢。“我们这里社会的风气，不容易产生阶级之间明显的划分。”平克尼说，合众国的老百姓，也许一共可以分成三级：专业人士、商业人士，以及土地利益团体。我们为什么不将此铭记于心，照着我们民众的实际状况，以及我们对他们的了解，来组织政府呢？由于平克尼下意识里的一种自大心态，他忽略了美国还存在着艺匠和机工，这些人唯一拥有的东西，就是自己的劳力。平克尼总结说，州政府一定得保留下来，绝不可废。

针对平克尼所言，大会好像第一次碰上这个问题似的，马上又热烈地讨论了起来。参议院中代表席次的比例将决定小州力量是否会一蹶不振。代表们再度决定暂时搁置这个至关重要的问题，随后投票决议参议员应由各州议会推派，并一致通过人选年龄至少需要年满三十岁。至于九年一任的建议，大会以八比三否决，而以七比四赞成戈勒姆六年一任的提议——每两年改选其中三分之一（在六天以前，大会已通过众议员为两年一任）。

麦迪逊在这一仗上可谓一败涂地。他原先希望参议员可以九年一任，他也一直主张参议院议员应由州议会选出，以取得平衡，有别于民选的众议院。他还主张国会可以否定州级的法律。他这三个意见当中，结果只有一项入宪——也就是参议院人选的选拔方式——事实上连这一项，最后也在 1913 年由第十七条修正案废止。对于未来，麦迪逊看到的是一个和 1787 年时人口组成完全不同的美国。“我们若要建立一个放诸后世而皆准的制度，”他在大会中表示，“就不可以不考虑到时间将会带来的改变。人口一旦增加，为生活奔波辛苦、并暗暗希望财富分配更平均的人也一定越来越多，其人数最终一定远超过那些不愁衣食之人。”麦迪逊认为，如此一来，权力一定会渐渐落入那些数不清的穷人，而非少数富人的手中。这种想把大家的生活水平拉成一致的想法，已经在某些地区露出征兆了。我们应该如何在“共和”的原则之下，来防止这种危险的发生呢？如果政府里面能够有一个“其贤能足受各界敬重”的机构（参议院），再透过九年一改选来保持其稳定，对于自由的维系，自然提供了一层可靠的保障。

现代读者可能会感到有些失望，我们的宪法之父麦迪逊，竟然一力主张美利坚的富人应该防备美利坚的穷人，认为后者一旦权力在手，后果堪虞。麦迪逊在这里所说的要求把众人水平拉成一致的想法之征兆，指的是宾州在普选政府之下发生的暴动，以及马里兰州近来的骚乱，还有罗得岛的纸币问题，当然也少不了谢司一伙的抗争。不过以今评古并不公平，当年大会提出的这些建议，基本上都是前所未有，从无人试过的新猷。而且在生效以前，必须通过民众的同意方可。

支付参议员薪酬一事，大家现在也终于以十比一同意，但是在给付来源上，票数却很接近，以六比五赞成酬劳由国会而非各州议会负担。梅森（来自土地肥美的弗吉尼亚）还建议参议员的财力必须符合一定规定。他这个主张无人附议，问题撤销。大家也都同意两院都有提出法案的权利，且两院议员可在州政府却不可在合众国政府中兼职。

能够达成这些协议，可算颇有进展，很有鼓舞作用。可是骨子里大会却依然悬着众人彼此相持不下的大问题：国会中代表的席次到底应依人口分配，还是每州一席？6月27日，在华盛顿的主持下，全体大会继续热烈讨论这个问题。

天气依然很热。过去两周一共只凉快过三天。这个星期三的早上，会议伊始，代表们就一定相当疲惫急躁了。只见马丁又站了起来——“选了这个最不合宜的时刻，”一位代表在事后写道，“开始一段长篇大论。”他花了三个多小时，“极其冗长、极其热切”地述说他的主张，麦迪逊记道。马丁说的都是老生常谈，只不过在重复他自己以前讲过的话而已……总政府的权力，一定得有严格限制，功能应只限于维系州政府，而不是来管理个别国民……诸如此类云云。

马丁接着又停下来念了一大段洛克、萨默斯、瓦特尔、普利斯特里博士等人的文字，这是大会自开幕以来，众人一直避免的事。凡有经验的政治人物，都知道这些作者以及他们的宏言伟论，什么自然法则、自然法则之下的人、统治者和被统治者间的契约等等。独立革命期间，这些话几乎就跟《圣经》一样，是大家耳熟能详的大道理，凡是可以找到一批群众大发议论的三脚猫政客，都已经将之一再引用，滥到了极点。现在还需要马丁再费力气来挖出这些老话吗？“我从未听过设有两个立法部门的邦联，”马丁又说道，“甚至连最负盛名的亚当斯先生，一向主张制衡，也不觉得有在邦联里设置两院的必要。”马丁表示，自己绝对不会信任这么一个连“卡罗来纳的黑奴和马萨诸塞的牛马，都一古脑给算进去的政府！……在这里所谓的人心，只不过是贪婪好权的人性罢了”。

讲到这里，这位仁兄表示，他“实在精疲力竭，无法终言”，不得不明日再续。又是散会时分，代表步履蹒跚地走入街中。他们疲倦地迎接第二天，马丁果然没有食言，麦迪逊记道，他的谈话“极其散漫，极其激昂”。

长篇大论本来就够受的，何况出以马丁这种激动的方式，真是更加令人难以忍受。马丁吼道，如果三大州联合阵线，那其他十州也就要有样学样！他宁可看到这样分裂对峙的邦联，也不愿意向《弗吉尼亚方案》屈服投降。

马丁这一场唠叨，日后可给他自己带来了很大的罪受。接下来那个冬天的批准大战里面，康涅狄格的埃尔斯沃思曾在报端为文，依当时政坛风尚，直接指名攻击马丁，批评他反宪法的立场：“你[在大会]出席的那一天，当时在场的人一定都历久难忘……你连大伙经过长期调查之后同意的提案都来不及细读，也不先向别人打听请教，好好了解一下采纳的原因何在（即便你未必赞成），就马上公开反对，而且一连说上两天。要不是你那可怕的眼睛不管转向哪一边，都可以看到大家满脸的倦容与不耐，恐怕你还会再说上两个月。”

马丁也以同样的气势为自己辩论。那个时代的人公开为文，可没有什么顾忌。要是在今天，报上绝不敢刊登出像这些开国先贤如此相互肆意攻讦侮辱的言辞。不过马丁一番漫长的努力，除了让大家感到厌憎之外，在联邦大会并未挑起多少反响。大家还是继续他们原先的争辩，议程一再顿挫，毫无任何进展，不过却也达到了让各方表达观点意见的作用……北卡的威尔逊表示，假如大家担心大州联合行动，将来西部成立的新州又怎么办？这些新州距离市场腹地遥远，以后势必联成一气，对原有各州的商业造成压力……麦迪逊诘问道，相比之下，到底哪一种情况比较可怕呢？是凌驾一切的中央权力，还是软弱无力的结合之下显现出来的自私呢？弗吉尼亚、马萨诸塞，还有宾夕法尼亚这三个大州，到底会为了什么利益勾搭在一起呢？它们之间，并没有任何共同利益呀！麦迪逊表示，就主要的出产而言，这三州就像邦联内随便哪三州一样风马牛不相及，它们分别出产烟草、鱼和面粉。而且大州之间彼此竞争的可能性，不是比合作更高吗？强权之间总是彼此为敌的。麦迪逊说，美利坚的自由，不就是拜英法两国之间的不和与竞争所赐吗？

富兰克林博士，鼻子上低挂着他有名的双焦眼镜，此时也打破沉默开腔——过去这几天他都说得很少。他对主席华盛顿表示：“大家在这四五个礼拜里面，热心出席，不断讨论，却没有什么进展——我们对每件事的看法都不一样……可说只要有人赞成，就一定有人反对。在我看来，这种情况只不过再次证明了人类的理解力是多么有限啊。我们似乎深深体会到自己实在缺乏政治灼见，因为我们一直不断在四处寻找榜样。我们曾回溯古代历史探求政府的典型，也研究了史上各种共和国的政体，这些不同制度，每一个都有它本身解体的因素，而今天也都已经不存在了。此外，我们也考察了欧洲各个现代国家，却找不到任何一个适用于我们国情的宪法。

“大会现在的情况，就好像在黑暗里头摸索，想要从中寻出政治的真理一般。而即使真理真在我们眼前出现，我们恐怕也不能察觉，更不知道它是怎么发生的。各位，难道我们从来也没有想过，应该谦卑地寻求我们的光明之父来照亮我们的心灵吗？”富兰克林提醒大家，对英作战刚开始的时节，在大陆会议上，众人曾祈祷求助上天庇佑——就是在现在这个房间里头啊。“各位，我们的祷告获得了垂听，获得了恩允。我们每一位在这奋斗之中有份的，都一定发觉有位超乎一切的最高者在不断眷顾着我们。多亏他仁慈的眷顾，我们现在才有幸在这太平岁月，共商使我们的国家能长治久安的大计。难道我们已经忘记这位全能的朋友了吗？……我活了这么大的岁数，各位，我的年纪越大，所见的证据越多，这是明明可信的——神掌管一切的人事。”

在博士自己这一小篇谈话的手稿中，“神”字的下面曾两次画线强调，也许是向印刷商标明之用。但是不管富兰克林对上天的看法如何，他这篇谈话可说来得正是时候……富兰克林继续说道，如果连一只麻雀落地的小事他都看得到，难道一个国家会在没有他的帮助之下兴起吗？“对此我坚决相信，我也相信如果没有他相助，我们在这政治上的建树，绝对不会比兴建巴别塔的那一群人好到哪里去。我们将因各自的地域小利而分裂；我们的计划将失败，我们自己也将成为后世的耻辱和笑柄。更糟糕的是，对于靠着人的智慧来建立政府一事，世人可能从此灰心绝望，任凭命运、战争和征服来摆布了。因此，我冒昧地建议，从今天开始，每天早晨议事以前，都应该祷告恳求上苍，恩佑并祝福我们在此的讨论，并在本城请一两位牧师来主持这个仪式。”

富兰克林充满智慧，又有政治眼光，我们不知道博士此议系出自两项美质之中的哪一桩。舍曼立刻赞成他的动议，可是汉密尔顿和“其他几位”—— 麦迪逊写道——却担心如果在这个时候才开始召来牧师，外界恐怕疑心到大会中的分歧。富兰克林干脆地答道，外界的警讯不一定只有坏处，说不定也有好处哩。北卡的威尔逊则直截了当地指出，大家都清楚不能请牧师的真正理由：大会没有这个经费。

大家都很尴尬。可是没有人愿意起来反对博士的提议，何况又是这样一个建议。后来外界兴起过一些空穴来风的谣言，说当时汉密尔顿曾语带讽刺地表示，大会并不需要“外援干扰”，这完全是瞎扯。但是不管怎么样，当天这个场面确实充满了危急的气氛和戏剧性。乔治亚州代表费尤形容 6 月 28 日那天早上，真是一个“要命的危急时刻。如果大会就此解散，各州联盟恐怕也就从此解体”。富兰克林的提议没有成功，不过伦道夫却有技巧地主张，在马上就要到来的 7 月 4 日那天，大会可以请牧师来讲道，也就可以用上祈祷了。

不管博士一席话是一种策略，还是出于他的信仰，他的建议却依然发挥了作用，使得原本充满了怀疑情绪的大会众人，警觉到冥冥中命运之神就坐在会场中间为客，注视着这一切的进行。富兰克林的话严肃地提醒了大家，由十三个联合州共同组成的共和国——一个充满新奇大胆的冒险尝试——如果不肯共同牺牲，竭尽所能作出人类最美好、最艰难，同时也最富创造力的努力，共和国就只有失败一途了。

第十一章　紧张气氛升高；欧洲与美利坚

各位，我就是没有法子信任你们！

——贝德福德，于联邦大会

现在连天性斗志旺盛的格里，都开始为代表间相持不下的情况悲叹不已了。“我们完全不是像一家兄弟来商讨事情，”他说，“我们把政治谈判的那一套都带来了。”个性温和、在某些南方人士中颇具影响力的康州的约翰逊博士也表示，如果大家的立场一直不同，争执定会没完没了。对于有些人担心联邦太强的想法，戈勒姆提醒大会，马萨诸塞本身也一度有过三处殖民地：马萨诸塞湾区、普利茅斯和缅因，而康涅狄格原先包含康涅狄格和纽黑文，新泽西也曾分为东西两部。戈勒姆说，“我们对联盟的畏惧之心本来是相互的”，但是“等到大家渐渐结合成为一体，各方都感到安全满意，彼此之间的差异也就忘怀了”。戈勒姆总结道，如果在各州联盟的问题上，其他麻州代表和他持有相同看法，而且只要其他诸州也愿意留下来好好商量，大家共同找出一个可以推荐给民众的方案，不管还要花上多少的时间，他都誓为己任，愿意和大家共同努力到底。

本来代表们已经投票否决了在众议院中各州席次相等的建议，

继续讨论了两个多礼拜之后，大会再度就此问题加以表决——结果还是不能打破僵局。其实大州的态度也很坚持，不过麦迪逊老是喜欢把顽固罪名推到小州的头上。现在投票表决不再是在全体委员会，而是在全体大会中进行了。可是由于议事规则规定可以一再推翻已有决议，次日再行投票，议事进程慢得令人发疯。然而最后却证明这样的规定只有好处，因为如此一来，每位代表都有机会表示自己的意见。最终大功告成，就没有人能批评合众国宪法是匆匆而成的急就章了。

康州代表三度提出原先由舍曼提出的“大妥协”建议，也就是各州不论大小，在参议院中的席次一律相等。如果大州反对这个方法，埃尔斯沃思说道，那大家干脆散伙算了。他表示自己通常并不是一个好妥协的人，但是与其一事无成，他情愿能做成半件好事。但是麦迪逊不肯让步。他认为各州的代表权一致，根本就不公平。威尔逊同意他的看法，他质问，小州到底为什么要怕大州？这是个大家一问再问的老问题，却从来没有人好好答复。威尔逊很不耐烦地告诉大会，世界上只有两种政府——一种做得太多而欺压，一种却做得太少而软弱。

埃尔斯沃思可不信这一套，他认为小州一定得拥有抵制大州的权力。麦迪逊闻言不禁大怒，一反他平日作风，几乎有点近乎侮辱地反驳回去。他质问，这位仁兄难道忘了，当年作战之时，他们的州曾经拒绝出该尽的一份力吗？康涅狄格难道不曾“明确拒绝”了邦联要求的款项吗？“过去两年里，”麦迪逊继续问道，“康州向国库缴过一个子儿没有？这看起来还像个政府吗？像是在履行一个严肃的契约吗？”

麦迪逊这番话，康州来的埃尔斯沃思可听不下去了。不论现在还是过去，美国人一向都听不得别人攻击自己的州，埃尔斯沃思也不例外，这种话真是气得人要发疯。埃尔斯沃思转向主席说道：“我要向阁下申诉，我敢说……当年官兵名册上明白地记载着，康州派往战地的部队人数，甚至比弗吉尼亚还多。我们费尽力气召集成军……到今天还感受到余波影响……我们一直都以最快速度向我们的人民征集金钱……如果说敝州因为无能积欠了账目，至少不比别州为差，我们可没有他们那种种借口来拖欠。”

其实就事论事，他并未回答麦迪逊的问题。可是埃尔斯沃思的热烈忠诚，却赢得大家的好感。当时华盛顿的脸色一定缓和下来了吧？北卡来的年轻人戴维，表示支持埃尔斯沃思的动议，在参议院各州席次一律相等。威尔逊则建议每十万人选出一名参议员，而小州每州最多不得超过一名——这样十三州一共选出二十六名，可以保持参议院人数精简，易于办事。“我如此建议，”威尔逊作结道，“并不是因为我来自大州，我的用意是要拉倒这间破败的老屋，从头建起一栋新厦。”

富兰克林插嘴说道：“如果我们要做张大桌子，可是发现相拼的两块木板边缘不相配，通常匠人就得在两头分别去掉一些，才能拼得合适。我们在这里也是一样，双方都得让步些，才能在互有通融的提案下达成一致。”他已经备妥了一份方案，“打算放到桌上请大家考虑考虑。”

可是今天这个场面，似乎连博士的话也起不了劝解和缓和的作用了，大家又起争执，情况变得很难看。鲁弗斯·金宣布，他听不得，也绝不会接受参议院各州有同等投票权的安排；他对这一切感到痛心不已，为国家十分担忧。来自新泽西、二十六岁的戴顿，则尖刻地批评大家徒以空言代替论证。戴顿说：“一味强词夺理，却拿不出证据来……讲得再好听，也不能代表事实。我认为桌上这份建议（《弗尼吉亚方案》）立意太过新奇，是个四不像的怪物，我相信人民绝不会接受它的。”

又是午间时分。这一天是星期六，天气还是热得不得了，大会又度过了毫无结论的一周。特拉华的贝德福德此时站了起来，只见他身材肥胖，言辞流畅，开始生气地向大州开火。看看这个大会表决的结果！他说，不都是受到野心驱使吗？大州的心眼不都被自私自利的心态蒙蔽了吗？他们不都在牺牲小州以张大自己的旗帜吗？甚至连乔治亚这种小地方，都以为自己不久也要变成一个大州，跟在他们的后面摇旗呐喊。而南北两卡罗来纳也不例外——尤其南卡“拥有财力和黑奴，就自我膨胀起来”。贝德福德问道，为什么大家对小州的道德要求就比较严？你们这些大州不断地叫屈，不断地问：到底联合有什么危险？“他们坚持说……他们绝不会伤害小州。各位，*我就是没有法子信任你们！*”贝德福德说道。做笔记的人在他这句话下面画线强调。

当贝德福德讲这些话的时候，他的眼睛一定直瞪着麻州、宾州还有弗州这三大州来的代表。他不客气地对着他们问：“你们信誓旦旦的信心到哪里去了？你们到底会不会欺压小州？”如果小州自己联合起来独立成国，“那都是你们的错，世界各国也都会认为我们有道理。一种专制口吻一直在告诉我们，这是公平审定出一个好政府的最后机会了。不错，如果我们真把委员会的建议书向人民提出的话，”贝德福德说，“这就真的是我们最后的机会了。大州是不敢解散邦联的，如果他们真敢这么做的话，小州马上就会向国外另找更有名声和诚信的伙伴，而新伙伴必能亲切公平地与他们携手。我说这些话不是要威胁或恐吓大家，如果我们小州马上离开大会，并且严正地否定你们的提案，结果将如何？你们就会面临联邦政府的被废弃，陷入毁灭！”

*与外国势力携手！*这种说法疯狂又轻率。也许小州里面确有人私底下这么说过，可是在大会上公然如此表示，贝德福德实在大错特错，很容易被对方攻击他有叛国之嫌。有人马上站起来反驳他了，鲁弗斯·金表示自己“很难过地看到”一位可敬同仁“心中竟存有这

种念头”。他“更为难过”的是，这位先生竟然还亲口把它说了出来。看来他唯一的借口只能说自己是一时冲动。“至于我自己，不管处境有多艰难，”这位马萨诸塞代表用他高亢清晰的声音作了结论，“我绝不会求外国势力帮我解任何困。”后来伦道夫也对贝德福德的不当言辞抗议——麦迪逊很严肃地记道：“他责备贝德福德先生激烈轻率的用词。”

大会循例解散，周末休会。那天下午，当特拉华的代表们一同步入会场外的胡桃街，不知道贝德福德的同事跟他说了些什么，想来一定很有意思。贝德福德这一顿发作，迫使大家不得不公开考虑这个其实萦回心头已久的问题：外来干预和贿赂的危险——虽然直到今天为止，还没有一州用这种事来威胁其他姊妹州。先前汉密尔顿就曾经警告过，“共和政府的弱点，即在受外来势力影响的危险”。麦迪逊也在次日（6 月 19 日）质问《新泽西方案》能否“保障联邦抵制外来势力对其成员的影响”。

可是欧洲的存在是美利坚各州逃避不掉的事实，单单靠着定罪君主或贵族制度，以及一味地赞美自己，并不能把欧洲一笔抹去。“我们是一个贸易国，”古弗尼尔·莫里斯提醒大会道，“因此无法不顾及欧洲政治。”

而出席大会的代表之中，更不乏国外出生或在国外受教育的成员，人数大概有十至十二名。古弗尼尔·莫里斯本人虽然从未离过美国海岸半步，却与汉密尔顿、威尔逊等人抱持相同的看法，认为美国必有办法和欧洲建立一种和平甚至有利的政治往来。可是格里的一席话，却更清楚地说出了大多数代表的心声。“如果我们不能在内部取得一致的看法，”他说，“恐怕某些外来武力就会强行替我们办到了。”

美利坚各州作为一个国家，迟早得在英法两国友谊中间做出选择。目前大家的态度比较倾向法国，毕竟在战时法国一直是他们的有力盟友；若非法国部队和舰队的帮忙——若没有法国罗香波将军和德·格拉斯海军上将相助——华盛顿也不会在约克敦大败英方的康华利。法国是欧洲最强大的国家，法国品位、法国君主制引起各国风从，各地小王侯都争先恐后向凡尔赛宫的堂皇看齐。

出席联邦大会的这些代表们，当时没有人预见到不久之后将在1789年发生的那场法国大革命；他们更从未想到，不出几年，费城街头将挤满了喧闹的人群，头戴象征自由的圆锥帽，高唱起法国革命歌曲《我们会赢》。美国人都知道，自独立革命初起，法国某些圈子就对美利坚极表同情。在巴黎，“义民”（les insurgents）一词曾经流行一时；而在波士顿倾茶事件之后，法国那些哲人也喜欢玩一种叫做“波士顿”的牌戏：

> 赞，赞，赞（唱出豪情）
> 波士顿
> 听那炮声隆隆响！

一家法国官方报纸还刊出了《独立宣言》全文；另有一家单张小报，更大胆转载摘录了潘恩那本对王权大加谩骂批评的宣传小册《常识》。而法国那位机敏的宣传者林奎特则表示：“美利坚人民所追求的大义，正是我们自己的目标啊。”杰斐逊从巴黎写信回国告诉麦迪逊，《弗吉尼亚宗教自由法案》业已译成法文，并列入那有名的法国百科全书。对于宾州的贵格派，巴黎人产生了一种浪漫的亲近情愫；他们极为推崇此派的创建人，有名的思想家纪尧姆·佩恩。大家都知道，凡相信自由平等的法国人，都不免崇拜宾夕法尼亚理想国。法国人甚至写诗赞扬这位贵格派的人士：

> 大哉贤人，真乃智者，
> 不嬉不酒，不近女色。

纪尧姆·佩恩简直就成了吕库古[①]的化身，在18世纪再度建立了一个黄金年代。

这些从法国传来的反应，固然都是令人鼓舞的好事。可是不论是联邦大会的成员，还是合众国驻派欧洲的人员，他们心中都很清楚，这些好感其实和欧洲各国政府实际上采取的政策无甚关系。如果说法国人民喜爱我们，法国政府可一心巴望着我们软弱分裂。法王路易十六当初同意和我们结盟，主要目的是为了和英国对抗，而不是同情美洲抗暴的义民。这是多好的破坏大英帝国的机会啊！它也达到了目的。英国诗人考伯曾经这么说过："英格兰王冠上这枚珠宝之所以被人撷取下来，多亏法国的背信所赐。"

法国是我们美利坚的盟友，我们并没有忘记。可是就血缘和历史来看，美洲各州却都渊源于英格兰。大家过去身为英国人，曾经在美洲的大地上和法国人打了足足一世纪的仗：威廉王战争、安妮女王战争、乔治王战争……这些都是美洲版的名称（同样这些战争，在欧洲是以随各役而兴亡的朝代为名：西班牙王位继承战争、奥地利王位继承战争等等）。欧洲各地始终战火连绵。而自从弗吉尼亚建殖民地以来，不管是内战、宗教之争还是王朝相伐，欧洲的战争一直且无可避免地波及着美洲，影响殖民地内部事务的进行。尽管大家努力挣扎，想要摆脱掉"外来的纠缠"，却永远无法从中挣脱。

至于欧洲本身，他们对美利坚的情况始终很注意。万一真如谣传所说，美利坚各州的联盟借由这部宪法而加强，美国的债信便可能提高，就值得考虑和他们签署几个商务条约。自英美讲和以来，各国之中只有荷兰允诺贷款。欧洲的学者和自由人士，尽可以大肆褒扬美洲成功的起义，可是对于欧洲各国主政之人，那些拥有绝对王权的君主来说，他们自问尽管地理位置遥远，却也犯不着去鼓励

---

① 吕库古（Lycurgus）：据传为公元前7世纪的斯巴达立法家。

那些革命分子。法国数学家达朗贝尔就曾致信给普鲁士的腓特烈二世表示："我依然担心美洲这滴热油会散布各处，及于我们。"这位腓特烈大帝，已经在大会召开前一年（1786 年）去世。此时俄国正在叶卡捷琳娜大帝的治下，西班牙则由卡洛斯三世统治。欧洲全地，开明专制正当行，也是流行的口号。不错，社会改革的风气渐起，可是改革大权却完全操在统治者一人手中，人民改善现状的唯一希望，只有寄托在明君身上。而从普鲁士易北河往东而去的欧洲地区，其政治社会结构，仍然实行由诸侯与小农、领主与农奴组成的封建制度，就算叶卡捷琳娜大帝对哲学或启蒙学说有什么兴趣，也绝不会到达甘冒社会或政治风险的地步。

而且及至目前为止，美国人虽然在抗暴一事上获得成功，别人却不曾将他们视为合适的商业伙伴。各州不但没有能力偿债，甚至连利息也付不出来。某位与欧洲国家从事贸易往来的新英格兰人士曾在其州大会上表示，他发现"在欧洲人的眼中，我国地位就好比绅士家中一名循规蹈矩的黑奴"。傲慢不驯的美利坚各州，很清楚自己在财务和军事力量上的薄弱，反过来却又把欧洲看成一处政治沙漠、充满了黑暗与压迫的荒芜野地。"欧洲国家，"华盛顿曾说道，"满是奴役。"

事实上，在欧洲各处，代议政制的确都在衰颓之中：葡萄牙议会在一百年以前就消失了踪影，西班牙议会在这世纪内一共只开过八次会，丹麦贵族院自 1660 年以来就不曾召开，日耳曼地区的贵族院也在苟延残喘之中，匈牙利国会更是早就失去权柄。奥匈帝国的开明君主约瑟夫二世虽然曾为他的国家努力奋斗力行改革，最后却很快地失望而殁——虽然他说在他内心深处，他知道上天命定他戴上冠冕。欧洲的战争、各国的疆界，以及千万人民的命运，都被欧洲王室间随时变迁组合的王家血缘所决定。不错，英国自有其国会，有其众议院，有其悠久的普通法。可是事实上在英国，有土就是王，普通法把土地看得比人命为高。那些英国辉格党的大地主们，骄傲无情地一味维护着自己的利益，控制着国会，要谈改革，恐怕还得等上一百年。

大不列颠的人口有一千五百万，法国有两千五百多万，维也纳则统治着两千七百万之数。君主绝对专制的王权，当时在欧洲可说达到了最高峰。而就在同时，在这丰美新世界的夏天，一个年轻新生的国家，区区三百五十万人口，却选派了代表前来费城开会，依照他们自己的观念和理想，想要为自己建立一个国家级、独立的共和政府。在这个政权里面，没有君王，没有贵族，没有世袭的封地采邑。而在事实上，这次大会选定召开的时刻，也正是难得的良机；这个实验要在美洲大陆获得成功，此其时也。若把时间倒退五年，各州就还不及准备停当了。五年以来，各州自己的州宪纷纷出笼，开始运作，从中获取了许多实际经验，因此一切就绪。若再过五年，等到法国大革命发生以后再行召开，其间经过的暴乱流血，将会使各州提高警觉，缓下脚步，进而分裂成意识歧异的阵营（事实上法国革命事起，美洲各州的确也因此有所分歧）。潘恩早就看清了这个时机，对英作战一开始，他就以大胆的先见和滔滔的雄辞作了前瞻。“良机已经找上我们，”他写道，“自由在全球遭到追捕……欧洲视之为陌生人，英国发出警讯命它离去。这正是我们为美洲大陆的统一撒种的时刻，信念与荣誉……政治新纪元的钟声敲响了……一种新思想的方法诞生了。4 月 19 日[①]以前所有的方案、建议书等等……都成陈年的旧历。”

当然，当年也是富兰克林在伦敦发掘了潘恩，并将他派往美洲鼓吹新思想。如今潘恩已然返回欧洲，老富兰克林则坐在宾州州议会厅里，看着他的年轻同胞们为这个“新思想”、新形式的政府而奋战，

① 作者注：1775年4月19日的列克星敦战役。

这政府半联邦式半国家式，却全然是共和体制。熟知欧洲宫廷状况的富兰克林，深知在那里不可能以和平理性的手段来实现政府的改造，因为旧大陆正像一座金字塔：塔基建立在一群无知无识、粗鄙残暴的农民群众之上，塔顶则是一些久为大家公认接受的世袭特权阶级。头顶着扑粉的假发、满饰羽毛的华帽，身上佩着长剑夜夜宴饮的欧洲贵族，与社会上其他人完全属于两种不同的种族。甚至在大学学府里面，贵族子弟也跟其他学生保持距离，吃睡读书，自成一个小团体；教堂里，戏院中，他们也都坐在自己专有的包厢内。潘恩鼓吹的“新思想”，需要另一种全然不同的国民来接受。而美利坚在那非富非穷的阶级当中，就存在着这么一种人，也就是富兰克林所称，我们那“快乐幸福的平凡小民”。

在伦敦的约翰·亚当斯发现自己身陷这些羽帽人士之中，日子真是难过。一位流亡英国反对独立的美洲效忠派人士柯温，听说这位美国新任的公使竟只不过把自己看作一名“一般的美利坚共和人士，服饰朴素，又不佩剑”，不禁批评他把大西洋那一边的作风想法带到此地，未免有些过火。柯温希望亚当斯千万别一味坚持他的顽固脾气，在王室招待会上或圣詹姆士宫中连剑都不佩就贸然觐见。

“我跟这个国家实在格格不入！”亚当斯生气地写信给杰斐逊道。他继续写道，他决定放弃欧洲打道回府。而且直至目前为止，英国尚未派出公使前来美国；这种情况之下，如果国会还要延长他在英王宫廷的任期，简直有失荣誉和尊严。要是国会真的又把他的任期延长一期，亚当斯考虑将代表团送回纽约。不错，英王乔治态度颇为和气地接见过他。“阁下，”英王陛下说，“我虽然是敝国最后一个同意让贵国独立的人，但贵国既已独立，我也将是最后一个破坏这个事实的人。”但是，亚当斯在一场伦敦上流社交界的舞会中和英国贵族打了一夜交道之后，在日记里面写道：“全场充满了尴尬胆怯的气氛，那些人简直就不敢正眼看我，他们看我的时候，脸上有一种自觉罪愧的表情。他们为自己过去的行为觉得有愧，而且也知道我感觉到了。”

“美国货物在这儿根本销不出去。”亚当斯又写信回母州马萨诸塞道，“这里的人都想努力把美国忘掉，他们一致决心不去阅读任何可以让他们想起美国的东西，他们一想起美国就痛苦不堪。”亚当斯的妻子，那个谁也制伏不了的阿比盖尔，虽然出身清教徒家族的背景，却很喜欢过去那几年在巴黎的时光。可是此刻身在伦敦，她也和丈夫一样终日如坐针毡。“这些乖戾的约翰牛，一点也没改变，”她写道，“他们只会乱踢着呻吟，红眼坏心地看着自己失去的那块沃野。尽管人家已经提出优厚条件让它进来，它却依旧悔怒交加，虽然心里头好想进来大快朵颐，却矜持着不肯咬下半口。”

就连在法国的杰斐逊，他虽然没有亚当斯夫妇那般不肯妥协，也从巴黎来信大骂“海峡对岸（英国）那些又阔又傲、欺善怕恶、不停叫嚣的食肉畜生”。在亚当斯极力要求他前来相助之下，杰斐逊到了伦敦，并在英王接见会上由人引见谒见了英王伉俪。杰斐逊事后表示：“他们对亚当斯先生和我的接待态度之恶劣，再也找不到更差劲的例子了。”而英国的外事大臣卡马森爵士的态度，也证实了杰斐逊认为不列颠“一意回避任何与我们有关的事务”的看法。杰斐逊足足白等了七个星期，也不见卡马森再度见他，最后只好回到那意气比较投合的巴黎去，他说在巴黎“你待上一辈子也不会碰上半次无礼待遇”。杰斐逊写道，他希望国人能够效法这种有礼精神，“随时愿意互让几分。这正是欧洲人风度宜人，得以免去社会上因戾气而产生的不快场面的根本原因”。

在这个处于紧要关头的夏日，合众国虽然尚未真正地结合，幸好在海外有两位这么杰出而又个性不同的代表：一位生性顽强，斗志旺盛，满腔忠诚，带着根深蒂固的新英格兰地方作风；另一位则在南方淡定悠闲的气氛下长大。但是这两个人都极具聪明才智，天性爱好学问，读书孜孜不倦，对政府、农业、政治和人性充满了永无休止的好奇。杰斐逊对人民有信心，他认为最好的政府就是管得最少的政府。而约翰·亚当斯则把每一个掌权者都视为“贪婪的禽兽”，一定得由政府中其他力量加以牵制均衡方可。当他的堂兄塞缪尔来信大力颂扬“自由之爱深植每个人的灵魂之中”，约翰·亚当斯却回信道：“根据拉封丹的看法，这种心思也同样深植豺狼的灵魂之中。”这种说法，汉密尔顿和麦迪逊一定也会同意。这是18世纪的观点，当时人讲究对凡事抱持着怀疑，主张自然神论，“讲理”；可是奇怪的是，这些人却又很乐观，认为政府的目的在于追求幸福——或按照亚当斯的说法，最好的政府就是“为最大多数人带来最大程度的安逸、舒适、安全，或一言以蔽之，幸福”。

7月来临了，不幸的是联邦大会的进展却并未比两个月前更接近解决之道，离理想的政府距离甚远。7月2日是个星期一，大会一开议，就对那个最重大的问题进行表决：各州在参议院中的席次是否应该一致？令大家沮丧的是，表决结果竟然是平手：五票赞成，五票反对，其中乔治亚意见分歧。会议厅中一片消沉，几乎带着点震惊的意味。大家不能再日复一日就这个问题表决下去了。“如果双方不能让步，”一位北卡来的代表表示，“我们这事也很快就要结束了。”“我们似乎已经到了一个节骨眼上，”舍曼说，“怎么做都动弹不得。”“外界全在指望着我们，”格里说，“如果我们一无所成，依我看，战争、混乱一定又会再起。”于是众人决定，由各州分别选出一位代表组成委员会，尝试就国会两院的代表比例问题达成某种妥协。虽然大家对这个方法都不抱什么希望，但是至少在大会重新集合之前，委员会还有三天时间可以好好讨论一下。

星期三是美国独立纪念日，光辉的7月4日，大会休会一天。费城当地也盛大地庆祝这个伟大的日子，钟声回荡，礼炮齐鸣——

骑兵队放枪庆贺，炮兵部队三回三响礼炮。街上还有鼓笛队游行，路德教会举行独立纪念礼拜（对华盛顿这位弗吉尼亚圣公会的教徒来说，那应该算作“加尔文教会”）。这一天，没有人提起联邦大会那岌岌可危的状况；事实上除了代表们自己之外，外界并没有人知道真相。全国各地都在向大会致敬并彼此祝贺：“向伟大的大会致敬——愿他们制立出一部共和国千秋万代的宪法！”“致联邦大会——愿大会成果辉煌，与其优秀成员相映生辉！”费城处处，不论是伦敦咖啡室、城市旅馆、印第安王后旅馆，还是过河对岸的泽西地方，民众共聚庆祝，欢声唱颂这个“林产盛，庄稼丰……都市旺，万民兴，五湖四海，人人自由，文明生活太幸福”的国家。报纸也不甘寂寞，凑上一笔。“我们满怀兴奋，一片信心，”《宾夕法尼亚先驱报》写道，“期待联邦大会为我们建立一个最理想的政府，长保那永垂不朽的《独立宣言》为我们揭橥的各项权利。”

第二天早上，代表们阴郁地回到自己在州议会厅的座上。新成立的委员会已经准备好一份报告，大家都不欣赏，没有人同意。古弗尼尔·莫里斯宣称，他认为此事不论形式或内容，同样都有可议之处。他警告道，世上全人类都将受到大会进展的影响。而贝德福德则试图解释前一天他所谓的小州将和外来势力联手到底是什么意思。“我们没有人能预见，”他说，“小州受到压迫之余会采取什么样的激烈手段。”古弗尼尔·莫里斯冷酷地表示：“人类不是为了自由或生存而结合……他们是为*保护财产*而结合……任何文明社会，都必有其贵族阶级存在，过去如此，未来亦然。”马萨诸塞的戈勒姆坚持应该把大州切开，缩小他们的疆界。富兰克林当即插嘴表示，最重要的是，人民应有权知道他们的钱到底是谁在处理，如何处理。“谚有云，感同身受，方能判事。”

7月5日……6日……7日……8日……9日。“我们正濒临解散的边缘，”卢瑟·马丁写道，“尽管外界以为我们的意见极为一致，事实上，我们正陷于千钧一发的关头。”纽约的雅茨和兰辛两人在7月10日离开了大会。他们的弃会而去，一定令大会沮丧不已，确是一大打击。他们两位是第一批因抗议大会而退席的人士，并且斩钉截铁地明白表示，此去绝不再回。相对地，梅森却表示，他情愿埋骨费城，也不肯无功而退。

在这段日子，费城住着一位华盛顿昔日麾下的法国军官莫雄。年轻的莫雄写信给母亲道，将军从州议会厅出来之后，看来非常阴郁。“他脸上那股神气，”莫雄写道，“不禁使我忆起当年在福吉谷营地那段可怕的时日，当时他脸上也带着同样的表情。”

7月10日那天晚上，华盛顿写信给犹在纽约未归的汉密尔顿。“很难过你走开了，”将军写道，“真希望你能回来。此刻的危机确实相当严重，令人担忧。”大会现在的情形，“已经糟到无以复加，你简直看不出任何理想体制有望的曙光；总而言之一句话，我对大会几乎不抱任何希望，实在不觉得它还会有什么好的进展。我真懊悔跟这档子事沾上关系”。

第十二章　美利坚之旅——各州实地风貌

“去啊，汝等英勇的人们，汝等被奴役、受暴政的人们，到宾夕法尼亚去！那里户不闭，财不防，不见一兵，只有工商百姓。”对法国的自由派人士来说，宾夕法尼亚是美利坚各州之中最值得称道的一州。南方有奴隶，新英格兰对诚实的贵格派人士不仁，都不是好地方，而费城的贵格派还有另一项美德优点：富有。去吧！饱受奴役的人们，到费城去！

于是在18世纪80年代至90年代，法国旅人不断地来到美国。1783年独立战事结束之后，英国人也纷纷前来，游览、贸易，或定居——其中有普利斯特里博士、托马斯·库珀等同情革命理想派的人。其实早在1778年与法国结盟之际，这股人潮就已经随着六千名法国军士登上美利坚海岸而开始了。本来本地的居民一直对法国人的到来很感畏惧，为什么不呢？好几代以来，美利坚一直对法国人以及他们的印第安同伙作战。而且，自从第一位耶稣会探险家兼传教士来到美洲之后，法国人就和印第安人颇有交情——这种事在白人眼中看来，简直有背叛不忠的嫌疑。可是现在居然一下子就来了六千名法国军人，衣着鲜明，装备齐全，军容壮盛，而且纪律出奇地好，夜不离营，与民秋毫无犯。而他们的长官，个个出身高贵，年轻富有，不管走到哪儿都对各种事物很着迷赞赏的模样，完全不带他们英国同行那种傲慢自大的德性。

他们中间带头之人，自然就是那位“侯爵大人”，也就是华盛顿的爱将，年轻的拉法耶特。此外还有罗香波伯爵、诺瓦耶伯爵、莫雄、沙特吕骑士，以及更晚之后前来的平民人士莫罗·德·圣梅里。法国总领事巴贝马布瓦侯爵，曾在费城住过六年，赢得了许多友谊。另外还有那位精明的代办大人奥托先生，费城大会期间，他向凡尔赛宫忠实地报道所有他能发现的有关联邦大会及其代表的事务。

就欧美之间可能进行的贸易事宜，奥托在他的报告里写道：“主上，美国和其他商业国不同，交情并不紧随着金钱交易而来。”奥托表示，这里的人似乎以为，把全邦联成员统一在一个号令之下，是不可能的事情。“他们彼此之间的政治利益、商业观点、风俗法令，往往相去甚远；国会决定的事情，没有一项得以在大陆的南北各地一致通行。他们之间猜忌之深，不可拔除。北方居民以航海捕鱼为业，中部各州以农为主，而南方诸州则拥有大型垦殖场。”罗得岛这个“蕞尔小州”，各州对它都没有好感。康涅狄格则派出两名最典型的公民代表与会：埃尔斯沃思和舍曼二位先生。“康州一地的人民，”奥托论道，“一般来说，比较具有该国其他地方较为少见的国民性格。他们比较接近共和制度的简约质朴；人民虽然不怎么富有，却个个小康。”

这些法国绅士们在美洲各地旅游，写日记，寄信回国；他们的文字生动活泼，以一个事不关己的暂居者的轻松眼光，入微地观察着当地的习俗和缺失。他们对这个美丽的新社会充满了好感，各依自己的兴趣喜好，看他们想看的事务，同时往往也愿意忽略那些比较不愉快的一面。这些人士以美国为题著作的书籍，书名都极为诱人，风格非常法国化：比如《忠实关系》《漫游》《美丽之旅》。其中最有名的，要数克雷夫科尔所写的经典名作《一个美国农民的信》，他如此热爱美国，甚至将女儿取名为美利坚 – 弗朗斯，而且不遗余力地向全世界鼓吹他对美国的好感。就是他，在 1787 年 11 月读到合众国的宪法之后，告诉杰斐逊他愿意为这个理想奋斗，要是宪法失败了他就回欧洲去。外来旅人对美国的描述，美国人自己没有一个能及。从这些外人的日记和信件的描写里，我们看到了联邦制宪会议立宪对象的美国诸州的面貌——从他们的笔下我们看到的不仅是诸州的本相，也看到旅人在祖国被引导而产生的对美洲的期待想象。比方说，在他们的心中，宾夕法尼亚一地不仅住着那些宽边大帽的贵格派，也住着大自然的儿女，即野蛮人——心胸开阔，身形优美，心灵纯洁，完全不沾染都市中人及王家宫廷的腐败气味：

> 我如自然最初令人自由般地自由，
> 在那奴役人的恶法出现之前，
> 当那高贵的野蛮人纵奔林野之际。

17 世纪推崇的理想，是纯朴的牧歌风味，古希腊罗马精神。当时诗人很容易就把异教的英雄，与墨西哥的阿兹特克人及北美的易洛魁族混为一谈。如果你从未见过一个印第安莫霍克人或切罗基人，自然很容易就把他设想成黑色皮肤而非红人。此外，欧洲还普遍地存在一个观念，以为美利坚的政府体制正朝着希腊精神看齐。哈佛大学的校长维亚尔就曾在 1788 年收到一封同情美国的英国友人来信，信中表示，他听说美国将恢复奥运会："美国的友人们都希望这件事情能够实现，也认为你们绝对可以办到。你们既已遵行了希腊精神，自然也当开展希腊运动。"这种错觉甚至远至苏格兰，当地有一位特立独行的法理学者、哲学家蒙博多勋爵，便大肆赞美自然的恩典，极力鼓吹裸体行走以及生吃蔬菜的好处。

从美国的印第安人联系到异教的英雄，是富有美妙诗意的移情之举；可是却激怒了伦敦的约翰逊博士，他告诉替他作传的博斯韦尔不要“假惺惺地为野蛮人说话”。17 世纪的哲学家霍布斯，把野蛮人的生活看作是“孤独、贫困、污秽、残忍并短命的”。对于那些住在西部边陲的美国人来说，他们恐怕希望这些野人能够更短命一些才好。18 世纪美洲的众多殖民者对印第安莫霍克人和切罗基人的印象，除了卑鄙阴险、偷偷摸摸、凶恶讨厌之外，恐怕就没有别的感觉了。什么发际戴着南瓜花瓣、肤色微暗的少女……和风煦煦，溪水潺潺，孤幽的峡谷……只有欧洲诗人才有这份闲情逸致沉溺在这种想象里。美洲的百姓，千篇一律都恨恶红肤的印第安人，希望他们绝种才称心，而且多半也就是用这种态度对待他们。像威廉·佩恩、富兰克林、贝内泽、韦泽，乃至威廉·约翰逊这些主张公平对待印第安人的人士，都只是极少数的。当时有位植物学者威廉·巴特拉姆，是位贵格派信徒，说对付印第安人只有一个法子，就是“坚决把他们轰掉了事”。但是对遥远的欧洲人来说，印第安却从来不是一个“问题”，反而是稀奇有趣的。

从君士坦丁堡到伦敦，欧洲各地报纸上对美国展示的印象，可谓极尽想象之能事，令人叹为观止。瓦克瓦克树上结着少女形状的果实，甜美丰润。美国气候所以如此寒冷，则是因为内陆地区全部笼罩在那由东部第一条山脊一直延绵到太平洋岸的大森林下面。浓密的林木，将阳光都遮掩住了，地面自然一片酷寒。只有沿海地带，气候才比较温和一点，并随着上空林木逐渐稀疏而愈形温和。美国还生长着各种奇妙的植物，同一收成季节可以结出两种果实。至于马铃薯，法国旅人兼共和人士布里索惊叹道：“这就是那些追求自由，也有能力自由之人的食物！”马铃薯这种菜蔬，布里索说，无需耕作即在地里四处冒出。另外一件稀奇事，就是在那些既没有教士也没有主人来管他们的美国人中，有着一大批所谓“有原则的人士”——这位法国人又说，这类人物出自时常运用理性的美国人，“我们自己中间却鲜少见到，这类人物因此连个名称也没有；就是在这群有原则的人士当中，你可以找到人类的真英雄”。他列举威廉·佩恩、富兰克林、华盛顿为这类人的代表。

不过欧洲也另有一些文人，对这种天马行空的幻想嗤之以鼻，他们用实际的眼光观看西边这处新世界，认为在地理上形成不久的美洲大陆，地表才不过刚刚干燥下来，多处地面还只是深陷的沼泽地带。因此，当地的农产不足，花果不香，动物体弱，人体短小无毛，生殖力薄弱——这是法国可敬的德·波夫修士的结论。甚至连法国博物学家布丰，也扬言美洲的动物比较低劣，因为当地的水草贫瘠稀少，远不如欧洲广大丰美。甚至还有人说，狗一呼吸了美洲的空气，连叫都不会叫了。在巴黎的杰斐逊，看到这些胡言乱语，气得写信回家请人送一只北美驼鹿的骨架来，好给他们瞧瞧。

美洲游记在法国极受欢迎，最后竟然有人开始杜撰编造。当时曾有位颇受人尊敬的学者，一生从未登过半艘横渡大西洋的船只，却用笔名写了本书，记载他在美洲的冒险经历，骗过了每一个人。直到书出八版，作者才签下真实姓名。作品内容虽属子虚乌有，却引人入胜并颇有独到见地。

对于这个地域广袤却尚无人深入的大陆，欧洲人所做的种种臆测其实不足为奇；甚至连那些夸张之词，往往也带有几分真实性。当时虽然很少有人看出美洲大陆真正的潜力，也就是它那可供财富与物质几乎无限扩张的丰富资源，可是美国在精神上的潜质，却普遍为当时众人所知，为专制者所惧，为启蒙人士所庆。这块地方，的确是个被践踏受压抑者的庇护所。如果说所谓高贵的野蛮人不过是一个编造出来的幻象，那些刚毅不屈的贵格派人士却不是假的；

在自己的地里亲力亲耕的农民也不是假的，他们没有教会规定的什一税，也不愁领主在头上发号施令；那些敢于在市民大会中，在比他强的人面前高声说话的工匠艺人，更不是假的。在美利坚这块土地上，主张共和的人士找到了滋养的空气。日耳曼地区的自由派人士也纷纷响应这种兴奋心情，《德国纪事报》曾说道：“美利坚敞开着十三扇金色大门，欢迎在宗教褊狭独裁专制下受害的百姓。”

美国在欧洲的友人虽然谈不上众多，却都不沉默，并且往往以自己对强权的反抗为荣。法国拉罗什富科－利昂库尔曾热情洋溢地写信给富兰克林，讨论美国宪法的精神。每一名前赴海外的美国人，都很清楚欧洲并不很“了解”我们，但是某些圈子中人，显然对我们抱持希望，极有信心，以我们实验的成功，与他们自己革命的计划相佐证。这些人士仔细研究我们的州宪，对于我们这份听说不久就要出炉的国家宪法，更满怀兴趣地热切注意着。

可是哲学是一回事，每天的现实生活又是另一回事。欧洲来的旅人，一旦下船登上美国海岸，就发现实际上美国原来远远不及他们所期待的——有些方面，却又恐怖地远远超过。他们发现，这块土地原来有一种粗砺，是那些诗人哲士不曾提及的事实。哪有什么幽谷、小溪、和风，他们面对的是四季不均的气候、坏到无以复加的道路——或是除了林中小径之外，根本就无路可走，以及溪水上涨却无桥可渡的河流。放眼望去，到处都是难看的两尺来高的残余树桩，美国人自己看了却视若无睹，有些人甚至以此为傲，认为这些树根象征着森林被人类征服。此地还有着家乡望尘莫及的雷雨闪电、绵绵不绝的大雪。到了夏季，冷热交替剧烈的现象时时可见，一位英国来的旅人写道：“这都是拜新英格兰季风所赐，其风之凛冽凶猛，不但是美洲地区之最，也是全球所仅见。这个风还来得特别干燥，而且无孔不入，无处不达，我相信它的威力可以消灭埃及所有的疠病。”这里有萤火虫、蜂鸟，还有在沼泽中鸣叫的牛蛙，声音就如小牛牵离母亲身边发出的哀鸣。此地的花树极其迷人，法国人巴贝马布瓦一日出费城前往“附近一处林地”，在那里他看到玉兰花：“花香弥漫在空气中……还有百合树，当地人认为这树荫可以让结婚多年的夫妇恢复青春气息；梓树、黄樟……各式各样的月桂石南，多到我们可以用来为全美的英雄加冠；但是，这个国家仍然在等待一位诗人诞生。”

但尽管如此，在这个国家里面，森林显然是人类的死敌。“和法国比起来，”一位游人写道，“这整个国家就等于是一座大森林。”英国访客艾萨克·韦尔德谈到美国人“对树木克服不了的憎恶”，又说他的房东“今天砍下了三十二株幼杉，造了一间猪圈”。这里的土地，韦尔德记道，如果不先把树木砍去就无法耕作，居民也无法自足。“谁能够砍下最多树木，并且把自己住家四周地上清得最为彻底，就被大家视为最勤勉的公民，对国家的改进做出了最大贡献……我听说有美国人到了爱尔兰西北沿岸的不毛之地，对那种美丽与进步大感惊奇欢喜：‘树木清理得这么干净！’”韦尔德曾经问过美国人，想想看夏天如炙的暑气，为什么不考虑在房子四周留点树木好遮荫呢？“噢，不，”房主回答道，“那样子太危险了。”

余下的树桩美国人则任其腐败，往往要耗上好几年的工夫。美国人居家屋前的院子里也无半株花草，农家把小麦玉米一直种到自家门口。此外，到处可见那种蛇状锯齿木篱，真是再难看也没有了，毫无英国树篱或法国白杨的优美情调，只见农舍硬邦邦地矗立在树桩和玉米秆子之间。韦尔德还注意到大树上面缠绕着有毒的藤蔓，看起来颇像葡萄藤，可是如果不小心碰到，马上会起大水疱。

欧洲人看到美国人如此任意摧毁林木，以及因此造成的丑陋景观，不禁大为吃惊。不过尽管吃惊，行经弗吉尼亚、俄亥俄、宾夕法尼亚西部的外国旅人，说在漫漫旅途当中，若听到林中伐木之声，心情还是不觉大为放松——这表示此地有人家，有人类做伴。美国的森林！一个人只有在亲自清出一块空地之后，在面对饥饿、野兽、暴风雨和野蛮人威胁之下，以锯伐树，以锄犁田，在终于撒下第一批玉米种子之后，才知道“森林”在美国意味着荒野，“空地”则代表文明。对于一个美国人来说“森林”只是野地，是荒林，是待拓的边荒。大法官马歇尔的祖父，人称“森林里的约翰·马歇尔”，他来自弗吉尼亚西部边区的福基尔县，那里店里的货物稀少，不易购得，当年他家里的女人都得用棘刺代针。然而对欧洲人来说，“森林”就是美国的同义词，甚至到了1827年，一位曾在美国居住多年的法国人还写道：“那些我曾在其中度过十一年如此自由独立岁月的森林……在那里你见不到半名小农或乞丐，你入不需护照，出也无须批准。”法国那位可敬的罗班修士，看到康涅狄格地区女士头上精致的头饰，也为“美国丛林深处”竟能见到法国的时尚大表惊讶。在巴黎的杰斐逊则换用一种口吻写信问道，可想听听“一位美国山林野地的蛮人”对欧洲有何看法。

新世界充满魅力。“俄亥俄河，”一位英国访客写道，“是宇宙间无与伦比，最美的一条河。”法国人把它称为“美丽之河”。美国的风光有一种壮丽气象，充满着野性威严的魅力，可是这片土地对那些妄想不劳而获的人却不客气。“我不认为美国是个让人享乐的地方。”库珀曾经如此表示。库珀是位极有学问的科学家兼神学家，18世纪90年代早期和普利斯特里博士一起移居宾夕法尼亚，在诺森伯兰县定居下来。库珀表示，甚至在费城全城，他也只知道那么一位“公然自认为绅士阶级的人物——也就是所谓游手好闲，什么事也不用做的有钱人，在这里还不到有这种人的时候”。库珀劝告有意移民之人，最好避免新罕布什尔和马萨诸塞七个月之长的严冬，以及新泽西和南北卡罗来纳炙人的夏天。在新泽西，库珀告诉他们，你会碰上虫蝇蛇蝎、逼人的热暑和疟疾。“烈日对美国沿海低湿地带造成的影响，几乎绝对会让从欧洲来的人……间歇病倒。”他和普利斯特里博士一样，比较中意宾州西北部高爽宜人的萨斯奎汉纳县。而肯塔基一带，则有印第安人攻击之虞。

而且清除林地的工作真是辛苦啊！美国人称这种差事为“挖掘苦工”。挖掘的工人，一天可以赚取三个先令，早晚供饭还加上一杯威士忌。听说光靠喝水，却不用酒来解大渴，对身体有很大害处。夏天里，可以见到有人喝了城中打水泵的冷水之后在费城街头倒毙。法国人莫罗写道，有人建议放血救治那些因为喝得太快而倒地的人，有的打水泵上面还写着标语警告饮水者：“小心喝得太急会送命。”而美国人真不知道喝掉多少酒啊！他们喝醉了就喜欢打架，在南部和西部的乡间，斗殴被看作是一场嬉戏。其中没有任何荣誉或运动规则可循，只不过一堆人聚在一道，观看两个打手互挖对方的眼睛，打烂对方的下巴，咬下对方的指甲，完全是一副好玩嬉闹的模样。

法国旅客都以比较和气的眼光来看这片土地与人民。一个9月里，三位法国贵族，其中包括法国的拉法耶特侯爵，由纽约州的首府奥尔巴尼出发，打算作一长途游涉，麦迪逊恰巧也同行。他们计划去看印第安奥奈达部落，并造访震颤派教徒的一处殖民地，对在巴黎的催眠大师梅斯梅尔医生怀着热烈崇拜的拉法耶特，对这派人士特别感兴趣，因为该教派的做法和催眠术很相似。天气很冷，拉法耶特穿着一件法国来的上胶绉丝雨衣，因为寄来时用报纸包裹着，纸张都粘在雨衣上头。“所以，”巴贝马布瓦记道，“如果你好奇的话，可以读读他胸前或背后的《巴黎日报》《欧洲报》或其他地方来的新闻。”

至于沙特吕骑士，他在行经北美各地的森林与城市之时，头上戴着顶插着蓝松鸦羽毛的无边帽，对于他一路的所见所闻，都感到津津有味。对自己曾经并肩作战的人民怀有好感，是再自然不过的一种心境。沙特吕在康涅狄格喜欢猎松鼠，据他记载这是当地风行的娱乐。他说，那动物比欧洲的大，毛皮也比较厚，从这树跳到那树，动作十分敏捷。如果你打到松鼠而它却没有掉下来，没什么大不了，随时可以唤人来把树砍倒。“既然这些松鼠不是什么稀奇物事，”沙特吕最后记道，“自然可以推想，树木也是很普通的东西，事实也如此。”

松鼠肉炖菜极为可口，味道很重，不过有的人则喜欢把它烤来就咖啡当晚饭吃。旅人通常都随身携着干粮，多是肉类或玉米粥，旅舍的店东则乐意出借炉灶供客人炊煮。外来旅人对美国当地野火鸡的体型和外貌印象深刻。“美国人为什么不把这些大鸟饲养起来呢？”威廉·普里斯特问道。法国人则不客气地批评美国面包难吃，不过他们却也表示，通常店东能在极短时间之内，就揉面烘烤出热乎乎的荞麦小糕点来。沙特吕就发现这些荞麦糕很对他的胃口。

旅人们也记道，此地不论各行各业，人人喝咖啡和茶。美国人早点吃的是他们所称的“咸食”——咸鱼、牛排、烧鸡、火腿和熏肉。他们还吃很多牡蛎，有一种北美鲱鱼也极好，可是“贵格派却制定了一项宗教狂法令”，禁止周日捕鲱鱼——真是太不经济，想想看，那些鱼儿在河中存留的时间极短。波士顿人则每周六都吃鱼，“以助当地渔业繁荣”。在私宅用餐，美国人是在吃肉之前做谢饭祷告。巴贝马布瓦记道，美国人的习惯是把每道菜，甚至连甜点在内，一次就端上桌。他们还遵照英国习俗，桌布长垂到膝，兼具餐巾的用途。波士顿——这个人口一万八千的城镇——到处都使人想到伦敦：砖砌木造的房屋、风俗习惯，甚至连说话方式和口音都跟伦敦很接近。但是有一件事看起来却很奇怪，暖和的 8 月里大家穿着天鹅绒、缎料、织锦的衣裳互相造访。乡间里，家家户户用石墙隔开彼此产业。新英格兰地方的教堂，清洁干净，照明良好，但在法国人眼里可没有一点教堂的样子。进了教堂，你发现自己身在一间摆满长凳的房间，既没有图画，也缺少装饰“来打动人的心灵和想象力”。但是教堂里却不见一名乞丐。巴贝马布瓦写道：“甚至没有半个衣衫不整之人，也没有盲人院来的瞎子用他的手杖戳到你，更没有司事之人的戟声吵扰到你。”

康涅狄格一地，旅客记道，人口和英格兰一般稠密，一路上不断穿过城乡村镇。首府哈特福德没有任何艺术展览场地、大众园林或豪华建筑，可是巴贝马布瓦却经人引见了康州那棵有名的“宪章橡树”[①]。“在这个国家里，”他写道，“任何与自由有关的东西，都被视为极为神圣的事物。”在自由平等的名义之下，此地的人有着多么奇怪的风俗啊！这风俗甚至野蛮到一个地步，连你在旅舍床上睡觉，他们也随便让别人跟你拼床。另外一种以此自由为名的现象是，莫罗写道，在路上两车相遇，除非一方的车子较大，有相撞危险，绝不肯让道而行。而一种迷人的景象，则是看到男女学童在路旁排成一列，向来往行人屈膝或脱帽行礼，不过某些美国人士却抗议这种行为有奴性之嫌，遗自旧大陆的恶风。

1787 年的纽约市（人口三万三千），处处仍可见到战争留下的残败痕迹。纽约市曾遭敌方占据七年，一直到英方撤退，托利党人随之离开，才回到美方手中。如今各处码头都残破不堪，没有任何船只停泊；大火几乎烧去了百老汇大道上所有的建筑，包括三一教堂在内。留下来的仅是一些简陋的木造小屋，和那些用黄砖建造、带有山形壁的荷兰式房屋。纽约市东北两岸的河里，可以看见鼠海豚。至于巴尔的摩，居民一万三千，路面很糟，“整个城里的路灯不到一打”。

几乎每位法国人都论到美国日常居家生活水平的优渥。布里索曾经谈到，运货的车夫一面驾着他的车，一面啃着只大火鸡腿，还配有白面包佐餐，也是不足为奇的常事。此地工人仆役的工资丰厚，

---

① “宪章橡树”：1687年，英国意欲解散康涅狄格自治政府，谈判时有人将宪章藏入橡树树洞，中止了谈判，此树因此得名。

比欧洲高出许多，而且每当满载苏格兰工人的船只抵达纽约，“到第二天，你就找不到一个还没有工作而不在忙碌的人”。不过旅客都同意，越往南走，情况就每下愈况。沙特吕在弗吉尼亚才“自渡海以来头一次”看到了穷人。这些让他心生怜悯的可怜人，不但有黑奴，还有憔悴苍白、衣衫褴褛，住在简陋小屋的白人。弗吉尼亚的马匹都很骏美，饲养得非常健壮，用以参加赛事。士绅房舍宽敞，帷幔银器，陈设讲究，不过很少人家藏有书籍或辟有书室，而且屯垦庄园里的睡房往往拥挤不堪：“他们把三四个人挤在一个房间里，觉得根本无所谓。”夏天里蜱幼虫为患，还有弗吉尼亚称作臭虫的床虱。此外，喝烈酒对南方人来说是种快意——而且经常实行——的礼节；他们调配起酒来，有许多奇奇怪怪的组合：薄荷司令鸡尾酒、南瓜菲利普鸡尾酒、香甜酒，还有苹果托地鸡尾酒等。

沙特吕在弗吉尼亚头一次碰到了拓荒人。那是名费城来的年轻人带着他的美丽妻子和小婴儿，正要往肯塔基去开荒落户。沙特吕对于这位拓荒人在长途跋涉中所表现出来的从容不迫极感惊奇。年轻人全部家当只有一匹马，既无牛只也无工具。“我口袋里头有钱，”年轻人倔强地说，“不会缺任何东西。”宾州的好地“太贵买不起”，年轻人只好到外乡去。美国人这种对于四处搬迁所表现的不在乎态度，确是他们最醒目的特征之一。“连续四次，”莫罗写道，“这些人会去辟新地建新家，撇下自己出生时的房屋、幼年学会了认识神的教堂、父祖的坟墓、童年的朋友、少年时的伙伴，以及人生中第一个交游圈子的所有快乐。”美国人什么都舍得。莫罗说，只要你出钱给他，他甚至可以放弃“他的房子、他的车子、他的马儿、他的神”。

美国人这种对过去的弃绝态度，与欧洲形成强烈的对比。而对外人来说，每个人各依其人生观照，有人因此觉得反感，有人却从中受到鼓舞启发。

第十三章　美利坚之旅——续篇：人民

这个新人，美国人，到底是怎样一种人呢？

——克雷夫科尔

大量砍伐的林木、美国的“森林”、那片等着你去占有的土地、美丽的河流和荒野浪漫的景致；丛林中的响尾蛇、蛇状锯齿的围篱、蜂鸟、松鼠炖肉；待穿越的无桥的溪流、干冷的西北来风——这一切自然景象，在欧洲人的记述中都只是次要事物，比不上美国人自己。那居住于这片新世界的男女老少，他们本身就好像是一族新人类。“你要知道这‘美国人’一词，”普里斯特写道，“代表的是一个白人，血脉来自旧大陆；而‘印第安人’，或称‘野蛮人’，则是新世界的原住民。”“听说美国人，”莫罗写道，“是由欧洲人和印第安人混合组成。当然他们的进步状况，显然已经远超过印第安人，而且很快就和欧洲人越来越像。”

但是如果莫罗对美国作了全盘考虑之后，就会对自己这句话有所保留了。他在美国待的时间越久，就越觉得美国人实在不像欧洲人。莫罗和他的友人不断为美国各行各业百姓间的平等状况而讶异；他们过去在法国家乡看到的任何报道，都不曾让他们有过这方面的心理准备。布里索说，在法国，如果一个上流社会人士搭乘像公共马车这么不入流的交通工具，一定会面红耳赤。可是在美国这里，却可以看到国会议员坐在驿马车中，旁边则坐着一名“曾经投他一票”的劳动工人，两人相谈甚欢。“你看不到在法国见惯的那种摆架子的神气。”布里索补充说道。他曾经和州长利文斯顿之子同车，一同搭乘这种驿马车走遍新泽西——要不是途中客栈的店东“以一种尊敬的熟稔态度”，向年轻的利文斯顿致意，布里索根本就不知情。听说州长本人也经常搭乘公共马车。

这一切都不很寻常，而这就是美国实验成功的例证吗？在这里，人类的平等不是哲学家或诗人的高论，也不是开明人士客厅中的空谈。在这里，人人实行它，将它纳入日常现实中。不过，对这种人人平等的现象，你一定得习惯才成——而习惯这种事并不那么容易。巴贝马布瓦写信回国表示，他们这一伙人在路上就发现，自己得亲自和店东打交道。用命令的口气向他们说话一点用也没有，不止一位店主表示可以请他做事，但绝不能使唤他。“此地人待我们的态度很随意，”这位法国先生说道，“而且他们的态度是那么坦然，要是我们介意的话，大家就很难相处配合了。”而那些车夫把车子遮盖妥当，喂过马匹之后，便大剌剌地径来加入众人用餐。在一般私家住宅里，既无专用门房，也无下人应门。巴贝马布瓦一行在波士顿的时候，一晚前去拜望麻州的州长，来应门的竟然是州长大人本人。拜访完毕，州长又亲执烛火送他们到门口。而且，你还常常可以看到那些受人敬重的地方长官——巴贝马布瓦称他们为“参议员”——从市场亲自带着蔬菜和鱼回来，甚至都不遮遮掩掩地把东西藏在他们的斗篷下面。

至于那些驾驿车的车夫，可真是一景。人家敬称他们为团长，他们好像也觉得理所当然，还加入大家的谈话，布里索说，他们应对各种问题，仿佛“自己也是什么长官大人似的”。对于车夫大人执缰的方式，不管用多么谦卑的态度，也很少有人敢向他提出任何异议。如果一路上大家争论起路程有多长，旅途舒适与否，马匹的肌肉血统怎样，或是路上所遇士绅房宅之主人的财富几何，总会征询一下车夫大人，并且恭谨地听他发表意见。此外，在美洲大陆的旅途上，一路少有官家干涉，这是多么愉快的一件事啊！在新英格兰地方，巴贝马布瓦写道：“我们曾经经过很小的村庄，可是从来不曾见过一位官爷上来，手上拿着帽子，带着那种令人作呕的表情，以十三州的名义乞请我们下车，好让他检查一下。”这里没有所谓的领主权来管辖你的出入，也没有庄园护院来阻拦你。

曾在华盛顿麾下任职的这些法国贵族，还惊讶地发现许多退伍的上尉和少校如今经营客栈，一位药店老板以前甚至还是将军。在欧洲，打仗本是一个职业；绅士买得他在军中的职位，就好像在政府中购得一份官职。而且战争一事根本就是君王公侯的策略，是他们不断使用的权力工具，野心人士都心知肚明。因此在这些法国人的眼里，老天，这位前美国将军诺克斯原本是个卖书的，怎能在对英作战时，当炮兵部队司令当得如此像样？“这些事情，”拉法耶特写道，“都和欧洲大相径庭。客栈里，店主和老板娘与你同坐欢谈，盛筵丰馔招待你大吃大喝。等到你起身离开，付账却毫无讲价余地。如果你不想住店，也可以住到人家的乡间别墅，他们会像欧洲人款待朋友般热情招待你。”

英法两国来的访客，实在很难了解像这样一种国度里的人民，他们既无封建传统，也没有所谓属民对领主，或佃农对地主的效忠观念。美国人不但没有这种历代相传的传统，而且对这一套根本就很陌生。这些民众虽然出身殖民家庭，却仿佛一生下来就没有在他们头上发号施令的统治阶级。一位英国旅人贝利，认为这是因为在美国谋生容易之故。这里的土地可以极为便宜地取得，因此人与人间的依赖关系变得“微不足道，所以那种表现在欧洲人言行之中，对阶层比自己高的人卑躬屈膝的奴性，此地闻所未闻。[美国人]一生当中，根本就不知道看权势脸色过日子是什么滋味”。库珀的看法也差不多，他写道，美国没有什么权贵阶级，也没有许多巨富。“在这里，有钱人也没有权力欺压比他贫穷的人，像大不列颠的那种贫民阶级在此地是不曾听说过的。”库珀说，甚至连“农民”一词，在美国也有不同的意思。在欧洲，农民意味着佃农，得向地主缴纳高额租金，生活中地位也不如人；可是在宾夕法尼亚，农民就是土地所有人，和州内任何人都可以平起平坐。“对于立法代表的任命，他可以发表意见……而且他自己也有和其他人相同的机会，可以成为立法机构的一员。事实上，美国立法议员当中，十位有九位务农。”

巴贝马布瓦曾经有过一桩轶事，可以充分显示要一位欧洲上层人士了解美国国情是多么不容易。9月里宜人的一天，巴贝马布瓦和几位法国同伴从下榻的马萨诸塞乡村小店漫步到附近的山谷，许多人正在忙着收割。巴贝马布瓦从中挑了一名穿得很好，他猜想可能是当中领头的农人，问了他一大串问题。请问他们这一区里，谁执掌高低司法裁判权[①]？他们得向村子领主缴纳多少租金？谁有权向大家收取这些租款？他可以在区内打猎钓鱼吗？苹果酒坊、水车磨坊离此地远吗？他可以拥有鸽舍吗？教区什一税很重吗？劳役辛苦频繁吗？他可以消耗多少蒲式耳的盐？酒税是多少？私植烟草会否判处死刑？

整个场面看来实在有点不可思议：只见一名汗流浃背的农人，面对着两位彬彬有礼、小心翼翼避免摆出降尊纡贵模样的法国绅士。巴贝马布瓦记道，“听了我们这些问题”，这个人“开始大笑起来……他告诉我们，在美国，司法正义无所谓高低之分，法律之前人人平

① 高低司法裁判权：封建旧制依罪行类别轻重分属上中下三级职掌，拥有高裁判权的领主可判人死刑。

等公正。至于所谓的村庄领主到底是个什么玩意，我们怎么说他也听不懂。他一直以为我们是想他谈某位地方保安官，他也始终分不清所谓高级和职级有何不同”。

到美国南方访问的外国人，看到华盛顿弗农山庄里黑奴的住处，会吓一大跳，尽管他们也特别声明，华盛顿本人对他的奴隶相当仁慈，而且他跟杰斐逊一样，都反对这个制度。可是为什么身为自由之父的华盛顿，却不能让这些可怜东西恢复自由呢？难道他害怕因此带来叛乱暴动吗？他是否认为解放黑奴这问题，应该交给国会去决定呢？外国人一致认为，奴隶制度是一种罪恶。但这个问题似乎太大，一时难有定论。有些奴隶主心地很狠，有些却很好，因人而异，很难下全面的结论。不过，大家都认为从人类道德尊严的原则来看，任何人拥有奴隶，都很难为自己辩解。尼古拉斯·克雷斯韦尔经过马里兰的时候，曾见一名黑奴被人绑在树上，罪名是“谋杀他的工头”。克雷斯韦尔只是把这件事情记载下来，未作任何评论。

外国人提及美国穷人，指的是白人中间的穷苦现象。他们总是很讶异地发现，美国的穷人少之又少，也许这些旅客是以他们在欧洲所见的情况来相比吧。而同样地，美国人也对伦敦城里穷人的苦况，以及巴黎的乞丐，表示无比惊讶。一日在马萨诸塞，巴贝马布瓦和他的同伴发现自己随身所带的食物过多。“我们对店东说：‘把这些多余的食物施舍给穷人。’可是他却像听不懂我们说些什么似的，而且实在也找不到穷人可以施舍。”这位法国人记道，在这里，百姓根本就不知乞讨为何物。由波士顿到费城，这一路他没有看到一个乞丐，而且他碰到的“农民”，无不穿着体面，或有辆好车可以载货，最不济也有匹好马。沙特吕声言在美国，根本就看不到半个穷人：“人人生活顺遂。”

旅人在路上，想看什么就看什么；同样地，美国人对陌生人的好奇心，也简直没有个底，特别在乡下地方——这其实就表示到处都如此。在欧洲没有一个佃农，在不列颠也没有一个自耕小农，敢像美国农人般对陌生人发问。有一次韦尔德出远门到了肯塔基的列克星敦。“在全美各地我所遇见的乡野粗人当中，”他写道，“以西部乡下人为最，他们的好奇心简直没完没了。我常常在荒郊野外被人粗鲁地拦住，要是在别的国家，那些人的神气作风，恐怕会让我以为他们要打劫我呢……‘停一下，先生！我猜你大概是打那个新的州来的吧？’‘不是，先生。’‘噢！那么敢问你是打哪儿来的呢？’‘我是从低地区来的。’‘那你的消息一定很灵通了，先生，请问，那些地区熏肉价钱怎么样？’‘老实告诉你，朋友，我实在不清楚呀。’‘好，好，我明白，先生，你叫啥名呀？’——一个外乡人如果这样沿路走下去，铁定不断碰到这些仁兄过来和你搭讪，他们个个爱打听。等你好不容易走到下一站歇脚处，不出五分钟，马上又会面对同样的骚扰。”

韦尔德本人一定是位蛮拘谨呆板的年轻人。他还表示，如果他坚持不搭腔，恐怕就会有吵起来的危险，尤其在那些人发现他不是美国人的时候，危险更大。

英法两国的旅客一定都很沮丧地发现，此地的女主人和女佣之间，衣着服饰没有什么差别；而一州之首的穿着，和小人物也大同小异。“这种奢华讲究的风气，”法国人博兹记道，“甚至渗进了工人的农舍。”莫罗也很惊讶地发现，此地人人能读会写，“可是相对地，法国水手却几乎无人识字”。外来的旅客也记载道，美国报章极多，因此人人消息灵通。乡下地方报纸一周出一次，镇上则一周两次，到了大城甚至一天两次——“早报，还有晚报。”一位法国人记道。拉罗什福科则记载道，在他下榻的一家麻州小镇旅馆里，“人人忙着谈论政治，不管是店主或女仆，每人每天都要读两份报纸”。

但是这些现象只能在美国沿海地区见到。到了乡野地方——也就是古弗尼尔·莫里斯称之为“大内陆”的地带——则不见一间学校。日子在那里极苦，干的活会累得折断人的脊梁骨。一个十四岁的男孩在那里就已经算是个男人了，得精通枪械，能够出门打猎带野味回来供家人吃食，还得随时准备必要时担负起保卫家人的责任，抵御野蛮人的入侵。美国的历史上满布这些人的奇迹，他们“在山野林间长大”，成人后却能够说得一口字正腔圆的好英语，而且熟读名家名作，如钦定本《圣经》、《天路历程》、艾迪生的散文、弥尔顿作品、蒲柏的英雄双行体诗。大法官马歇尔一直到了十二岁还不曾见过一间学校。可是在某位人士的敦促之下——可能是他父亲——小男孩却已经抄写过蒲柏的《人论》全文，还会背诵其中的长篇段落。而在弗吉尼亚州伊丽莎白市郡的贝克河上，威思幼时就由母亲亲自教导，习得拉丁文及基本的希腊文。整个18世纪里面，外来旅人不断地注意到美国人语言纯正，文法正确，不带地方口音。18世纪70年代之际，克雷斯韦尔甚至还认为美国人的英语说得比英国人还要好呢！

不过，持有这种看法的外来访客，恐怕不是听觉有问题，就是只限在某些最好的圈子里面活动。不论是战时士兵按发音拼字的信件，或是那些专门用来纠正语法的书刊，都提供了许多与他们经历相反的证据。1795年在波士顿出版的《哥伦比亚文法》，就列举了一些常见错误用法。战时，在新泽西的邦德布鲁克，一位勇敢步兵曾谱就一首多处出错的《民兵颂》：

Now tew oure Station Let us march and randezvouse with pleasure
现在让咱们欢快地汪（往）营地进发集和（合）
We have been like Brave minut men to sarve so Great a Treasure
咱们如英勇名（民）兵户（护）卫巨大财产
We let them se amediately that we are men of mettle
让他们一艮（眼）目（看）出咱们皆壮士
We Jarsey boys that fere no nois will never flinch for Battle.
咱泽西小伙不具（惧）吵吵也不畏征战。

新英格兰地区的人总把“do”说成“dew”，“to”说成“tew”。诺亚·韦伯斯特在其1789年的《论英语》一文中，就注意到新英格兰人喜欢把“knew”字发成“keow”；不过他却认为他们这种口音，并不比伦敦人把“sky”发成“skey”，“kind”说成“kaynd”的土腔差到哪里去。至于东部人，他们则有一种喜欢把指示代词重叠使用的习惯，比方像“this here country”（此一这国），“that there man”（那一该人）等等，韦伯斯特声言这种用法和原始萨克逊人的用法一致。不过，他也希望中部各州的人士纠正他们把“fetch”说成“fotch”、“caught”说成“cotched”的习惯，尤其是后者，“更常常被误用，也更粗鄙”。至于一般人在说“admírable”、“dispútable”、“compáreable”[①]等字的时候，往往把重音放在第二音节的习惯，韦伯斯特表示，并不算错。

这些现象都显示，一种新的语言确实正处于酝酿诞生之中。杰斐逊对此亦颇有感觉，对于英文报刊批评美国文字降低英文质量水平的说法，他感到极为不耐。“我们现在所处的新环境，”杰斐逊曾经写信给华盛顿道，“需要新字眼、新名词。”沙特吕在旅行的时候，也注意到旁人喜欢说他“美国话说得好”，或是表示“美国话不难学”。沙特吕认为，把英语说成美语，倒是一个用来表示对英国反感的好法子。至于富兰克林的笔下，一向带有如假包换的本地风格，他本人也喜欢听带有当地浓重口音的方言：“波士顿的派头，他们的措辞语法，甚至音调口音，听来都很悦耳，让我有耳目大为一新的快感。”

不过韦伯斯特也发现，除了这种由英语衍生变化的现象以及仇恨英国的心态之外，美国的语言里面还含有另外一种质素。韦伯斯特认为美国语言深处，含有一种哲学理念，一种极为热情的信念。他在1785年写道：“此时此国，我们不但可以希望……成功地建立一

① 当时拼字方式与现在也有一些差别。

国之政府，同时也将从此建立一国之语言。”他又说，作为一群独立的人民，我们凡事都应该是联邦式、国家化的。他喜欢在“国家化”这个词下面加线强调。韦伯斯特的《美国单词拼写课本》销售了数千万册——在他有生之年就一共印行了一千五百万册之多，在整个世纪当中更高达六千万册；他的《美国英语词典》则使他的名字家喻户晓。韦伯斯特对于语言所持的观点，远远超出传统语言学的范畴。他发现，出身名门富户之人，言谈风格大胆独立，就像我们在新英格兰地方看到的情况，那里没有奴隶，少有仆佣，也不谈家世。在这里一般人互相交谈问候的方式，和南方人大异其趣。新英格兰人不用命令的口气说：“你一定要……”而是往往说：“这样不是很好吗？”或使用一种不确定的语气：“我觉得你最好如何如何……”这种门第财富平等的观念，韦伯斯特表示：“为他们的语言带来一种特殊的味道，为他们的举止增色。”

克雷斯韦尔曾在旅途中记载，新英格兰人说起话来“夹有一种无法形容的哼唧调子”。大家都一致同意，新英格兰人的确具有这种特殊的腔调，不过就像克雷斯韦尔一样，大家对其无以名之。比方如果康涅狄格的舍曼谈起邻人的女儿，他会将“daughter”（女儿）发成“datter”，而把蔓越莓酱的酱“sauce”念作“sass”，和邻人大谈神和自然法则的时候，则把“nature”（自然）念成“natur”。舍曼在年轻的时候曾写过一系列历书卖来赚钱：

天地万物协调合适，
彰显造物主的智慧
当知何时言语，何时静默
愚昧人多有言语，愈显出缺乏智慧

18 世纪时大多数美国人，使用的是当时通用的发音标准，把

"serve"念成"sarve","deserve"念成"desarve","conceit"念为"consate","deceit"念为"desate"。他们还把美利坚"America"最后面那个"a"音压扁——但是尽管他们南腔北调，在欢迎华盛顿将军的时候，大家唱起歌来总是精力充沛：

> 大声欢呼！这光明的良辰吉日！
> 你要高颂美利干（坚）万岁，
> 颂赞之声，响彻不息。

在威廉玛丽学院里，教员们费尽心力教导学生使用正确发音。绅士们很关心子女的口音。弗吉尼亚一位农场主人罗伯特·卡特曾经登广告征求家教，特别指明该人必须"曾在大陆受过良好教育（其大陆系指美洲大陆）"，却不愿意聘用英国人或苏格兰人——这并不是因为前者的学问或品德比后者杰出，而是因为卡特本人喜欢本地的口音。革命之前，费城那位刚毅不屈的教师戴维·詹姆斯·达夫想找一位助理，他列出的条件是"英语发音清晰，朗读抑扬顿挫分明。如果该人不具以上条件，就算自称为教授或演讲家，也将视为骗子拒之"。

至于那些本来就会说英语的法国旅人，也发现自己现在必须学会一些富有当地色彩的生动新词汇才行："边疆林区"、"偏远地区"、"独桅艇"、"单桅舟"、"牛蛙"、"茄子"、"萤火虫"、"尖背野猪"等等。而从印第安人那里，美国人又借用来了一大堆令人搞不清楚的物名地名，简直叫人没法子好好拼出美国这大拼盘的文字！法国来的游客写信回家，竭力拼写各种名称："扬基小调"、"肯塔基"、康涅狄格州"诺维奇镇"①。沙特吕在马萨诸塞的纽伯里波特遇见一位上校，可真是完全没辙了。"那位仁兄的大名，"他写道，"大概是念作什么

① 这些词原文均有拼写错误。

威格斯勒普之类的。”[①]

早在1780年之前，美国就已经拥有至少十七所学院。各地在战后更如雨后春笋般地兴学，从纽约州的联合学院，到“山的那一边”的特兰西瓦尼亚，处处可见。几家老学府当中，最知名的当然要数哈佛、威廉玛丽、耶鲁、哥伦比亚，以及“位于新泽西普林斯顿的诸学院”。旅人们拜访各所学院，和教授们谈话，印象深刻。他们在费城访问图书馆,并接受富兰克林先生那所“以促进实用学问为宗旨”创立的学社——美国哲学学会——成员的招待。

没有美国人会否认这个事实：在这个国家里面，学习的目的以实用为主。而且实用之学，也就是所谓实验理论的实际应用，的确是共和精神的核心；富兰克林博士是提倡这种主张的先知，而费城自然就是实践其思想的中心所在。此外，这里还有天文学家戴维·里滕豪斯与他著名的太阳系仪，以及他亲手制造观察金星路线的望远镜；这里也有植物学家巴特拉姆收集了各色植物的植物园；还有班杰明·拉什医生和他最新发明的精神病人医疗法。他们都是那些有学问的外来客人在拜谒了富兰克林之后，极想一见的人物。

费城以其医学院为傲，里面有多位著名大夫，如摩根、雷德曼、希彭、哈钦森、库恩等等——都是极具创造力的大胆人物，他们彼此之间时有争执，但这正是全心投入工作的学人本色。库恩医生头发卷曲，扑满香粉，手持金头手杖，带着他的金鼻烟壶，出现在任何一个病房中都是奇景。他和同业们为病人开红色金鸡纳树皮、鸦片等治病，使用发泡膏和灌肠法，配催吐剂和泻剂，并为发烧的病人放血——有人后来在日记上记道，遇上肋膜炎的病例，病人的血更是“一夸脱一夸脱”地放出来。希彭医生还认为，孕妇在怀孕及生产期间带有多血症，血太多了，因此也需要放血。凡是好医生，

① 作者注：美国人自己第一次碰上马萨诸塞的威哥尔斯沃思姓族群时也一头雾水。

接生时都带着他们放血的工具，只听见这些“工具”（水蛭）在他们的出诊袋里嘎嘎动个不停。结果年轻母亲往往因此感染产后热而死亡；有时遇上难产，医生就用钩子把胎儿一点一点地掏出来。种种治疗方式惨不可言：脸部患癌用石膏烧掉；胸部有癌，则由强壮的男人紧紧地抓着病人的肩膀，或坐在她的腿上，好让医生把乳房除去。

治疗方式如此可怕，难怪一般人生病除非必要绝不找医生来。邻人用大黄、番泻叶（主泻）、蓖麻油、达非酊，以及用苦木根或荨麻制茶彼此治病；他们还将蜂蜜和上面粉、洋葱、大蒜和鹿油做成膏药。费城有位伊丽莎白·德林克女士，是大家公认的医药权威，根据她自己的记录，她曾经用一只烂苹果治愈一个非常严重的麦粒肿病患，并且用牛粪糊药法，治好了一个小孩子青肿得很厉害的一只脚。一般人也常常找来江湖密医相助，一位州长之女就曾请来一位印第安的巫医，治好其子的瘸腿。至于黄疸，听说用白酒泡鹅粪和蚯蚓极为有效。

秽物往大街上扔，井水则受到外院厕所的污染。伤寒、疟疾、天花、赤痢、白喉，这些流行病在夏天像大镰刀般扫过城镇；患佝偻病和坏血病的病人处处可见。这就是我们所谓的旧日好时光，那些带有浪漫倾向的现代人常常缅怀的过去。看到这五十五位代表竟然能够一一活到成人参加联邦大会，简直令人惊讶。一位弗吉尼亚的客栈主人和他的妻子就告诉沙特吕，他们一共有过十四个孩子，却没有一个活到两岁。

不过大夫们的确很努力地工作着，他们在鼠疫季节冒着自己的性命危险救人，日夜苦读、解剖、钻研、治疗。而他们也不曾因此大发其财。根据当时最大牌的医生的收据记录显示，病人往往用糖酒之类的物品付款——例如“依约以一头红母牛给付”。1793 年黄热病流行之际，拉什医生曾将许多病人放血至死。可是他却对教育有一番远见，希望改变美国教育制度的重心，而且他的眼光并不只限于医学方面。他建议成立研究院，让年轻人为公共生活预做准备。他质问道，他们应该把宝贵时间用来学习“可以增进生活便利、减低人类不幸、改善我们国家、增进人口、提高人类认知、建立国内及政治幸福的学问知识”，为什么反叫年轻人学习那些希腊文小品词，什么巴尔米拉古城废墟的构造呢？

一个半世纪以前，弗朗西斯·培根爵士也曾有过同样的理想。可是即使在一百五十年后的18世纪，拉什医生的梦想还是太激进，来得太早了，美国人民对这种新观念还没有准备就绪。菲奇发明的汽船还是大家讪笑的对象；甚至连富兰克林先生的电气实验，除了避雷针的装设之外，也被众人认为没有什么实际用途。华盛顿将军曾经希望创办一所国立大学，由国会设立并提供经费。在联邦大会里面，年轻的查尔斯·平克尼曾经在他原先的提案当中提出这个建议。后来他和麦迪逊也分别在8、9月间再次提出此议（他们很小心地称其为“联邦大学”，而非“国立大学”），可是这项动议最后却遭否决，因为大家认为国会无须宪法授权，本身即已拥有充分的权力设立大学。

1787年的美国，正处在工业与科学扩张的边缘。当时仍处于战后恢复元气之际，英国军队所到之处留下的伤疤仍历历可见。可是在十年之间，各州人民就将见证大量转变：比方高速公路的兴建，运河的挖凿，华盛顿开发西部边区的梦想的实现。大家也将看到煤炭的大量使用，可是此时大众却以为煤炭的唯一用途，就是把火弄熄。18世纪90年代，伊莱·惠特尼将向世人引介他的轧棉机，英国人塞缪尔·斯莱特会设立一家机器操作的纺织厂，设计图是他记在脑中从英国带回来的。1787年的美国人，对自己的国家怀有一股极大的骄傲，虽然有些夸大，却也感人。1786年，波士顿查尔斯河上首座桥梁落成，更是鼓舞人心，有诗云：

我歌我桥竣工日，

波查[1]两城众欢腾，
礼炮不绝响声声。
今日见我大桥成，
巍峨凌驾万桥上，
伦敦大桥惭秽形。

可是，这种对本州本土的自傲，却造成了一种恶意心理，使人对国内其他区域产生了一种不屑态度，这在“东部人”和南方人之间尤为明显，这种现象令莫罗大感不快，认为大错特错。“各州稍有细微差异，”他说，“却不是表现在礼貌上。其实他们有着一样的政府形态、一样的想法、一样的观念——而且对自己和自己的地区，也都同样有着最高的评价。”一名费城人告诉莫罗，美国不愿意和世界上任何一个国家交换地方：“绝不，先生！”

这种自夸自恃，其实是一种年轻的活力，一种年轻的抗拒心理。美国必须高声叫出它的名号、它的独立。全世界都要听闻它那伟大的新计划，这个新计划又大又高，其大涵盖了整个大陆，其高达于人类的平等。“我们正在做实验。”富兰克林曾经这么说过。

忙着这一切，因此很少有时间可以留给艺术。此地不像欧洲，文学既非一门行业，也非营生之道。“在美国，文学只不过是一个消闲的玩意。”库珀记道。而巴贝马布瓦在称赞美国没有穷人之余，也不大情愿地承认道，如果说他不曾在美国碰上过半个乞丐，同样地，他也不曾在这里遇见过半个像欧洲作曲家格鲁克、画家格勒兹、雕塑家布沙东那样的人物，不曾遇见过半个文学巨匠。沙特吕认为，这是因为缺少有钱人支持赞助之故。富兰克林则坦承，在这个新世

① 波士顿和查尔斯顿。

界里，目前尚无艺术家的容身之地。他说，虽然美国也的确产生过一些这类人才，可是他们都纷纷离国去欧，因为在那里，他们可以获得比较合适的回报。

对于这一切，观察得最真切的要数约翰·亚当斯了。他在巴黎看过了杜伊勒里宫、公共广场以及园林，到处都装饰有“极为壮观的雕像”。深感困扰的他，写信回家给妻子道，这些高级的艺术品，并不是我们国家需要的东西。“像我们这样一个年轻的国家，还很简单，没有进步到可以体验奢华的时候，机械工艺才是我们所需要的。我自己这一代必须好好地研究政治和军事，这样我儿子那一代才有研究数学、哲学、地理、自然史、造船技术、航行、商业、农业的自由；到了他们的孩子，我的孙子那代，才有权涉猎绘画、诗歌、音乐、建筑、雕像、织锦和陶艺等艺术领域。”

前来美国的这些外国访客，在对这个新人类——美国人，作各种哲思性的讨论观察之余，也有足够时间对美国女人品头论足一番。他们当中，有些人认为波士顿女孩最美丽，也有人认为费城女子最迷人。在一个晴好的冬日，沿着费城第三街和第四街之间的市场大街漫步，莫罗曾经很精确地做了一场历史报道：“你大约可见着四百名左右的年轻女郎，若是换到巴黎的舞会上，她们每位后面一定都会有仰慕者跟着。”这些女郎，一个个在芳龄十五之时，都是如此可爱迷人，可惜“一上二十三岁就开始褪色，到了三十五岁就珠黄，等到了四十岁，或是四十五岁之后就衰老不堪”。而且，本地妇女的头发竟然不事修饰，保留原色，这真是多么奇怪的一件事啊！她们也不准搽脂涂粉。至于美国年轻母亲那一本正经的态度更到了不合理的地步。某次在一个晚宴上，本地一位绅士询问法国女士可否骑马，一听说她们“像男人一样［骑在马背上］……所有在场的女士都红了脸”，巴贝马布瓦记道，“一个个把面孔藏在她们的折扇后面，最后终于忍不住爆笑出来。她们也不能了解女人怎么可以在男士面前化妆打扮，甚至弄不懂妻子怎能在丈夫面前更衣”。

所有这一切都极为可笑，莫罗说道。他还看过一个女人叫她弟弟离开房间，只因为她得替她五周大的儿子换尿布。有些字眼在这里是禁忌：“袜带”、“腿”、“膝”、“衬衣”等等。美国女人把自己的身体分成两部分：头部到腰通称为胃，其余则统统是脚脖子。老天，这叫医生如何猜得出他的女病人到底是哪儿出了毛病？“医生不准碰女病人，”莫罗写道，“他的病人即便病得快要死了，也还是让他对她的病情完全摸不着一点头绪。”

而且，美国竟然还奴性地盲从着英国的习惯，在用毕甜点之后就把妇女从晚餐桌上赶下去，真可惜呀！沙特吕写道：“凡是不能让女士们听闻参与的娱乐，都有违背社会幸福美满之嫌，使得一性粗俗，另一性乏味，更大大减低了大自然赋予两性交往中的那种纤细敏感的乐趣。”美国的年轻妇女出奇地严肃。某一次在一个晚会上，众人请位年轻女孩为大家一展歌喉，可是这位小姐却硬邦邦地坐在位子上一动不动，两只眼睛一味死盯着地板。“于是大家等了又等，等到她终于出声才知道原来她并没有吓得化成石头。”

这些外来游客所遇见的，最多只不过是个乡下社交圈子。此地的男女还来不及去学习巴黎人客厅那套优雅的身段、轻浅的低笑，以及不伤大雅的戏谑。事实上，那位应众要求唱歌的可怜女郎，当时无疑真的已经吓僵到骨子里去了。那两位谈笑风生、风度优美地站在她面前的法国贵族，在她的眼中恐怕就像一对莫农加希拉野猫一般可怖。沙特吕又说，在这些美国城市，“如果社交场合能变得轻松活泼一些，如果他们学会主动地欣赏乐趣，而不必非得正式受邀，那么他们就可以好好地享受来自他们本身风俗民情里的种种优点，无需再羡慕欧洲任何物事了”。

这些法国人所见的景象，其实只是任何人都会在一个初生的文明新世界中发现的现象：僵直严格，党派氏族观念强，怀疑陌生人。所谓的从容欢乐，悠然引笑，不拘小节，不都是有钱阶级的专利，属于那些意识到本身的权势地位之人吗？朴直的举止、贵格派信徒的朴素、新英格兰地区女士不曾扑粉的秀发、年轻妻子和丈夫之间严格的道德戒律，以及那些“有原则的人士”——我们不可能在一地一时同时看到这一切与世故的优雅并存。法国人觉得这种朴素呆板很烦闷，可是他们却也从中看到了一种对应的特殊意义。“同样这些人，”巴贝马布瓦写道，“他们亲自应门，亲自徒步出门为百姓执法，亲自买菜；也就是同样的这些人，带来了这场革命。”就是这些人，在必要之时，举起步枪上前杀敌。“反过来看看我们自己，”巴贝马布瓦最后写道，“我却不敢确定我们这家家有门房、有管家，出门还有遮篷弹簧马车乘坐的人，面对专制独裁，能否像他们一样奋起抵抗。”

第十四章　西部地区；土地公司和《西北地域法令》；卡特勒

难道我们敢说这块广袤的疆土，包括西部地区在内，从现在起直到一百五十年后，都还会是同一个国家吗？

——戈勒姆，于联邦大会

西部地区——这块引发大家争执的区域其大无比。东从阿巴拉契亚山以西，一路延伸到密西西比河，北从大湖区往南一直到西班牙属佛罗里达。在这块广大的地域之中，日后其中将建出十个州[①]来。可是在1787年的时候，阿巴拉契亚山以西还没有一个经公认正式成立的新州，那儿只有混乱、与印第安部落的争战，以及关于发财和免费土地的梦想。

在美利坚独立之前，西部地区的问题属于大不列颠。与印第安部落维持和平，发兵打退法国人和西班牙人，以及设法在山那边渐进有序地屯垦落户的责任，都落在英国人头上。但是英国几经谋求失望之余，1763年宣布闭锁西部地区。随着1783年和平来到，西部这一大片疆域落到各州手里，成为他们的责任和奖赏。不久大家就

① 作者注：这十个州是：肯塔基、田纳西、俄亥俄、印第安纳、密西西比、伊利诺伊、阿拉巴马、密歇根、威斯康辛和西弗吉尼亚。

发现，这开疆辟土的大工程，需要比各州所愿付出的努力更为集中、协调才行。国会也曾数度借法令、决议、报告书、条例，试图解决西部问题。

问题是对西部地区的处理方式，各州都怀有不同的看法，而且每一州又只肯以自己的利益为出发点。英国交出这片土地没有多久，马上就有七州分别宣布把某一块据为己有。弗吉尼亚、纽约、康涅狄格、马萨诸塞、乔治亚、南北卡罗来纳，纷纷表示根据原先的宪章，这些土地早已划归它们了。可是当问题不断地发生，事态愈形严重，印第安人拒售土地，用计逃脱，甚或不惜动武抵抗欺凌他们的人，各州就不得不开始把他们在西部地区的权益让渡给邦联了。但是各州心不甘情不愿，动作异常缓慢。到了1802年，乔治亚终于放弃远达密西西比河广大土地的主权，事情才算告一段落。

各州在同意让步之前，曾经和国会讨价还价了许多年。联邦大会的代表们对这些内幕都很熟悉，许多成员就曾经在本州议会为这个问题奋战过。代表们对各州提出来的条件，以及在国会进行的谈判讲价，都非常地清楚，他们也知道到底有哪些麻烦区域威胁着脱离大州，独立自成一州。北卡罗来纳的西北一角，现在就已经自称为富兰克林州了；而宾夕法尼亚的西部居民，也早就一再要挟打算单独立州。而且他们为什么不可以这么做呢？某些与会代表也持有这类主张，马里兰的马丁就是其中一员。他们认为大州是“联邦共和国的危险成员”，以乔治亚州为例，其面积就比“整个大不列颠岛为大”。1787年的这个夏天，缅因省（麦迪逊在笔记里把省名Maine中的i拼成y）不就曾举办过一场大会，考虑从马萨诸塞州脱离出来单独成州？此外，那个尚未加入邦联的佛蒙特，在山坳子里自管自地享受着不用纳税的幸福生活，也让它的邻州恼怒不已。新罕布什尔、马萨诸塞——尤其是纽约——一直都在垂涎它的领土。有一天，康涅狄格的约翰逊博士还在大会中尖刻地表示，应该强迫佛蒙特加入邦联。

全合众国南北各地都碰到这一类问题：边界、土地所有权、建州等等。但西部地区问题最多，也最为严重。田纳西和肯塔基地方是否会索性脱离邦联，这是个一触即发的形势。而密西西比河一带问题更为沉重。西班牙控制该河西岸，佛罗里达在西班牙治下，还有新奥尔良以及所有出海口也都在西班牙的手里。此外，西班牙还拥有另一块叫做路易斯安那的广大地区。对于肯塔基和田纳西两地的人来说，不论是州级或联邦的政策，都没有一条能比让他们可以沿密西西比河而下自由贸易的政策更为要紧的了，这是他们货物出海的出口。如果他们得不到这个出口，如果大西洋沿岸诸州无法帮助他们，如果国会始终漠不关心，那么对于建不建州及西班牙这两件事上，肯塔基与田纳西就要照自己的方式决定了。

东边的各州听到关于阴谋把肯塔基变成西班牙一省的谣言。当地有位在革命战役中曾任将军的人士詹姆斯·威尔金森，就曾大肆地鼓吹所谓“体面”地转移效忠对象。他问道，一个“聪明人”为什么要让自己像“植物般在出生之地扎根”，却一味拒绝西班牙这奉行天主之名的陛下的好意，让大家可以沿密西西比河自由贸易呢？新英格兰人只顾忙着捕鳕鱼，进行他们的海上贸易，对于西部地区的权益摆出一副偏执狂妄的嘴脸。1786 年 8 月，北方的约翰·杰伊甚至曾敦促国会，干脆把密西西比河的航行权让渡给西班牙二十五到三十年，用以交换某些商务优惠。南部、西部地区听说此事，都愤怒不已。这些“商务优惠”，只对东部有好处。难道西部人就一定得“像家奴般卖给残酷的西班牙人吗？像以色列人曾卖给埃及人做奴隶那样吗”？帕特里克·亨利声称，杰伊的建议已经使得联盟协议无效；甚至连麦迪逊也对此愤慨不已。

杰伊的建议被否决了。可是事情到底该如何解决呢？这片广大的新域该如何治理呢？英国人还在密西西比河沿岸密谋，他们一定很高兴看到西部地区从邦联脱离出来，英方派在加拿大的多切斯特爵士就很同情威尔金森的主张。“西部各地，”华盛顿曾经这样写道，“就好像杵在一个枢轴上，随便触碰一根羽毛，都会改变它们的方向。”这虽然已经是一个老问题，可是其急迫性却不曾因此而稍有减低，1787年夏天，国会再度重新面对这个问题。而联邦大会自伦道夫提出其原始的《弗吉尼亚方案》以来，就也断断续续反复讨论过这个问题：“决议应订立规定以批准合众国境内依法成立之新州加入……”

但是西部地方内部的行政管理，却不关联邦大会的事，那是国会的责任。大会关心的层面——以及合众国宪法关心的层面——是这么一大片内陆地区，这最终将会成立的众多新大州，是否可以在同等条件下加入联邦。在山区以西成立的新州，有权派遣与原先十三州同等人数的国会代表吗？这种平等会不会是危险之举，会不会让原先深具治国经验的老成议会，被一大群打绑腿、粗鲁野蛮、未见世面、没有教养、未开化的粗人给淹没了？好笑的是，大西洋沿岸诸州如今看待广袤西部边疆的心态，正好像当年不列颠对待美洲殖民地——就像那种大家长怀疑着自己持有异心的年轻子嗣。

这个问题得赶快解决，可没有时间再耽误了。拓荒人一波一波地越山而来，他们穿过坎伯兰峡谷，沿着荒野之路直入大草原；或顺着沃托加河而下，进入田纳西东部；他们焚去林木，在卡诺瓦碧绿的谷地中挥斧建立家园。有些人则取旧战备道路往北，或一路驱着马车经布雷多克路及福布斯路，穿过宾夕法尼亚直往俄亥俄的福克斯而去；另外还有许多人沿大杰纳西路由新英格兰方向来。人数到底有多少实在难以数清，美国一直到1790年才开始有人口普查的正式数字。可是我们知道山那边的人口，在1775年的时候只有几千人，到了1790年就高达十一万以上了。1787年之际，曾有人数过沿俄亥俄河而下的平底货船，一共是九百余艘，共载“一万八千名男女老少、一万两千头牛羊马只，以及六百五十辆马车”。

这就是美国的拓荒史，因地而异。肯塔基大地一片黑暗血腥，起码印第安人是这样称它的。伊利湖的北畔，新英格兰人有条有理地建立起了西部保留地，他们分亩授田、庆祝7月4日，就好像在老家康涅狄格一般。随着拓荒者而来的，还有投机分子、借着土地从事各种不法勾当的强盗骗子、赌徒、流氓、匪徒罪犯，以及各种打零工的人。远在对英作战之前，那些投机分子就开始在这里活动了，伦敦的金融人士怎会放过这块处女地的发财良机。而对联邦大会来说，这些土地公司，以及它们的名字所代表的地区，都是他们耳熟能详的名字。早在1747年的时候，那老牌的俄亥俄公司就已经存在了，还有忠诚土地公司，而18世纪60年代的印第安纳公司则是由俄亥俄万达利亚及大伊利诺两大公司合作的商业冒险，富兰克林在其中也有股份。这些土地公司的名字五花八门，多彩多姿：绿蔷薇、特兰西瓦尼亚、沃巴什、新威尔士、军事冒险家等等。后来那批运气欠佳的亚祖河域诸公司此时尚未出现。四十年间，只见这类公司不断成立、解体。他们先向伦敦，后来则向大陆会议或各州议会，用尽心机取得土地特许，提案处理的土地面积从一万至五百万英亩不等。而自开战以来，他们不断用币值跌落的通货囤积土地，以待日后获利。

华盛顿在1763年曾是密西西比公司的一位主要推动者。他自幼对勘测土地有兴趣，十六岁时就为费尔法克斯爵士勘测一块在谢南多厄河谷的土地。战后他为军官授地之事大力鼓吹，将军曾经抱怨道，当国会和弗吉尼亚就该州地权让渡一事争执不下之时，“强盗”出来一把抢走了土地的所有权。1784年，华盛顿决定亲自前去勘察，出门越岭到了卡纳瓦，从老战士手中收买他们的居住证。这些地权占地面积之大，令华盛顿为之咋舌，早先他即曾听说过那些准买家随便一谈就是“五万英亩、十万英亩，甚至五十万英亩的土地，就好像过去士绅们谈一千英亩土地一般”。华盛顿本人临终之际，手上握有约达四万一千英亩的荒区土地。

可是联邦大会中其他人却没有他这么幸运，像威尔逊就已经在土地投机中搞得焦头烂额。他曾任伊利诺－沃巴什公司的董事长，投资项目众多，层面又广。威尔逊对下赌的狂热已经入了魔，最后他像罗伯特·莫里斯一样身败名裂。莫里斯不久就将深陷于他在西部的土地问题之中不能抽身，而表面上看起来，他却好似拥有着一个小帝国。

不过我们并没有证据显示，这些人曾让自己在土地上的投机影响到自己在联邦大会中的行事。北卡罗来纳威廉逊的一番话，也许正好为其同仁心态做了表白。他向麦迪逊保证，就他本人而言，他相信他自己的意见绝不会因为私人利益而有所偏颇，不过“因为本人在西部地区拥有相当数量的土地之故，我绝对相信这些土地的价值必可因一效力卓著的联邦政府而增加”。

当时还有一帮人也持着相同意见，不过他们的作为就不像威廉逊那么谨慎了。如果说那些土地公司希望西部地区有一个稳固的政府，那么他们的用心也完全是因为如此他们的金钱才有所保障。1787 年 7 月 13 日，费城便来了这类人士的一位代表，这是名非同小可的绅士，后来在美国声名狼藉的这一号人物，他可算是开山祖师：找资金的人，搞钱的人，代表大风险和大生意。

这位仁兄的大名是梅纳西·卡特勒，他是麻州伊普斯威奇的牧师，曾任随军牧师，研习过法律，做过开业医生，还是位颇有成就的植物学家。过去八天里，他代表新成立的、他身为发起人之一的俄亥俄公司，在纽约跟国会进行交涉。他已经成功地议妥，以每英亩九分正币的价钱，取得了一百五十万英亩位于俄亥俄河和马斯金格姆河交口的上好土地。卡特勒写道：“我们取得了将近五百万英亩地的权利……其中一百五十万英亩属于俄亥俄公司，其余开放给私人投资，将有许多美国要人参与。若不是靠着投机，俄亥俄公司不可能谈到像这么优厚的条件。”

这是美国有史以来最大一宗交易，其所以能够成事，有赖国会起草并通过的那项《西北地域法令》；而这项法令，是国会在仅仅八州（最低法定州数）之下通过的。法令通过当天，也正是卡特勒穿过渡口，搭乘公共马车前往费城的同一天。他兴高采烈，至于他说服国会议员勉强同意时所采用的手段是否于道德有亏，丝毫不影响他的得意心情。

卡特勒身材魁梧、风度翩翩，喜欢穿件黑色天鹅绒外套，配黑丝长袜、银色护膝和银鞋扣在人前亮相。他的肖像显示他有着一张慈蔼的脸孔，表情坦白，眉毛深浓。他精力无穷，性情被公认是快活又和善的——简而言之，他真是个最理想的说客。当时有位弗吉尼亚人描述他是个“开朗、坦白、诚实的新英格兰人——真是个难得的家伙”。事实上，卡特勒却像条鳗鱼似的伸缩自如，哪儿有利润就马上往哪儿钻去。他一到费城，不浪费半点时间，立刻和代表们会晤。他的第一要务就是看紧美国宪法,确保它就像《西北地域法令》一样，没有任何条文会对西部的扩张——也就是对俄亥俄公司的业务——造成障碍。

联邦大会与国会一直保持着密切联系，对于一切有关《西北地域法令》之事知道得很清楚。鲁弗斯·金早先即曾协助起草《西北地域法令》，可是他本人和联邦大会中的其他代表一般，对于《西北地域法令》最后的通过以及先前的举措，都感到很不高兴。鲁弗斯·金认为，国会将西部地区用“州”的模式规划分配，是一大失策，他们应该先在东西两方之间取得某些平衡才是。可是马萨诸塞和联邦制宪会议中的人却不曾预料到，1787 年通过的这个《西北地域法令》日后取得了多么超乎寻常的成功。它甚至被称为美国史上第三大文件，仅次于《独立宣言》和宪法。

在这块西部大地上，俄亥俄河从中间横流而过，几乎把它平分为二，从阿勒格尼山脉往西注入密西西比河。其上的西北地区，往北直达大湖区；而俄亥俄河以南那一片几乎同样广大的地域，日后将分成数州，并获许实行奴隶制度。不过这些都是后来发生的事情，得等到乔治亚和南北两卡罗来纳同意，让渡出他们对于该地区的权利主张方才可行。在此同时，国会也尽力地规划着西北地区，勘测分界。从这些简单却实际的计划细节，我们可以遥想老西部的模样，并从国会将这片地域首先划分成七大区中，看出其地理位置之偏远，以及国会的焦虑审慎：

> 地理测量员应亲自设定第一条东西准线……此线应以一链为之，并应在树上刻画为记，同时在地图上详细注明；测量员应将他所知的所有矿区、盐泉、盐沼地和可建磨坊之地照距离一一注明，以及此线所经之处之一切水道、山岭、土质，及其他特殊地貌地观等。

《西北地域法令》规定，首先将由国会在这整个地区之内派设首长一人、秘书一人及法官三人管辖。全区六百五十万平方英里之内，将设的州最多不超过五个，最少不少于三个。区内任何地段，一旦聚居了五千名自由男性居民，即可经由选举诞生议会，并可派遣一位观察员代表前往国会。这五州当中，一旦任何一州拥有六万名自由居民，该州便可加入邦联，并自定州宪。西北地区将禁行奴隶制度，并有权利法案保障信仰自由、人身保护权、由陪审团审判的权利，并保障合同契约的履行。“学校及其他教育机构将永远受到鼓励。”《西北地域法令》的第三条这样规定。此外尚有财力资格规定：选民必须拥有五十英亩地，立法人员则须拥有二百英亩。另外还有一项条款，日后因一再被人违反而出名，即：“对于印第安人应竭力信守承诺。”

总之，根据这个《西北地域法令》，新成立的各州将站在与老州地位平等的立场上加入合众国，“并在符合总体利益下尽早加入”。[①]

7月中旬，《西北地域法令》正式成为法律。不过，联邦大会还是有办法遏止西部的发展，而且办法不止一个。对于此案，大会成员有人赞成，有人反对，一开始众人就各持坚决的立场，敌对双方彼此激愤指责。事实上，东部各州对西部地区眼红吃味，其来久矣。甚至早在这个问题演变成全美十三州的共同问题之前，宾夕法尼亚、弗吉尼亚、南北卡罗来纳、马萨诸塞以及纽约这几州的议会，就都在尽量压制内陆乡下地区，规定他们不得派有同样人数的代表。

而如今在这1787年，这个老问题又以新面目出现了。各地人口转移变化之速，议员们简直跟不上。罗得岛和麻州抱怨，他们的居民都流失到西部甚至缅因去了。西南部人口的增长尤其惊人，乔治亚的疆界一直远至密西西比河，占地之大，多少人口都容纳得下。特拉华的里德曾经在大会上诘问，为什么乔治亚的人口比特拉华少，却可以派出两名议员到众议院。古弗尼尔·莫里斯回道，不用等到宪法生效实行之时，乔治亚的人口恐怕就已经增长到够格派出两名代表了。

这些现象都意味着一个新的联手阵势，一种令人不安的权力转移。立法诸公想要看出大势走向，预测西部诸州未来的商业前途。麦迪逊就认为这几州将“全面以农业为主”。但是在以后的一个半世纪中，事实发展却和当初所料的有极大出入。然而如此复杂的问题，竟然是以这等安全却公正的含糊方式解决，不由得人不惊讶。而宪法的第四条第三款，居然也容许这些新州自由发展，使之有朝一日

① 作者注：《西北地域法令》所根据的是杰斐逊1784年赴法前提出的一个构想——他主张成立人民直选的政府，并允许新州在与旧州平等的地位上加入联邦。1787年的《西北地域法令》取代了他的原始构想，史家认为此一法令远不及杰斐逊初议自由开放，却有受土地公司操纵之嫌。不过西北地区从此发展繁荣，最终成立了俄亥俄、印第安纳、伊利诺伊、密歇根和威斯康辛五大州。

竟扩展成为巨大势力。

大会早就同意，在原来的十三州中，每四万人将可在下院中派遣一位代表。可是随着西部移民的热潮,这种规定突然变得异常危险。山那边的居民生气勃勃，不免令人担心。新州不断地成立出现，而且毫不客气地随意采用别人的名字来为自己取名，什么特兰西瓦尼亚、西夕法尼亚、富兰克林、万达利亚……又随意起造自己的临时政府、临时法庭。照这样下去，很快地，西部地区的州数就会和东部一般多了。而且那些人穷啊！他们将没法付出他们在联邦中该尽的一份力量，更没有能力付捐纳税，或培养自己的民兵来制止印第安人的侵入。

像这样的争辩一再在大会中出现。这些无知的拓荒百姓，可以投票推翻沿海十三州的决定吗？为什么不“以保险的比例来分配代表的席次”，以便东部各州照应自己的权益呢？这个建议来自麻州的戈勒姆。而费城的商贾克莱默,一位“老爱国分子”——他曾签署《独立宣言》——则认为，东部各州如果鼓励西部地区的发展，无异“自杀”。克莱默和他的同事英格索尔一样，是大会中安静的一员，政治经验极丰，可是他们在议事厅上发挥的效力，却不及在党政协调上来得出色。

马丁热烈却混乱地表示他的意见。他希望宪法能够包括一条规定，保证合众国拥有那些尚未让渡的土地的权利：也就是他称之为“内地”或“空地”的地方。而且，一个万事俱备只待建州的新地区，就一定得等它邻近各州的同意才成吗？佛蒙特就一定得看纽约的脸色，新成立的富兰克林州就一定得听北卡罗来纳之命行事吗？不久之后，马丁即将在老家安纳波利斯告诉他本州的同事，宪法强行加诸新地区种种不合理的难题，强迫山以西的诸州必须与大西洋岸的诸州继续绑在一起。马丁愤怒地指出，如此规定，将使这些地区光明正大地诉诸武力，“以摆脱这可耻的束缚”。

马萨诸塞声言反对让西部新州以同等条件加入联邦。格里虽然坚持主张共和原则，这个信念却经常与他自己身为新英格兰商人的利益发生冲突；他说他相信山那边的诸州，人口不久将超越北方（新英格兰）。因此他们一定会滥用他们的权力，“令我们这边的财富，统统流失到西部去”。为了抵制这种情况发生，格里希望宪法限制新州的加入，“使得它们的数目永远不会胜过大西洋的诸州”。

针对这个意见，格里提出一个正式动议，鲁弗斯·金附议。可是舍曼却操着他平板的扬基腔调，认为“未来新州的数目绝不可能超过原有各州”。他认为这种可能性太小了，不值一虑。“而且，我们现在是为我们的后世子孙谋，他们成为西部新州居民的可能性，和他们继续留居旧州的机会一般大。单就这一点来考虑，我们就不应该照这动议所请，对新州设下任何差别待遇。”

格里反驳道，可是，我们也还会有子孙留在老家不走呀。在这种移居狂潮之下，我们不该为他们的利益设想一下吗？而且，外国人一直在往那里发展，未来的动向很难逆料。

因此，大会就格里的动议加以表决，结果以五比四否决，宾州赞成反对的票数各半。格里、戈勒姆、鲁弗斯·金、马丁、克莱默、南卡的巴特勒、拉特利奇诸人，都赞成钳制西部。可是在整个大会中，却无一人对这个问题的看法似古弗尼尔·莫里斯那般决断。他说，西部居民和西班牙的一战终究必不可免；为了密西西比河的缘故，他们也会毫无顾忌地将整个大陆卷入这场风暴。莫里斯强烈建议，将国会的全体代表人数，在东西两地依照财力而非人口进行分配。巴特勒也主张同样做法，拉特利奇附议。如此一来，所有的问题就都解决了，可以确保权力留在“可靠”的人手里。莫里斯接着又补上一句，再说了，我们有什么理由相信，那些落后的内陆乡区能够提供文明开化的治国人才呢？“政治人才的培育，在于人文荟萃之地，而非遥远的蛮荒边区；落后地区来的代表，总是嫌恶那些最好的方案。”

莫里斯一直到大会结束都坚持自己的看法，甚至在大会结束之后也是如此。他既挑剔又讲究，讨厌西部人，也讨厌他们的政治、行事和言谈，担心他们那吓人的潜力。“我惧怕内地乡区那股冷酷乖戾的脾气。”后来在宾州批准审定宪法的时候，他曾经写信给华盛顿这么说。莫里斯对他的立场从未放弃半分；从8月一直到9月初，他都在大会的委员会里修改宪法的第四条第三款，俾使新州无法无条件地加入联邦。莫里斯的构想，范围甚至远超过西北地区，涵盖到其他一些争议更大的地区，在很久以后他承认了这一点。“我总是这样想的，”他在1803年写道，“如果我们一旦取得了加拿大和路易斯安那，就应以行省方式治理二地，不容他们在我们的国会中取得任何发言权。在斟酌第四条第三款的字眼时，我曾想尽办法列入这项排除规定……老实说，我认为当初如果表达得更为明确，反对力量恐怕就会更强了。”

当时站出来坚决反对莫里斯的人数虽然不多，影响力却非常巨大：包括麦迪逊、舍曼、梅森、威尔逊，以及隔一阵子就起来表示反对的弗吉尼亚代表伦道夫。早在7月间，伦道夫就提醒大会，国会已经向新成立的诸州公开立下保证，表明“他们可以在同等条件下加入合众国”。伦道夫所指，是稍早时国会通过的决议，答应任何新加入邦联的新州，都可享有“与其他州同样的自主、自由和自立”。古弗尼尔·莫里斯一心想要把这给忘掉。

威尔逊说话有力，博学多闻，他在西部平等一事上所采取的立场绝不含糊。历来史家对于威尔逊着墨不多。他肩膀狭窄，喜着深色衣服，学者型的眼镜低低垂在鼻梁上，胖嘟嘟的下巴和两颊——的确不容易让人联想出一副气派尊容。在他的画像里，一双眼炯炯有神，好像准备随时射出智慧之箭。拉什医生曾说，威尔逊的心灵就像“一束光炬”。在大会的记录中，每当威尔逊起来发言，纸上就好像划过一道电流。这道电流，不是帕特里克 · 亨利那种刹那闪光，也不是古弗尼尔 · 莫里斯机智的光耀，而是一道不留情的智慧光芒。威尔逊说话的时候，从不多说废话，也不考虑任何人的感觉。

威尔逊表示，他“毫不担心”西部人才出色的一日——不论任何问题，都应该由多数支配少数，而不论这个多数出自何处。“如果内陆地区达到了这个多数，不管我们愿不愿意，他们不但应该拥有这个权利，他们也将会使用这个权利。”威尔逊暗示道，任何一个政权，都可能被嫉妒心误导。请看，嫉妒之心不就曾经误导过英国吗？“英国方面奉为金科玉律的致命想法就是，殖民地增长得太快了，应该及时予以限制。”结果如何呢？“却造成了我们这一方的敌意，最后导致双方真正的分裂。”如果东部对西部也走上这条老路，最后恐怕就只有导致同样下场。“更进一步来看，”威尔逊最后表示，“如果人口不是[代表比例的]最佳指标，为什么大家却一直找不出其他更好的法子来呢？国会就一直找不出更好的方法。”

麦迪逊也为西部说话，他把眼光放远向前看，他的话显示了他的深思熟虑。联邦大会最可贵、最令人惊服的一点，就是它和一般传统的政治集会相反，它容许自身接受那些有思想和有历史观点的人的影响。关于西部诸州问题，麦迪逊表示他“坚定并明白地主张，不论就正义或政策而言，都不该设有任何不公平的区分”。他以为，大家都过于低估西部地方对全体财政可能做出的贡献。一旦密西西比河开放给西部民众——只要他们的人数达到一个地步，就必有此需要，自当开放——西部贸易税款的征收成本将会“降低”，麦迪逊表示：“较之大西洋岸的各州，征收把握也高。”同时大家要记得，西部地区的货物必须经过大西洋各州方能出海，他们得为此付费呢。

对于古弗尼尔 · 莫里斯有关新州必须有条件才能加入的动议，麦迪逊也强烈反对。他说，西部地区“既不会也不该屈从这样一个把他们的地位降得比其他各州为低的联邦”。除此之外，麦迪逊尖锐地说，这位绅士（莫里斯）的立场前后并不一致。首先他建议南方对北方绝对效忠，接着又硬要大家防备西部的多数。这位先生是否用罗盘针方位来决定人性善恶？事实上，凡是对于有权的人，我们都应该予以某种程度的不信任……而“我们既然准许今后成立的西部各州加入联邦，就应该把他们当作兄弟一般看待，在凡事上和我们一律平等”。

梅森支持麦迪逊的立场。有趣的是，这两位弗吉尼亚州人，个性身份虽然完全不同，对西部问题却同样采取如此开放自由的态度，也都没有古弗尼尔·莫里斯的偏见。梅森说话往往带着感情，他表示，东部各州的强烈反对，是由于他们担心西部各州对大西洋地区的利益将有所不利。“难道就因为害怕对这些还不存在的新州有利，就牺牲我们明知为对的事情吗？如果将来西部各州一旦成立，加入联邦，他们就必须——我要再说一次——他们就必须被平等地对待，不应承受任何屈辱的差别待遇。”

这并不是梅森诉诸人性原则讨论的第一个题目。富兰克林博士先前曾在大会中表示，在他所知道的最坏的恶棍当中，有一些就是最有钱的恶棍。可是博士也指出，政府也需要那些能独立看事情的有钱人。梅森就是一个最好的例子。梅森说道，西部人“拥有和我们一样的自尊与感情，可是如果在各方面他们不能得到与其他兄弟同样平等的地位，他们就不会加入，又或会很快地叛出联邦”。梅森结语表示，至于一般以为他们很穷，无法贡献国库的看法，他不能肯定。但若假以时日，他们的人数和财富一定会超过大西洋沿岸的兄弟州；不过到那时候，他们恐怕早已经决定单独成国了。

麦迪逊的笔记把梅森的最后一句话给删掉了：“单独成国。”或许是因为麦迪逊不忍见白纸黑字记下这么一句话吧，又或许因为他不希望将来会场外有人看见这句记录。

卡特勒牧师从纽约抵达费城，住进印第安王后旅馆，此时大家正为此事争论得不可开交。卡特勒的任务非常明确，就是劝服联邦大会诸公，各州不论新旧，一律遵守西部土地买卖的合约。他早已开始向国会兜售俄亥俄公司的股份，并用计使得圣克莱尔将军当上西部地区头一任首长，而非原先的人选帕特南将军（当然，圣克莱尔是国会议长，这个因素很明显）。卡特勒的日记虽然记得很谨慎，却也相当生动，写了满满两大卷；他笔下有关费城的记述都很有意思。在卡特勒牧师的眼里，不论麻州的伊普斯威奇、麻州本身，甚至加上波士顿，都远远不及这个全邦联中最大、最豪华的大城来得高尚优雅。

卡特勒说，从他在印第安王后旅馆的房间看出去，可以望见河流和对面泽西的河岸，视野极好。而带他进房间的那位年轻黑人，打扮利落，身穿带褶饰的衬衣，头戴扑粉的假发。室内家具很美观，两期伦敦最新的杂志搁在桌上，小黑人还立刻找来一名理发师料理这位客人的头发。卡特勒遣人送了张条子给麻州代表斯特朗，很快就被引见了戈勒姆、麦迪逊、梅森、马丁州长、威廉逊、拉特利奇、查尔斯·平克尼及汉密尔顿诸人。大家相谈甚欢，直至次日凌晨一时才散。

卡特勒的日记不曾记载他们当天谈话的内容，可是这位仁兄是来做生意的，管他大会有没有保密规定，他一定会想尽办法把话题引到国会、《西北地域法令》、苍翠繁茂的俄亥俄谷地、西部七大区，以及如果宪法能够禁止各州干涉，此处将可带来的可观利润。纽约的国会议员都相当热衷购买俄亥俄公司股份，想来此地大会成员对这类机会一定也感兴趣，好抢在众人争购股份之前先得为快。卡特勒十九岁的儿子，将随第一批车队往俄亥俄出发，卡特勒自己在不久之后随后就到。卡特勒早有准备，向众人解释，他的计划可以让合众国付清四百万以上的公债。当然啰，大会不可能去阻挠一个这么好的计划吧?

卡特勒的个性似乎很难让人抗拒，代表们和他见面不久，就纷纷邀他上门做客。次日一早，这位新英格兰人就起床了，和斯特朗一道，往格里在云杉街的公馆而去。天气很冷，这时候城里还很静。可是让卡特勒大感意外的是，时间虽然才不过五点半而已，年轻貌美的格里夫人却已经起来和男士们同桌共进早餐了。而在波士顿，卡特勒写道，那里的女士们“不到九点是不见早餐桌的”。卡特勒并把格里两个月大的小宝宝大大地称赞一番，他在日记里头写道，世上很少有几位老单身汉像格里先生这么有福气，结了这样一门好亲事。而虽然有客人和陌生人在座，大家的相谈却能如此轻松愉快，不免令人感到稀奇。卡特勒的日记惊叹道:“良好的教育和嘉宾良伴多么有用啊！初识之间难免会有的那份僵硬与不自然，都因此一扫而空了！这种交谈的气氛，令最陌生的客人也感到轻松自在，而这份自然通常只有极亲密的朋友之间才做得到！”

卡特勒此人有股魅力，他热切地想看、想学、想改进自己的风度仪态。他在人引导之下参观州议会厅，发现这栋建筑比他过往看过的任何公共建筑都更华丽壮观。西厢楼下,宾州最高法院正在开庭，三位法官穿着猩红大袍。大法官麦基恩还戴着帽子，卡特勒认为很奇怪，虽然这是当时的习惯。岗哨“执勤，非常警觉”。

下午，卡特勒前往市场大街拜访富兰克林博士，他写道，自己感觉好像在晋见君王一般。可是当他们走进园中，博士就坐在他那株桑树下——“只见一位矮小肥胖的老人家，穿一袭朴素的贵格派衣束，头顶光秃，四周短发灰白。”富兰克林站起身来，请客人把椅子拉近一点，给他看一条在特拉华河捉到的两头蛇。博士正打算开口讲一个有关两头蜥蜴和联邦大会的故事，座中一位访客打断了他，请他别忘了大会的保密规定。卡特勒写道，富兰克林年纪虽然大了，举止却“非常从容，他整个人散发出一种自由自在、快乐的气息。

他幽默不断，带着出奇活泼爽朗的神气，就好像呼吸般自然不觉。他请我再来看他，可是我行程仓促，是不可能的了”。

卡特勒离开费城往他的目的地去了，至于他和代表之间到底发生了些什么事，没有人晓得，代表们自然也不曾像纽约的国会那么公开地（或者说那么地“向钱看”）响应他的要求。可是代表们曾经以私人身份招待过他，而他们似乎也颇能善纳他的良策。相信卡特勒牧师必可以告诉他在新英格兰的同仁们，俄亥俄公司之事看来大有可为，前途光明。

可是，联邦大会并未就此结束对西部设州的讨论，讨论将延续整个夏天。最后鲁弗斯·金在 8 月 28 日建议宪法援引《西北地域法令》某些重要字句，规定各州不得通过阻挠契约履行的法律。可是古弗尼尔·莫里斯却始终坚决反对到底，若非他坚持的缘故，宪法将会列入一项规定新州“应以与旧州同等的条件加入”的条文。在细则委员会开会研商期间，莫里斯把这一条给删去了。最后定案的第四条第三款欢迎新州加入联邦，只要后者不在未经有关当地议会同意之下，“便径在其他任何一州的辖区之内成州”即可。至于“处理并制定各项有关西部地区，或合众国其他产业的必要规定与管制条例”的任务，就很恰当地留给国会了。

1787 年 9 月之后，在各州批准宪法期间，西部问题再度闹大。在《联邦党人文集》一系列的文章中，麦迪逊和汉密尔顿把这个问题视为支持宪法版本的重要依据。他们提到分裂的威胁，西部可能的脱离，新州之间的猜忌，以及欧洲对我们未开发地区的贪婪。麦迪逊引用宪法第四条，声称如果联邦想要维持下去，这项规定“绝对有其必要”。对于其他各州的法令和事务，联邦一定得彼此给予完全的信任和尊重。不论何处，联邦的公民都应该拥有同样的特权及豁免权。这一切，都有宪法保证。

综观合众国的历史，我们可以看见它多次面临解体的威胁，可是由于南北战争之故，一般人都以为这类的威胁多半来自南方。然而我们必须记住，如果当年大会失败了，如果西部地区不曾在平等条件下加入联邦，随着国家向西部进发伸展，加以新州羽翼渐丰，接着而来的很可能就是一连串的革命、内战和领土的分裂。种种可能情况之下，美国疆界仅及于阿巴拉契亚山脉而止，也不是无法想象的。

1787 年 12 月，卡特勒一小队拓荒先锋，其中包括卡特勒之子，在卡特勒伊普斯威奇的家门前鸣枪，向家乡告别出发。他们黑色的篷车盖上，白漆大字鲜明地写着："前往俄亥俄马斯金格姆。"

第十五章 “大妥协”；为美国立王；休会十天；华盛顿将军钓鱼去

如果中央总政府得听命州级议会行事，那我们大可不必在这间屋子里开会了。

——迪金森，于联邦大会

富兰克林和华盛顿将军一样，从不放过任何可以影响公众的机会。也许就是富兰克林本人故意把这则虽乐观却有欺骗之嫌的消息，放给《宾夕法尼亚邮报》的吧。该报在 1787 年 7 月 19 日刊登道：“我们听说，大会众人意见如此同心，甚至有人建议将会议厅命名为——同心室。”

事实上大谬不然，代表一点也不同心。三天以前，大会才通过那个后来称之为“大妥协”的建议，规定合众国参议院每州得派两名代表，这将会抵销众议院每四万居民可派一位代表，遂使大州占上风的比例规定。今天也许会有人批评，大会此举差矣，参议院应该像众议院一般采用比例代表制，但是当初正是幸有这个“大妥协”，否则联邦大会恐怕再也开不下去了，因为从一开始这个问题就是最大的争执焦点。马丁后来写道，为了这个问题，“大会几乎解体”。也就是这个问题，加上其他烦恼，使得华盛顿在 7 月 10 日写信给汉密尔顿，表示危机四伏，他“几乎绝望”。

要是当时的暑气一直不消，代表们恐怕永无达成协议之日。7月16日星期一，在暑热煎熬了足足一个月之后，费城的天气终于凉快下来。星期五的时候，西北方向吹来一阵清风，因此大家才能在周末好好轻松了一阵，总算可以在市场大街，或第二街的河对岸斜坡之处，在他们各自寄宿的狭小房间里，舒舒服服睡上一觉。而且连蚊子都好像安静不少，虽然正午时分大街上仍然可以看见马蝇成群疾飞。

小州对妥协之议甚感鼓舞，大州则提高警觉，尝试重组阵脚，强化阵营。虽然大会已对此事予以表决，可是按照议事规定，他们大可卷土重来。不过大势已去，大州败象已定，到7月17日以后，大家就对这个问题放手了。从现在起事情好办得多，小州也愿意配合大州在其他许多问题上让步。现在他们感到安全多了，不再受那些气势汹汹、咄咄逼人的大块头威胁——也就是弗州、宾州、麻州三大州,或它们三者任何形式的结合。代表们满怀希望地向朋友报告，大会“几乎已经就制度的大纲与原则达成全面协定”。北卡的戴维在信中写道，他很快就可以回家了。神秘的是，戴维又加了一句：“你信中问及的两位大人物,行事出奇地慎重。他们两人的情况虽然有异，却都极为古怪微妙。”

戴维信中所指的，也许是他南北两卡的两位同事。可是如果他指的是华盛顿，后者在大会中的确一直保持着沉默。不过华盛顿并不刻意掩饰自己的感受，常常以微笑或皱眉方式，表示赞成或反对意见。如果戴维所说的另一位“大人物”是富兰克林，博士的审慎，却容许自己不时地在人前露点有关大会的口风。不过博士的欢愉开朗有其限度，从未真正泄露真相。而且富兰克林真想要守密的时候，就一定守口如瓶。

代表们一定很密切地注意着将军和博士的动向与反应。富兰克林表示，他对“大妥协”的结果很满意。7月18日，他送了个口信给他在纽约的爱徒与忘年交、革命英雄约翰·保罗·琼斯舰长："大会进行顺利，圆满成功指日可待。"

博士极为乐观，这是他的天性。而在事实上，大小州间的争执根深蒂固，余波将会延续好几年。在接下来的整个冬天里，代表们分别就此事向本州的宪法批准会议报告。斯特朗告诉他在波士顿的同事说，要不是有这个妥协的出现，联邦大会"几乎快要拆伙了"。马丁则在安纳波利斯宣称，甚至连富兰克林先生也发现实在没有其他法子好想，只好认可参议院各州席次平等。1796 年，当大家就杰伊所提的对英条约争执不下之时，华盛顿总统也会告诉那个满怀敌意的众议院：小州的自主权与政治安全，完全有赖同权平等的参议院议事权。1803 年——另一个紧要关头——新泽西的戴顿提醒参议院：当初的制宪诸君已经对大州的联合阵线提供了牵制之法，规定在国会其中一院里各州席次均等，另一院则按比例分配。1830 年，当各州群起拒绝遵行宪法的风潮甚嚣尘上，南卡罗来纳的查尔斯·平克尼告诉国会：1787 年的联邦制宪会议曾就"大妥协"一议，"不厌其烦地讨论了将近六周"。他说："当时唯有大州的谨慎及自制，方才拯救了邦联。"

南卡罗来纳可算是个不大不小的中间州。不过当年小州也都有所自制，显现出耐心。麦迪逊老年时曾在致友人的信中，明确地为此事作过见证。他还说，当年大会具威胁性的争议，并不像大多数人所以为的那样在于应授予中央政府多少权力，而是在于"各州在政府中的席次及表决权的规定"——这个问题是"制宪期中我们所遇到的最具威胁的问题"。

"大妥协"通过约一周以后，新罕布什尔的两位代表终于姗姗到会——足足迟到九周之久。大会知道他们之所以迟到，是因为他们一直等到该州州长兰登终于愿意负担旅费方才动身。其中一位，吉尔曼写信回家表示，大会有待解决的问题还多着呢。他说："意志薄弱的心灵主张软弱的做法，把旧衣服钉补一番就罢了；而强有力的心灵……则鼓吹高调的君主制。”

高调，是此时流行的俚语说法，专门用来形容强大、中央式的政体——也就是汉密尔顿想要推动也因而使他被人指责的那种政府。可是当时人对“君王制”一词的用法，令今人吃惊。为什么新罕布什尔的吉尔曼会说“强有力的心灵”（当然是最好的心灵）喜欢成立君主制呢？老爱国志士沃伦的夫人默茜，她也是革命党人奥蒂斯的姊妹，此时正忙着编一部《美国革命史》，最后出版时一共三大册。这位默茜女士可是位令人肃然起敬的厉害人物，是位拥护塞缪尔·亚当斯的老爱国分子。她认为革命被大家一步步地背叛了，而且极其偏袒州权。她写信给每一个人，搜集资料，提出爱国忠告——大家也都作复，包括远在英伦的约翰·亚当斯。1787 年 8 月沃伦夫人致伦敦那位女学者凯瑟琳·麦考利的信中写道，美国“有批年轻的狂热分子……大声疾呼要君主制”。这些人,“追求的是官职,目的是酬劳”。而且他们背后有辛辛那提协会撑腰，声势浩大逼人，她说他们“随时准备向国王的令牌屈膝”。

不管沃伦夫人是否有夸大其词之嫌，她的话却也显示出当时一种趋势。不过话说回来，要是说这些活力充沛、年轻热忱的心灵，竟然真的大胆鼓吹有悖美国精神之事，岂不可怪？或许，汉密尔顿正是这类人物的好例子。他本人年纪轻，一片真诚热情，心灵充满活力，雄心勃勃，一个由选举诞生的君主制正合其意。他看不出终身制的元首有什么妨碍一个真正的共和政府运作之处。一个世代之后，鲁弗斯·金在合众国参议院中提醒某位年轻后进，1787 年的大会并不以为替美国设立君主制是什么恐怖的事。这位新英格兰人士表示，大会代表都曾是在君王统治之下长大的忠诚子民，对“王”这个字习以为常。约翰·亚当斯也在 1789 年质问舍曼，我们的宪政到底不过是个“君主制共和，还是——如果你喜欢这么说——有限君主制”。“我们总统的任期，”亚当斯辩道，“虽然不是终身，只有四年，可是在这四年之中，权力却比瑞士议长、古罗马执政官、中古意大利行政官、威尼斯共和国总督、荷兰省长，都要强得太多。甚至比波兰国王、斯巴达王还要更大。”而在18世纪90年代初期，古弗尼尔·莫里斯被任命为驻法公使，梅森即称其人的政治信念使他不适任这个职务。梅森说他曾听过莫里斯在联邦大会中直接表示：“我们迟早得有君主制（虽然我以为他当时用的是专制暴君这字眼），而且我们最好在还可以和他谈条件的时候，越早接受他越好。”另外值得注意的是，当时政坛有位尖酸刻薄的马克莱，于立宪后第一届国会中代表宾州担任参议员，也曾尖锐地在日记中记过这样一笔：“1789年6月5日，昨日是英王陛下他老人家的寿辰纪念。这可真是个大日子，有人因此热烈地庆祝着。那反革命的老酵母发了整团面，我们也没法子不让国会受到他们的影响。”

为美国立一位王！革命大业完成后的爱国人士竟然允许自己有这种想法，真令人不敢相信。“我惊呆了，”1787年的这个夏天，杰斐逊写信给一位国会议员，“竟有人认为设立君王式政体才能挽救大局。”北卡罗来纳的威廉逊发表下面这个意见之时，联邦大会的议程已经进行过半：“不定什么时候，我们铁定会有个王。”威廉逊以为，设立单一的行政长官，事实上就等于一位经由选举产生的国王，而且这个职位也确实“带有国王的味道。这样一位首脑，必将不遗余力使自己终生留任，而再下一步就是让他的子孙世袭了”。任何可以“尽可能久地延阻此事发生”的预防措施，都不可以略掉。

大会进行了不下六十次的表决，才决定总统的选举办法。代表们一再回头讨论，每次都好像从来不曾讨论过一般。大会曾五次投票赞成由国会任命总统人选，一次反对。还有一次，又赞成由各州议员选派的选举人负责，同样建议也遭到过两次反对。然后众人又再度投票，把整件事情重新考虑一次。麦迪逊始终反对普选，其中一个理由是大家往往会偏爱本州出来的候选人，这样一来小州就又吃亏了。

至于行政部门组织一事，大会也同样地一再重复投票。此外，总统可以被弹劾吗？如果可以，他就不该被称作君主了，国王可是不能弹劾的。古弗尼尔·莫里斯认为，总统应该可以弹劾。“他可能会被大势力贿赂，背叛人民对他的信托。”莫里斯提醒代表们，虽然大家总以为英王不可能被人贿赂，事实上查理二世确曾接受过路易十四的贿赂。莫里斯说，然而，美国的首脑“不是国王，只是首相，人民才是国王……而阻止君主式政府产生的方法，就是建立能使民生安乐，从而防止人心思变的共和政体”。

如果总统可以连任，一任又该多久呢？这个问题又让大会迟滞不前了好久。到了冬天各州召开专门大会批准宪法的时候，这个问题也将再度出现。亚历山大·汉密尔顿主张长任期，他在《联邦党人文集》中问道，如果有那么半打的前任总统，“在一般老百姓中间，像不满足的游魂似的到处游荡，为那个他们今生注定不能再拥有的位置长吁短叹”，那么国家还能保持和平稳定吗？富兰克林在大会中强烈支持总统有被连选的资格。为什么首脑大人一朝下野，回到人民当中，就会像代表们想象的一样，感到降级了呢？这种想法大大有违共和精神。“在自由的政府里面，统治者就是仆人。”富兰克林说道，“人民才是他们的上司和君王。前者回归民众之中，非但不是贬黜，反倒是擢升了。”麦迪逊的笔记里，特别把“贬黜”、“擢升”两词划线强调。

有关总统权限及总统特权一事的讨论，巴特勒的信件为我们留下一个有趣的注脚。巴特勒来自具有贵族气质传统的南卡罗来纳，他在国外出生长大，很喜欢在人前夸耀他和英国贵裔珀西家族的表亲关系。不过尽管如此，巴特勒在本乡本土却很维护那些穷乡僻壤没有投票权的贫穷拓荒人的权利。大会结束之后，巴特勒致信其子，提到大会已经裁决赐予总统“其大无比”的权力——比他的主张超出许多。他个人认为，若不是许多代表都把华盛顿将军视为第一任总统，这些权力的范围本来不会这么广泛。“因此，”巴特勒在信中作结论道，“这位人士，因着他的爱国心和美德，对他祖国的解放做出了极大的贡献，却在不知不觉当中，致使他的国家在他下台后，颇有流入高压统治的可能。”

大会揭幕后的第三个月，为美国立王一事濒临重要关头。一家报纸报道，有人发起运动，十分令人不安地坚持邀请“奥斯纳堡大主教”，也就是英王乔治三世的次子前来美国为王。这个谣言之火烧遍全美各个城镇，最后才查明原来系出自康州一位效忠派人士。此人发出通函，建议既然各州没有好好统治自家的智慧，不如请主教来此为王。华盛顿的友人戴维·汉弗莱斯上校也曾记载某次晚宴上，这位主教大人甚至是头一个被指名举杯致敬的对象。

大会很快采取了行动。《宾夕法尼亚日报》上出现一份声明，提到某些“无聊报道正在流传各地”，而许多代表也都收到一份。“对于这些报道，”《宾夕法尼亚日报》写道，“大会已经给予一致答复，那就是我们虽无法肯定地告诉各位，我们到底在做什么；我们却可以告诉大家，哪些事我们绝对不做——我们从不曾考虑为美国立一个王。”不过《独立志》却也刊出一则与此事有关的轶闻，费城基督教堂尖塔的冠顶被闪电击坏取下修理——还用大写印出“冠顶”(CROWN，与“王冠”同字)。一位旁观行人问道，要如何处理这个冠顶呢？“一个淘气男孩应道，”报上报道，“也许我们该等大会解散，看他们作何建议再说吧。”大会结束之后，美国立王一事再度成为选举期间的政治资本。1788 年 5 月，马里兰代表默瑟在大会期间写的一张字条，掀起了轩然大波。听说字条上面列出所有赞成为美国立王的大会代表名单，麦克亨利和马丁就抄有一份。马里兰的卡罗尔，原是该州决定派往国会的初步人选，据悉他的大名就赫然出现在这张该死的名单上面。一时之间，大家互揭疮疤，彼此对骂，票数有得有失。最后还是默瑟出面表示确无其事，风波方才告息，卡罗尔才得成行。

可是君王传统在美国很难立去。当参议院面对总统职衔应如何尊称的问题时，约翰·亚当斯虽非君主主义者，却主张应该尊称为“合众国总统暨合众国自由之护法大人阁下”。他认为，任何一个逊于这个头衔的称呼，都与总统职位之权威崇高，以及我们国家的富强众民不成比例。可是众议院不同意，因此华盛顿及后来者的头衔就一直是简简单单的“总统先生”。

7 月 26 日星期四，大会任命了一个小型委员会——他们称之为“细则委员会”——任务是将大会的各项决议、建议、修正、提案一一罗列出来，整理安排成为可用的格式，或者依华盛顿的日记所称，“将大会业已同意的事项整理出章法，作为合众国的宪法”。不过，大家并不期望委员会里的五位成员——弗州的伦道夫、宾州的威尔逊、麻州的戈勒姆、康州的埃尔斯沃思，以及南卡的拉特利奇——能替宪法弄出一部完稿来。委员会也只把自己的成果称作一份以大会目前为止业已通过的二十三条决议为基础的“报告书”。及至 8 月 16 日为止，委员会共有十一天时间来准备这份报告。在此同时，大会暂行休会。

报纸上刊登了休会通告。于是包括代表在内，以及会外对会议极感兴趣的人士，纷纷掀起写信潮。北卡罗来纳来的一位代表，在信中为自己不能提供更多消息向其州长道歉。他表示，守密规定确有必要。“许多未成熟事体”，每天在会议场上发生，“一旦外泄，可能会让那些容易受蛊惑、不会思考的善变心灵产生某些不当印象”。麦迪逊的父亲则因为没有大会消息大感不快，写信建议其子至少应该让他们知道，大会到底不做哪些事情。杰伊写信给约翰·亚当斯表示，代表们已经“就其计划的主要原则达成协议，并任命委员会将之起草成形。可是连我们也不知道详情，而且我相信最好还是不要知道为妙”。年轻的门罗发给杰斐逊一份语意不详的模糊报告，只说他担心要是大会的建言不为国人接受，国恐将亡矣。不过他相信只要有华盛顿将军在场，“一定会吓倒并镇住那些恶魔”。而且他也深信，将军在新宪上的签署，“必将保证邦联各地也顺利通过”。

至于将军自己，则骑上座骑与友人一同下乡钓鳟鱼去了。这一段时间里面，他仍然和罗伯特·莫里斯夫妇住在市场大街上。主人家形容，这位客人出奇地安静谦逊。这是华盛顿的一贯作风，他每日开完会回来，就悄悄走进屋子，不需要人通报。因此，往往没有人知道将军回来了，一直到大家发现他在整理笔记，或安静地坐着沉思。将军对莫里斯夫人的治家之道极感兴趣，他写道，她是“一位极会持家的主妇”。最后他还向她购买了架轧布机，二手货：“我想他们是这么说的。”在给秘书托拜厄斯·利尔的信中，他这样写道。

历代以来，华盛顿的名声一直有所变迁。在他有生之年，不论是担任独立革命军的总司令，还是合众国的总统，都曾遭人激烈批评；尤其是在总统任上，当法国革命使得各州冲突愈发严重之际。可是随着岁月过去，党派恨意渐消，华盛顿的传奇开始传扬，依各时代的风气有所消长。华盛顿曾被人视为美国圣人，威姆斯牧师笔下一本正经的道德之士、败军之将、指挥将才、思路慢半拍的乡间士绅，一位坚定可靠却面目朦胧、显然是石头做成的人物，嘴里的假牙装得不好。常为他画像的皮尔说，将军有对“猪眼”（灰而小），容貌举止有阿波罗的风采。另一方面，名画家斯图尔特说将军双肩高而窄，手脚过大，和身架不成比例。法国雕塑家乌东为他做的胸像及面模，则显示一张极为英俊的脸庞，双眉匀整，面部骨骼强壮，两眼深邃，距离极宽。

当时对华盛顿各种不同描写中，有个特色却似是大家一致公认，常常被人提起。“他有着一种异乎寻常的尊严气概，极为优雅的风度。”

一位英国人在1780年写道。“他举止从容，”巴贝马布瓦记道，“全身带有一种军人的仪表风度，极具男性气概，五官却不因此有欠柔和。我从未见过任何人有他这般有礼的自然风范。”

华盛顿除了这种“高贵，温文有礼”—— 一位人士曾经这么形容——的风度外，还有着一种远超社交皮相的内涵，这种气质深深地打动每位见过他的人。约翰·亚当斯夫人曾于1775年在波士顿附近的营区造访华盛顿。阿比盖尔口舌犀利，不习于恭维他人。但见到将军，她却不折不扣地引用了英国诗人德莱顿那极为夸张的诗句来称颂将军——她说这诗句“猛然就涌上了”她的心头：

> 注目他的威容，他是庙堂
> 生而为圣，神力亲塑；
> 他的灵魂，是居于其中的神祇；
> 如此威形，配得神在。

英国史家特里维廉则认为，战时华盛顿对其法国盟友的影响，“极可归功于其人发乎外观的尊严与魅力……这种外在的天赋优点，很少人能轻看，那些本身不幸无此优点之人除外”。而罗伯特·莫里斯曾对邻人表示，华盛顿是“唯一让他见了感到敬畏的人物”。将军去戏院观戏的时候，众人喜欢盯着他看，注意他打心底发出的笑声。就任总统之后，虽然并没有头衔尊号，而且照当时一位人士的说法，华盛顿本人看来“也丝毫不带虚矫，完全就像是个平凡安静的公民百姓，可是大家跟他说话，或提起他来的时候，一般还是敬称他为总统大人阁下”。一位弗吉尼亚的上校抱怨，将军正式接见人的时候，鞠躬的姿态比起人家真正的国王还要疏淡僵硬。华盛顿无可奈何地回道，他已经竭尽所能鞠出最好的躬了。之所以僵硬，一定是由于年纪大了，或是当初老师教得不好——绝非出于总统一职的骄矜尊贵，“老天知道这个职务对我毫无吸引力”。

有些人天生就有演戏或演说的才能，而华盛顿的天赋似乎却在于他的个性。他热情，脾气虽坏，却极富自制力。他在弗农山庄家里的人都不怕他，没听说他家里有畏畏缩缩的小孩。他写给年轻人的信，也不像杰斐逊写信给女儿玛莎时带有的那种冷峻的训诫口吻。

有个小故事流传着不同的版本，是关于1787年夏天古弗尼尔·莫里斯和将军之间发生的事。也许这只是传闻，不过传闻却常有几分真实性。莫里斯在人前表示，这世上他谁都不怕，汉密尔顿就同他打赌，说他绝不敢在将军背上拍一记来打招呼。几个礼拜后，胆大无礼又自信的莫里斯欣然走进一间客厅，发现华盛顿就站在壁炉旁。“嗨，将军！”莫里斯招呼道，一面把一只手放在华盛顿肩头，将军一言不发。莫里斯马上就知道自己造次了，他后来表示，当时自己准备从地板上找个缝钻进去。

在这样一个各州吵闹不休、争辩得面红耳赤的大会里面，能够有这么一位遥不可及的主席坐镇，确是一桩幸事；在这个人的身上，所有那些小嫉小怨——当年还是名年轻尉官之时明明可见——如今都已征服放下。“我认为虚荣不属于我的性格。”华盛顿曾经简单地写道。而大家也可以感受到他这种个性对大会造成的影响力。众人可以看到将军坐在主席位上主持大会，表情严肃，全神贯注，当他的脸孔转向灯光的时候，上面的小疤隐约可现。大家也可以感觉到他的焦虑、他深深的投入。华盛顿曾写道：“要达成目标，光做个被动的朋友在一旁诚心祝福是不够的。”我们也记得在各州批准宪法的时期，弗农山的一位访客表示将军急于希望宪法通过，他从未见过将军对其他任何事情有过如此热切的期待。

华盛顿的日记记道，1787年7月30日星期一，“和莫里斯州长一同搭其四轮马车，并带着我的马，前往福吉谷附近一个名为简·穆尔的人家中住宿并钓鳟鱼”。7 月 31 日星期二，“莫里斯先生钓鱼之际，我骑马往 1777 年、1778 年冬美洲部队的老兵营走了一趟，看了那里所有的防御工程，如今都已荒废破落。还去看了林子的旧营地，那里的地到现在还没有开垦”。

酷热的 7 月里，将军独自骑马走访自己的老营地。如今在这些工事之间，是成片犁过的地，他骑经的坡地，尘土干燥飞扬。福吉谷当年所有的防御工程都已成了废墟。在这样一个时候，为可怕的过去感伤，为现在的和平庆幸，为夏日，为即将来临的秋收感恩——除此之外，一个感慨万千的人不知道还能想到些什么呢？将军回到朋友那里，在向晚的溪流垂钓。

第二天雨下不停，一行人返回费城。大会成员在休会期间分散四处。舍曼和约翰逊已经搭车返家回康涅狄格；皮尔斯 · 巴特勒则在纽约，和他从南卡罗来纳接上来的家人团聚——因为他认为“费城对健康不大好”。平克尼将军也已经驾着他的两匹棕色好马，一路往伯利恒欣赏风景去了。马是向贵格派商人雅各布 · 贺兹默购得，后者告诉他一路如何玩法，以及沿途最好的客栈。

周六晚间，8 月 4 日，费城“歌剧院”登了则音乐会广告，音乐会后还有一出“滑稽道白五幕剧”《慷慨的美国人》，接下来是两幕滑稽歌剧《大锁》。这一晚想来实在热闹。将军躲开了去钓鱼，这一回他是往新泽西的特伦顿附近钓鲈鱼，此行根据他自己所记，“较有斩获”。将军并抽暇参观特伦顿铁工厂，大家听说了都很欣喜。根据《宾夕法尼亚邮报》描述，这家工厂“拥有全美最大、设备最好的锅炉，正在把十四吨的铁打成钢。将军阁下高兴地对铁工厂表示赞许”。

将军阁下其实对福吉谷四郊的荞麦也颇感兴趣，并向当地农人请教如何栽种，如何用作牛的饲料。将军的日记这样记载，和厨余拌在一起，“用来喂猪最是理想，可以养得肥肥胖胖”；若掺上爱尔兰马铃薯，“给正在断奶的小马吃也很不错”。

第十六章　细则委员会；奴隶问题的妥协

就算远在五十年后，我也不甘心美洲大陆陷入四分五裂。

——约翰·亚当斯致威廉·图德，1789年9月18日

8月6日星期一，细则委员会的报告准备好了。五位成员工作得很辛苦，他们并不认为自己向大会提出的报告是合众国宪法的最后定稿。对大家来说，这只不过是再一次修正《弗吉尼亚方案》罢了——这整个夏天进度中的另一阶段。

细则委员会辛苦的成果，可以从伦道夫和威尔逊两人所写的大量草稿中一探究竟，上面还有鲁弗斯·金那细长字体加注的修改。梅森留下来的文件档案当中，有一份非同小可的文件，出自伦道夫的笔迹，内容正是宪法应如何编写的一些构想——大概就是这五个人坐在会议厅旁那间图书室中集思广益而成的想法。所谓根本大法，伦道夫如此称之，首要的是，只须列入基本的必要原则，以免政府运作受限于不能改变的死规定，而这些事情原应随日后时事变迁而有所调整。宪法使用的文字应简洁，标示出一般性的主张即可，“因为根本大法的写法，和一般法律不同”。

至于宪法正文之前的序文，委员会有些犹疑。所谓序文，伦道

夫写道，其目的在厘清政府和人类政治的目的——这种工作比较适合学术界来做，或于一国政府初成立时宣布。而我们在这里的工作，伦道夫说，“对象并不是尚未结集成社会之人的自然权利；而是被社会改造、又与我们称为州权的权利交织之后的自然权”。此外，序文中也不适合提出任何保证彼此诚信的誓言。“这种誓言可以比照当年《邦联条例》的做法，以一种更为严肃的形式，放在草案结尾宣示之。”而这篇特别序文的目的，应该只是：“扼要地宣告，目前的邦联政府不足以促进全体幸福，因此有此大会之诞生；针对此一缺陷，大会所能提出的唯一有效方法，就是设立最高的立法、行政及司法部门……”

“(如此，我们可以交卸第一桩决议)，”伦道夫在括号里加注，“接下来就可以宣布，以下即合众国宪法和政府组织大纲。”

有人竟可以用这么单纯的方式，处理这么复杂又极其重要的大事，不免令我们惊讶不已。委员会里众人经验非常丰富，可是他们却依然非常努力并谦虚地将序文的功用解释清楚。所谓法案之前的序文，毕竟在好几个世纪以前就出现了。英国下议院一向用序文向民众表达他们的观点，并派专人在街角宣读——伊丽莎白女王对此可没有好感。都铎王朝的主君们，不觉得有为人民解说新法理由的必要。法律出自君王，代表君王的威权；法律是用来遵守的，不需要解释。

可是政事问题就像婚姻问题，每一代、每一种状况，似乎都得用不同的方法处理。每一代也必找出他们自己特有的文字来表达。记得 1774 年间波士顿港口被英方关闭之后，弗吉尼亚希望正式表示一下关切，杰斐逊为此大伤脑筋。可以找出一天来，大家一起禁食祷告以示同情支持，可是如何定出这样一个日子呢？又如何宣布呢？杰斐逊和友人从架上取下拉什沃思的《历史文集》，细读斯图亚特王朝时代的国会记录——“搜遍各处，”杰斐逊记道，“寻找这方面的革命先例与形式……然后杜撰出一条决议案来，句子改成现代语气……定出一个禁食、谦卑、祷告的日子来。”

1787年之后，欧洲各国将兴起一片制宪潮，可是到了1815年又几乎可算是突然地中止。在这段制宪热潮之中，某些词汇大为流行：“公共福祉”、“全体幸福”等等。美国是首先制定出这样一部宪法的国家，看看当年伦道夫如何遣词用句也是很有意思的：政府必须“足以促进全体幸福”。这年夏天后期，文本委员会将负起把宪法文字修饰成书面语形式的责任，用词讲究，非常出色。而目前在8月间，细则委员会所做的这份报告书则是以《弗吉尼亚决议案》、查尔斯·平克尼方案、佩特森的《新泽西方案》、《邦联条例》，以及各州州宪为参考的架构。“所谓合众国宪法，”一年之后，约翰·亚当斯曾经大声疾呼道，“不就是麻州、纽约、马里兰州宪罢了！宪法没有一样特色不能在这几部州宪里面找到。”

约翰·亚当斯具有一种令人尴尬的史家本色，凡事喜欢追本溯源。当年他曾参与起草《独立宣言》的委员会，多年后却冷冷表示，那份东西实在没什么新意，只不过是大陆会议两年来炒作多次的旧玩意……现在，细则委员会也是参照桌上那些已经写就的范本去行。可是若真要追根究底起来，委员会五位成员——以及大会众人——都可以在这些文件的背后寻出一个更为久远的政治联盟文字契约传统：从《马萨诸塞自由典则》、《康涅狄格基本法》，一直到1754年富兰克林的《奥尔巴尼联盟计划》、1774年的加洛韦方案，以及《邦联条例》，一系列的成文约定：团体规约、盟约、宪章、契约等等。这些盟约和计划，并非均告成功。但是它们所本的精神，却都以立宪政府的中心原则为基准；而这个中心原则，也就是罗杰·威廉斯在许久以前就表示过的“公民权力，或谓以民意为依归”。简单地说，美利坚各州早就已经习惯把公民召集起来，共同拟定出一套基本法。“众人同意，”康涅狄格的温思罗普州长曾在他1635年的日记中写道，

“应指定特定人选制定一套基础法条，类似 1215 年的英国《大宪章》，既经部分阁员与总法庭同意，即应为全体接受为基本要法。”

细则委员会将他们的报告分款列节，一一写就，交由费城的邓拉普连夜整齐清爽地印出来。8 月 6 日，南卡罗来纳的拉特利奇在州议会厅把报告发给大家。这天出席人数寥寥无几，多数代表们还未从十天的假期回来。摆在出席代表手中的这份报告书，是一个极为清晰的政府蓝图，权限明列，立意大胆，而且是“国家式”的，以作为个人的人民为对象，而非作为法人集合体的州。

这份文件的内容，虽然没有一项不曾经大家讨论、争辩，却仍然令人胆颤心惊。现在见它一节一项如此清楚明白地具体陈述，不由令人害怕，而且再度谨慎起来。根据大会规定，任何条文都可再三讨论，甚至重复投票表决也无不可。于是众代表又将争执五个礼拜，最后才会达成协议，同意将文件交由另一个新指派的委员会在文字上做最后修订。

6 日这天把文件发到大家手上之后，大会立刻再度宣告休会，代表携走文件开始讨论。马里兰代表团在卡罗尔的宿处聚集：麦克亨利、卡罗尔、马丁、默瑟（刚刚才抵达费城），以及那位温文的单身汉，丹尼尔 · 圣托马斯 · 詹尼弗。最令麦克亨利起戒心的，是那项授权国会批准航运法、征税，并“管制诸州间商务事宜”的条文。麦克亨利认为，这项规定无疑意味着，“最为要紧的贸易利益”将掌握在最大的四州手里。那么南方的出口贸易，他们的烟草、稻米、染料特产，会有什么下场呢？麦克亨利写道：“要是我们无法更动这项超乎常情的权力，我们就几乎要为马里兰的商业前途感到颤栗了……我们一致同意，本代表团决计不能同意本款以这种形式存在。”

一整个夏天，这个问题不断被大家提出来激烈讨论，最终在一种有点粗暴的权宜味道之下，借由奴隶问题的协议而解决了。北方诸州同意，国会不得只凭多数通过就批准任何航运法，必须在两院均达三分之二票数时方可成立。北方并且同意，奴隶进口税每名不得超过十元；而且众院代表人数与税金的计算，每五名黑奴可等同三名自由之身的白人居民——这就是所谓的“联邦比例”。为了回报，南方也愿意让步，同意在 1808 年终止奴隶的进口。

汉密尔顿后来表示，当时若没有这个联邦比例，“联邦就不可能成立了”。事实的确如此，而且，如果众人不曾就奴隶问题达成妥协，宪法也根本就不可能通过。当时摆在大会面前的问题，并不是奴隶制度应否废除，而是谁有权来主宰奴隶问题——是让各州自行决定，还是由国家政府统一规定？就大会此时决议的宪法条文看来，国会可以控制奴隶的流量，一如国会可以管制所有商贸事宜。

不过每当这个问题出现，代表们也都直言不讳而且出之以基本的道德观点。舍曼表示，他认为奴隶贸易是种“邪恶不当”的事，不过他觉得自己也不会做出任何反对。古弗尼尔 · 莫里斯也宣称，奴隶制度是“邪恶制度，是上天加诸行此制度之州的咒诅”。你只要到全美各地走一遭就知道了！莫里斯愤怒慷慨地陈词，说和那些不行奴隶制度的自由州比比看——自由州“有着富足而高尚的自耕自作……而弗吉尼亚、马里兰，以及其他几州蓄奴地区，却是一片不毛荒芜，笼罩在悲惨贫瘠之下”。如果情况需要，如果黑奴起来反抗他们的主人，难道北方就得被迫下水，派遣民军去帮南方卫护这样一种制度吗？“可怜的非洲人哪！”莫里斯疾呼道，“迫贫为奴，一向就是贵族政治的产物！”（其实当时纽约州也拥有两万名奴隶，莫里斯却选择不提。）

他这番话的确大胆。古弗尼尔 · 莫里斯只要一站起来发言——只见他一根木腿，拄着坚固手杖，双目炯炯发光——不说完他的滔滔伟论，罕有停止。

拉特利奇则直截了当地表示，宗教、人道都与此事毫无关系。“各国治国之道，向来以利益为依归。”18 世纪之人，绝少讳言掩饰统治者或国家的统治之道，拉特利奇此言亦非反讽讥刺，他只是想把大会的讨论方向从人生权利观转到方便商贸行事，他的目的果然也达到了。拉特利奇表示，问题的真正症结在于“南方各州是否应成为联邦成员”。而且，北方若审视自己的利益所在，恐怕也不会反对增加奴隶进口，因为可以从中获取运输利益。康涅狄格的埃尔斯沃思则建议，将问题留交各州分别决定：“一方得利，整体得利；各州才是判断自身特定利益的最佳人选。”此外，旧邦联也未对此事插手啊，埃尔斯沃思不认为此事有列入新联邦政策的必要。查尔斯·平克尼则直言表示，南卡罗来纳绝不会赞同任何禁止奴隶贸易的政府。但是，如果把这问题交由各州自行决定，南卡可能会“自动做到大家希望它做的事情”。

这是句永远流行的口号：何不让各州自行决定，这样它们就会好好地干，就会向大家证明自己确是美国大家庭的模范成员。可是梅森却完全不吃这一套。8 月 22 日，舍曼再度表示，虽然他并不赞同奴隶贸易，废奴似乎确也在逐渐进行了。各州都是讲道理的，自然会慢慢做到这一点；因此他认为最好别去碰这事，免得为新政府制造出更多的反对来。针对舍曼此言，梅森站起来发表了他那篇著名的演说。

梅森说出这一番话很有他的立场，也很能够让他南方同事洗耳恭听。大家都知道，他那大农垦场内一共役使着两百奴隶，而且如果可能，他们的主人早就要放他们自由了。“这炼狱般的买卖，”梅森开始说道，“源于英国商人的贪婪！弗吉尼亚一再想要停止，英国政府却千方百计阻挠。”

他这种说法，代表们能接受到什么程度，确是个疑问。大家都记得很清楚，杰斐逊曾在《独立宣言》草稿里恶骂：“大不列颠国王让人成为市场上买卖的商品，而且还滥用他的否决权，不让弗吉尼亚立法遏止这种可憎的商业行为。”（可是国会在批准《独立宣言》

之前，把这段话全删了。）不过梅森仍然信心十足地引用这个老说法开场，然后便以高调的道德口吻，而非权宜——所谓“利益”、商业、船务、利润——探讨奴隶问题。“[奴隶] 对人类的行为举止，产生最为恶劣的影响。但凡蓄奴者都是天生的小暴君，他们使国家招致天国的审判……奴隶制也挫止艺术、制造的发展。穷人看见奴隶做工，就因此轻看劳动……请看西部居民，”梅森愤慨地说，“已经在叫嚷着他们新得的土地需要奴隶干活了。如果我们任由他们取道南卡罗来纳和乔治亚去买得奴隶，他们很快就会把那个地区搞得到处都是奴隶了。我认为不论从任何观点来看，这个中央总政府都绝对应该有权力阻止奴隶制度蔓延……”“我觉得非常难过，”梅森还热切地表示，“我们在东部的兄弟们（新英格兰人）由于贪图利润的缘故，竟然参与了这个邪恶的奴隶运输。”

这话一针见血，于是拥有船只的代表们立刻开始出言辩护。埃尔斯沃思冷冷表示，他从来没有用过奴隶，因此不能判定奴隶制度对于人的性格会有什么样的影响；而且，如果大家一定要用道德口吻来讨论这件事情，就该更进一步，把国中现有的奴隶悉数解放才是。马萨诸塞不是就已经全面废奴了吗？康涅狄格也正在拟议之中。

年轻的查尔斯 · 平克尼，此时提出了大会中唯一为奴隶制度所作的道德辩护。他表示这个制度有全世界的例子可循：古代有希腊罗马，现代国家之中法荷英等国亦予认可。“历代以来，”平克尼说，“都有半数人口为奴隶。如果让南方诸州自行其是（又是这同样的论调），他们可能就会自动停止输入奴隶。”

平克尼将军立刻表示支持他同来自南卡的堂弟，宣称就算他本人与他在场所有同仁都同意新政府这项规定，他们州内的选民也绝对不会答应：“南卡和乔治亚离了奴隶不行。”乔治亚的鲍德温也希望大家最好还是让各州自己决定。对此威尔逊冷冷回道，如果乔治亚和南卡真像他们所言有心在短期就停止奴隶运输，他们不应该单单因为联邦可能会禁止奴隶进口，就拒绝加入联邦。迪金森则一本他的翩翩风度，主张这问题应交由国家统一管制。他“认为不论就任何荣誉与安全的原则考虑，宪法都不应将奴隶进口问题授予各州自行处理。问题的真正症结，在于奴隶进口到底会促进还是有碍于国家的幸福快乐。因此，此事应该交由国家政府，而不该交给利益特别攸关的州来决定”。至于希腊罗马也蓄奴的说法，这些国家也都因为他们的奴隶而招致不幸；而且，英法两国自己国内并不准拥有奴隶。

鲁弗斯·金表示，这问题应该只由“政治的角度来看”。新罕布什尔的兰登大力主张将禁运权交给中央总政府。他说，在良心呼唤之下，他实在不能把这事交给各州自己处理。鲁弗斯·金则宣布，南卡和乔治亚的居民“绝不会这么傻，放弃如此重要的权益”。舍曼说，让南方各州继续进口奴隶，总好过让他们和我们分手罢，“万一他们以此为先决条件的话”。

最后，大家达成妥协：宪法继续允许奴隶进口，直至1808年为止，以后就予以禁止。到目前为止，梅森和迪金森的论点算是获得胜利：但凡有关全体大众福祉的议题，都应由地方手上转交中央政权，也就是从州级转给国会。代表们前来费城开会，连其中最痛恨奴隶制度者在内，没有一位是抱着蓄奴在美国将成为违法之举的极端期待而来。因为这个大会并非立法团体，不是来制定法律的。代表们的任务是根据现况，为现有的国家创出一部宪法。如果因有奴隶制度的存在，使得“自由”、“解放”、“人权”这些字眼成为笑柄，抱持这种想法的人尽可以在会场上发表他们的意见。

然而，为不使大会瓦解、联邦毁灭，他们所能做的也就只能到此为止。真正的时机尚未到来。

第十七章　国会中的外国人；“十平方英里地”

我们虽然览遍群册，却不知道它们是在何等热情、诚挚之下写就。

——怀特洛克，英国国会议员

8 月的暑气无情。从 8 月 7 日到 27 日，约翰逊博士的日记一共只记载了两天凉快日子。其间虽然下过两次雨，雨停之后，骄阳却又透过一层蒸闷潮气继续照射，甚至连树上的叶子看来都奄奄一息。凡在费城度过夏天的人，都知道这种日子的下午是什么滋味。我们透过想象，可以同情地看见代表们慢慢走回住处，一面用手帕擦脸，一面在心里想着，不知乔治亚的沼泽天气会不会比这更糟。

州议会厅内，问题不但没减少，反而似乎越来越多。比方说，国会里可不可以有外国人呢？他们若要取得议事资格，必须先做满多久的公民才行？细则委员会在报告中主张，若要担任参议员，必须满足四年的公民期限，众议员则为三年，可是大会不同意。古弗尼尔·莫里斯认为，参议员得十四年才行。一个鞋匠都得学上七年才能出师，他说：“要学会做一名美国的立法人员，至少得要花上十四年工夫才成……我们绝不能因为客气而牺牲了谨慎。有人说，某些印第安部落为了表示款待之情，竟然让自己的妻子女儿陪宿陌生人。”

难道这是我们的合适榜样吗？莫里斯问道。至于他本人，他会邀请陌生人来家，请他们同桌吃饭，为他们提供舒适的住处——但是他绝不会周到至让自己的妻子陪他上床。至于那些懂哲学的绅士先生——那些自称为世界公民的人——莫里斯坦承，他可不希望看到他们中间任何一位出现在我们的公议会中。他不会信任他们。“如果一个人可以一下子就抹掉对自己母国的依恋，就不可能再真心去爱其他任何国家……要是你请个法国人到你的参议院，他就会研究如何可以促进法国商务；请个英国人，他也会对英国同样有所偏爱。”

查尔斯·平克尼的想法和他一致，只是没用上那般词藻。由于参议院拥有对外订约与授命使节之权，“如果我们开门让那些心属异国的人进来，实在非常危险，不智之极”。平克尼记得雅典人败亡的原因，就是由于他们随便让陌生人在立法过程中大放厥词。梅森也表示，要不是因为许多外人“在革命期间有过极大的功劳”，他也会觉得参议院资格应该只限于本地人。

麦迪逊认为，如果一定要做出任何限制，也不应该在宪法里面规定。国会早经授权负责管理外国人的归化事宜，那就再让国会去制定相关法律好了。如果宪法能够为合众国带来稳定与声誉，许多可敬的欧洲人必将乐意带着他们的财产迁来此地发展——“那些爱好自由的人，”麦迪逊说道，“希望自己能有份自由福佑的人……都会因为我们疑心他们不够资格而感到受羞辱。”

富兰克林博士说，如果任何小气褊狭的字眼在宪法中出现，他会感到非常难过。“欧洲百姓对这个国家很友善。甚至在那个近来才和我们打过一仗的国家，不论现在还是过去战时，我们都有着许多友人，而且不只在百姓中间，甚至在国会两院也有我们的朋友……革命期间，有许多陌生人忠心地为我们效力——许多本地人却反对自己的国家。这些外国人四处寻求，想找到一个可以让他们获得更多幸福的国家，最后选择了我们。这不就证明了他们的感情所属，也应该激起我们对他们的信心和好感。”

伦道夫不太确定外国人对我们到底有没有用处，可是他却永远都不会同意限制他们的公职资格长达十四年之久。伦道夫警告，大家还记得革命时期我们爱国志士说过的话吗，还有我们在州宪列出的原则精神。许多外国人就因为深信我们发出的邀请，才纷纷来到此地，将他们的命运和我们连在一起。伦道夫表示，对于参议员的资格，他最多只同意设下七年公民规定，但是绝不可能再多了。

南卡的巴特勒，坚决地反对让外国人在不具美国长期居民的资格下加入国会。皮尔斯说，这些人来到我们这里，带来的不仅是对其本国的感情，还有着“与我们立国精神与政府概念迥异的想法，因此不论以怎样的观点看来，他们都是危险的”。如果他本人初来美洲时即被征召服务公职，他相信他自己的“外国习惯和情感，必使得他成为处理公共事务的不当人选”。

大会很清楚，众多同仁当中即有许多在国外出生——包括爱尔兰、苏格兰、西印度群岛等地。当年巴特勒本人就是以英王陛下部队军官的身份抵此；而威尔逊则在二十一岁时，于印花税风波期间来此。他们两人的成人岁月，很大一部分在服公职。因此，大会知道这两位国外出生的美国人对移民之事的意见必定异常宝贵。威尔逊坚决不同意巴特勒的主张……“他非常带感情地表达他的看法。”马里兰的麦克亨利记道。当一个人激动的时候，说起话来外国口音会特别重，威尔逊那口苏格兰含混特色一向就很明显。他说他站起来讲话，心中带着一种或许是很奇怪的情愫。他自己并不是在这个国家出生，如果照着某几位先生的意见去做，像他这种已经被认为值得信赖赋予制宪重任的人，就可能遭排除在外了。他认为，这种排除是“人类心灵所能经验的最难堪的枷锁之一”。威尔逊说，我们不应该“剥夺那些有才干、有德性、有能力，并愿意移居此地的外国人参与我们政府的权利”。威尔逊又毫不迟疑地指出——或许话中带有几分夸张，却是可以谅解的——过去在军队里，宾州部队的军官几乎全都是外国人，我们却从来没听说有人对他们的忠诚度或功劳有过任何抱怨。更进一步来看，宾州派来的大会代表之中，其中就有三位不是在本国出生：罗伯特·莫里斯、菲茨西蒙斯，以及他自己。

接着威尔逊大声宣读1776年制定的一条宾州州宪，该条文授予在此地居满两年的外国人一切公民权利。他说，《邦联条例》也规定，只要具备任何一州的公民资格，就是全体邦联的公民。对威尔逊来说，对外国人加以设限的法律，有违信之嫌。汉密尔顿也这么认为，他觉得这种法律太无礼。“总的来说，我反对让这种琐细的限制使得政府难堪，”他说，“一方面，这种做法有可能导致先前已有人指出的危险；而另一方面，鼓励外国人也有显而易见的好处……欧洲一般小康人士会乐意移居此地，因为在这里他可以和上层公民平起平坐。我正式动议，这一条应修改为参议员只需具公民资格与居住身份即可。”

麦迪逊附议赞成。于是大会投票再三——分别就汉密尔顿的建议，及九年、五年、四年公民的规定一一进行表决。最后决议，众议员必须具备七年的公民身份，而参议院则为九年。至于最高行政长官必须在本地出生的规定，则无人表示异议。

至于首都的地点，国会里的争执远比大会来得激烈。这方面的争斗多年以前即已开始。几年来，国会搬了多次家：费城、特伦顿、普林斯顿、宾州的约克、兰开斯特、安纳波利斯、纽约——一路奔逃，早就已经名誉扫地。奇怪的是，南方国会议员从未鼓吹在南方立都。他们表示比较喜欢北方气候，出门旅行也往往是向北方走，取水路可以很方便地到达纽约、波士顿、切萨皮克。新泽西和宾州曾在1785年表示，愿意提供大笔款项在特伦顿或费城建都。而弗吉尼亚的国会议员，也曾写信给该州州长帕特里克·亨利，敦促在大城之外另找地点起造一座“联邦城池”；他们还建议，乔治敦就是个相当理想的地点，特拉华瀑布镇也不错。

这些事情大会都知道。对于国会一再搬家，一位代表表示，“已经使邦联政府大失颜面，我们需要竭力想法子来补救”。有人指出，选定一个永久的政府所在地，对新政府的重要性更甚于对旧政府。新政府成立之后，国会议员人数会比前为多，其中多位将来自内陆偏远地区。水路不会令他们的行程更轻松，这些议员必须打陆路前来。因此，国会此刻最好还是留在纽约，直到选定地点建都并造妥必要建筑之后再行搬迁。有人却反对，认为如果政府一旦在纽约待下来，恐怕就永远动不成了；如果将来选出的总统是个北方人，更会如此。对于这点考虑，古弗尼尔·莫里斯以他那不由分说的专横口吻反驳：这种不信任的心态，于“任何一种政府都不合”——总之，就是没有道理。

有人敦促，政府的所在地绝不可与当地州政府同处一城，不然会有辖区纠纷，而且这种安排会使国家政府行事沾染上地方色彩。不过，纽约、费城两地都有膺选国都的可能，得罪这两处可没有意思。北卡的威廉逊提醒大家，别忘了人的感情很容易被这类事情激发。

至于到底是谁的建议，主张联邦辖区应占地十平方英里，已经很难确定了。不过这说法却一时大为风行，到了冬天的时候更被反宪法人士用来大做文章。当时在大会里面，梅森对国都一事的态度表现得很缓和，可是等他回到弗州，却对这个话题起了惧怕心理。他对弗州宪法批准会议的代表说，想一想，只要想一想，交给国会这等无限权力，在这等一片联邦区域之上！“这十平方英里地，将有可能罔顾周遭各州的法令……还有可能变成那最黑暗罪行的庇护所！联邦法庭也将设在这里……想想看在这十平方英里地之内，我们能找到什么样的陪审？”梅森自问自答，“那都是政府里的自己人！

那么穷家百姓还有什么指望……犯下滔天大罪的人，反而可能在这里得到保护。如果任何官员，或是［国家政府］里的任何家伙，打算欺压百姓，或者干脆亲自从事任何不法勾当，那他只要跑到这十平方英里地之内就成了。”

反宪法人士竟然可以从这十平方英里地的建议中联想出这么一套说法，还真是了不起，想象力不可谓不丰。帕特里克·亨利大声疾呼警告大家，最高法院在这十平方英里地之内可能会干出什么样的暴政来。在马里兰州的议会，马丁论到那不祥的“帝国京都”。纽约州长克林顿——兰辛和雅茨的朋友，汉密尔顿的敌人——则以罗马政治家大加图之名，在《纽约日报》上极力谩骂十平方英里地的构想。克林顿写道，总统大人的宫廷将设在那儿，在这个地方，大家将看见王公宫廷的所有罪恶：“野心而怠惰，卑鄙而傲慢，贪图不劳而获……奉承拍马……叛国……背信，最糟糕的则是，对德性的永远睥睨。”

联邦大会最后决定，将此事的定夺大权留予国家立法机构。宪法第一条第八款规定，国会有权“在此区之内（不超过十平方英里）的所有事项上，行使独占的立法权力；此区将由特定几州出让，经由国会接受，成为合众国政府所在地”。[①]

至于国会会期，大会曾有过短暂却热闹的讨论。国会是否应该一年集会一次，而暂不决定日期呢？戈勒姆说，新英格兰宪章、宪法在很久以前就规定了固定的会期日期，并未因此产生任何不便。鲁弗斯·金则不觉得国会有任何需要每年都召开的理由。立法过多是我们系统里的一个大弊病，我们应该由各州，而非国家政府来制定法律才是。舍曼又提出老革命的论调，称经常聚会才是保障自由的必要措施——

---

① 作者注：选择联邦特区地点的政争，一直持续到1790年方告终止，在马里兰和弗吉尼亚协议之下，于两州交界处划出哥伦比亚特区让予联邦政府，并由华盛顿总统亲自选定国会大厦所在地点。

就像英国清教徒革命时期一般。而且，美洲多数的州级宪章，也规定举行年度集会。代表们共同的感觉是，必会有足够的事务使得国会必须一年一会，单单西部地区就会制造许多事端。梅森评道，即使没有足够的立法事务，国会也拥有必定会使用的“质询调查权”。在场没有人向他这个说法挑战，因为目前在邦联，国会集立法、行政、司法三权于一身，就经常使用这项权力。

有人建议国会在12月开会，古弗尼尔·莫里斯反对，认为5月份比较理想。“我们的政务及立法，可能会经常受到欧洲方面的影响，”他说，“而欧洲那边的事务，多半在冬季筹划，消息来到我们这里多半会在春天。”但是在最后拟定的第一条第四款还是这样规定：“国会每年至少应集会一次；除非法律另择他日，此会应于12月第一个星期一召开。”

第十八章　效忠宣誓；自然神论与宗教宽容；常备军；何谓叛逆罪

我们越讨论，猜疑越重。如果不赶快有个了断，恐怕就做不出任何决定了。

——埃尔斯沃思，于联邦大会

一周一周过去，某些代表终于无法忍受一再讨论同样的问题：总统的权限、总统对新法律的否决权……谨慎的代表往往主张："延后讨论！延后！""拉特利奇先生，"麦迪逊在8月15日记道，"强烈地反对把问题延后讨论，对于会议进程的沉闷繁琐大表不满。"三天之后，拉特利奇再度发牢骚。"他批评会议拉得太长，"麦迪逊记道，"担心外界恐怕已经失去耐心，并指出许多代表急着想把事情做个结束。他又动议从现在开始，大会每天准10点开始，并由主席准4点宣布散会，不许有任何提早散会的动议。"

新泽西的佩特森7月底就已回家料理他的律师业务。8月23日，他写信问埃尔斯沃思："大会在做什么？什么时候才闭幕？到底是会达成协议，建立个积极有为的制度，还是会一事无成地解散？听说会场上吵成一片，像风声一般喧哗，你们已经到了连窗口都不放心的地步，甚至派人守在窗户下面，免得大会的机密和内情泄露出去。"佩特森表示，他希望大家不要像当初讨论"体制的基本原则"一样，在细节上又迭有争执。

从会议第一天开始，这所谓的“体制的基本原则”便以多种不同版本向大会提出：《弗尼吉亚方案》、平克尼方案（从未付予讨论）、全体委员会“报告书”（6 月 13 日）、佩特森的《新泽西方案》，以及 8 月 6 日这份佩特森一定也听说了的细则委员会全面报告书。

所有这些方案、决议案、提议和报告，都一致主张将政府分成三部分：行政、立法和司法。虽然这项基本主张应用到国家级的体制可谓极富革命性，会场上倒没有人提出异议。不过这所谓在“细节上的争执”，却正是由原则问题一路延伸下来的纠缠。这些“细节”，包括了如何认定叛国行为、征税的权限与所属，以及每州在国会中的代表比例等等。这些“细节”终获定论之后，将使合众国从原本松散的邦联，变成可以真正运作并持久的联邦共和国。其中有两大均衡势力：国会和行政首脑、州与中央，而以司法为仲裁。这真是一个胜利的结论。

可是在 1787 年 8 月间，大会的眼光还看不到这么远。这份方案的立意实在太新，做法太大胆，令代表们感到头晕目眩，有时甚至不敢正视。因此，他们只能在这些细节中摸索而行，就好像身陷林中，掉入一个不断扩大、一圈套一圈的迷宫里。当大会最后在 9 月闭幕，宪法向民众公布，代表们对自己所成就的结果也咸感惊讶，这种反应令人寻味。华盛顿表示，这结果“太令人惊异……不啻奇迹”。麦迪逊在写给杰斐逊的信中，也用到“奇迹”一词。查尔斯 · 平克尼告诉他在南卡罗来纳的同仁，大家各位应该感到“惊喜，在如此纷乱无望的材料里，竟能造出如此完美”的一个政府。

不过这些都是后话。此时在州议会厅中，众代表大概察觉大会快近尾声，于是纷纷提出他们各自的特别主张：比方说为总统设立一个咨询会议，设置一位副总统担任参议院议长，立法明令保护作者与发明人。梅森则希望国会可以有权力规定公民在某些方面的个人支出：比如衣物、家具、衣料等等，尤其是欧洲进口的产品。这类法令一般称为奢侈品法，而像梅森这种老革命分子会有这种建议是很自然的事。自 1765 年以来，禁止进口一直是革命的口号之一，是十三州联盟的政策——宣告独立的主张之一。梅森在 1776 年起草有名的《弗吉尼亚权利宣言》之时就表示“除非一直坚守节制、俭省与美德，没有任何一群人可以永远保有一个自由的政府，或永远蒙受自由的祝福。”新罕布什尔、马萨诸塞和佛蒙特一向也都效行。鼓励本土制造商，穿着本土制造的衣裳。“节约、俭省，支持美国厂家！”梅森在大会里大声疾呼。

这是商业和爱国的最佳组合。不屑奢华，穿着朴素，方是真共和，是真正的美利坚精神。富兰克林博士在巴黎的时节，就把这项信条发挥得淋漓尽致。18 世纪美国的居家布置，在今天的眼光看来，如果不算差到令人难受的地步，最多也只能当得简朴二字。住家卫浴设备几乎阙如；妇女的缎子衣裳穿着多年，陈旧不堪，却还要再传给下一代。尽管如此，联邦大会里面还是有人不断痛骂国人日渐奢华的恶习性。奢侈生活将会侵蚀人类的道德素质，看看那些罗马人后来的下场就知道了！“紧跟在奢侈之后面来的，有着数不清的罪恶。”亚当斯夫人从伦敦写信来道。

对梅森来说，禁奢侈品法不仅应该在州法之中规定，国法内更不可缺。他认为，这种政策“不但合乎经济观点，也符合共和立场”。可是大会最后还是决定此事由各州自行裁决。

7 月下旬大家本已表决通过，国会议员、法官、总统及政府中其他官员必须宣誓拥护宪法。威尔逊不赞成这项规定。他说他从来就不喜欢什么誓词，认为那不过是一种没有诚意的安全保障。一个好的政府不需要靠这种保障，“而一个坏政府不会也不应受到支持”。每有国家闹革命，都会搞上一大堆誓词、宣誓，星期一才信誓旦旦，星期二就很可能翻脸背叛。而且新联盟的联邦性质，也使得这个问题更为混乱。华盛顿将军曾经在1777年宣布，过去凡正式宣誓拥护大不列颠者，都得重新宣誓效忠合众国。此举曾大大激怒某些群体：如果向合众国宣誓效忠，可能会减低他对本州——比方说，乔治亚——的忠诚度。

此外，许多州都在其政府就职誓词里加上一些宗教规定，因此对天主教、犹太教、自然神论者以及无神论者造成了不公平的歧视待遇。在美国各地，除政教必须分离这首要原则之外，宗教基本上是各地自己的选择，而且从一开始就是如此。大概在1636年的时候，曾有人问马萨诸塞州塞勒姆的休·彼得斯牧师，新英格兰地方如何处置那些不信之人。牧师回答道，把那些人推过河去。可是若说弗吉尼亚是由英国国教徒起家的，马萨诸塞则是清教徒，而宾夕法尼亚是贵格派，起源虽各有不同，他们在宗教自由和观念的尺度上，却都已经渐渐扩大——自然仍局限在新教之内——而这个尺度的定义，正是耶鲁学院院长暨神学家埃兹拉·斯泰尔斯的那个本意虽佳、无形中却正好带有讽刺意味的解释："全体的、平等的、宗教的，以及合于*新教*的自由。"就在这样一个尺度下，各州很早就在宗派上达到相当令人惊讶的多样化——长老和牧师则会同声指责这是一团乱——最终将成为国家的强处而非弱点。在美洲大陆各地，我们可见各种不同宗派的教堂尖塔，各门各派信徒同居一地，就算不是很和谐地相处，起码表面上相安无事。"我赞成有许多不同教派，"伦道夫说，"因为他们可以相互牵制，保持秩序。"

联邦大会不讨论宗教问题。教会和国家的关系，早就界定得很清楚了，可不干大会的事。可是话虽如此，环视在场代表，他们的政治理念或政府观念，却没有一个不深受其宗教信仰与熏陶的影响。这些年来，自然神论颇为风行。两个世代以前，这股崇拜自然之风就一路往西吹去，在信教者中间造成了极大不安。所谓自然神论，是一个没有教义的宗教：牛顿的宇宙、古典的复兴、新大洋新土地的陆续发现，正在使世界变大，却也莽撞地闯进了古老的教条禁地。斯泰尔斯曾经夸口自己可以“和犹太人、罗马天主教徒以及所有新教教派友好相处，自在对话”，末了却勉强地加上一句：“甚至和自然神论者也不例外。”富兰克林博士也许可以为这个没有教义的宗教下个定义。博士与杰斐逊和亚当斯同有这种自然神论的观点。自然神论者形容自己的信仰为“自然宗教”。他们表示世间的确有神，可是这一位神只有透过理性，而非天启，才能寻得。神创造了这个世界，却不干预其作为；所谓天堂地狱，完全是人自己制造出来的。自然神论是一种仰观宇宙的方式，是一种心态；正统人士闻之心惊胆寒，认为这种观念“和过去那些异教哲学如出一辙”。

州议会厅外，大家都不知道大会的这个“新方案”是否将规定政府官员行宗教性的效忠誓言。效忠誓言一事，当时在宾州是个热门话题。大会曾经收到城中一位知名人士的来信：商人乔纳斯·菲利普，在当地政坛上很活跃，主张革命，曾在宾州民军团作战，并协助成立费城的以色列犹太教堂。“诸君大鉴，”信头写道，“本人身为一名居于费城的犹太人，这个民族散居于世上各国，忧心地请各位注意……”接下去他引用宾州州宪第十款的规定，每位州议员就职时都得宣誓表示他信神，并信《新约》和《旧约》都是神所默示的。菲利普表示，如此宣誓“绝对违反犹太人的宗教精神，也有违他的良心”。而且，“十三个联合州全境的居民都知道，犹太人一向是信实忠诚的辉格党，并在对英作战期间，领先群伦解囊效命，为诸州出钱出力。他们不但全力拥护独立大义，也勇敢地为他们不能享有的自由流血作战”。

菲利普并不知道大会真正所为何事，不过也许是因为他不敢公然提到一部国家宪法，因此在信中只以地方的角度论事，借宾夕法尼亚本州州宪为例。他说，如果可敬的大会认为，应当修改以上所言的誓词，并除去其中有关《新约》的字句，那么“以色列众民就会欢欣鼓舞，认为自己将可以在一个各宗教立足平等的政体之下幸福生活”。菲利普的信，末了以赞美及祷告结束：“愿诸州子民，如年轻巨狮兴起。愿他们胜过仇敌……愿神将和平施予他们以及他们的后裔，如日月般永存。但愿我们的父祖，亚伯拉罕、以撒和雅各的全能的神，把智慧、判断与同心，赐予这崇高大会的议事……”

这封信真是写得太好了，感人至深。我们不知道大会以何方式回复这封信，不过可以确定，第六条经委员会无数次修缮之后，严格规定联邦与州级政府官员必须一律宣誓，誓言拥护合众国的宪法——“*可是却不得使用任何宗教性宣誓，作为合众国内任何职务或公器的资格规定。*”这项条款是宽容的胜利，却也为反宪分子在宪法批准期间提供了强大火药。难道我们不能至少在序文中承认神吗？他们质问。康涅狄格的威廉·威廉斯法官在写给《美国信使》的信（1788 年 2 月）中甚至如此建议：“吾等合众国之民，坚信唯一且真实之神的存在与完美，世界的创造者与最高主宰……”

马丁也将在马里兰的宪法批准会议上宣称，联邦大会未经详尽讨论就通过此条。他还大发反讽：“不管怎样，当时也有一些代表落伍到以为如若*相信有神，相信未来将有奖惩*，多少可以保证我们统治者不致有行为偏差；而且竟以为在一个基督徒的国度里，*至少*应该在信神者与无神论者及异教徒间划分某种区别才是*正理*。”印刷稿中，马丁这番话全文多处以斜体印出。

大会目前的议事基础，仍然是以细则委员会在 8 月 6 日提出的报告为蓝本；这份报告书像最终完稿出炉的宪法一样，都分成若干条款。报告书的第七条中列举国会权限，以“课征税金之权”始，然后就是那著名的商务条款——“管制对外与各州间的商务事宜之权”，以至设立邮政局、铸币借款、在各地设置法院诸权力。紧跟着又规定，授权国会“得应任何一州所请，镇压该州境内叛乱；对外宣战；

对内征兵；建造装备舰队……”。

任何一州境内的叛乱？这话对某些代表简直是种侮辱，古弗尼尔·莫里斯还火上加油地表示，国会应无需待州政府“求援”。他说：“只要事有必要，不论任何情况，中央总政府均可强制执行，以谋服从。”这席话让格里坐不住了。我们可以感觉到这个瘦小、神经质的人多么激动，眉头深锁，双手因为紧张而僵直。格里反对“不经州政府的同意，就让合众国的爪牙在其境内横行。当初马萨诸塞境内的叛事（谢司叛乱），若有中央总政府横加干预，一定会流更多无谓的血”。

对于这个说法，莫里斯的回答颇有道理，而且太有道理到令人发狂。大会目前扮演的角色实在很奇怪，他说：“首先，我们设立了一个强人来保护我们，可是我们却同时又把他的双手反绑在背后。”我们当然可以把这种“保持全境太平的权力托付给”国会。可是格里不听这一套。麦迪逊记道，“他请大家注意”第六条中“不曾就和平之时对常备军队的牵制有所规定”。

同样的唬人老把戏。一个暴君，一个克伦威尔会兴起……格里又举出种种老掉牙的理由，证明不该设置常备军；这些理由他已经用了一整个夏天：老百姓在这方面一向很有戒心，如果新方案容许此事，各地将会掀起巨大反对……他个人绝不同意成立一支人数没限制的军队，两三千名就应该绰绰有余了。如果不加以限制，某些州可能会实行军事统治……而且像这样一支军队要怎么训练？难道各州还得负责训练军士，把他们的民团改装成国家军队不成？他宁可见麻州公民解除武装，也不愿意从他们手中夺走指挥权并交给国会，这样会被看成专制政权了。“难道竟有人敢说，把自由交在从全大陆来的区区百儿八十人的手里，会比交在单单一州就有二三百人的手中一般安全吗……有些人，”格里阴郁地表示，“不管什么风险，只顾着支持强大政府的方案。”

他说这话的时候，眼睛是不是瞪着古弗尼尔·莫里斯？“而另外有一批人，却比较有民主思维，”格里继续说道，“这些人的反对意志，也会和前者一样强烈。两相冲突之下，内战恐怕就难免了！”

在这样一个高潮时刻，康涅狄格的埃尔斯沃思觉得有必要插嘴说一句很平常的话，也就是那种与主题无关，却往往可以安全地让会议从激动中平静下来的简单建议。这些兵士的纪律应如何维持？“各州绝不会遵从相同的民团法规。比方在新英格兰，三四先令的罚金就可以导致的服从效果，比其他地方的四十皮鞭还管用呢。”

代表们听了这话一定都笑了。新英格兰人一向出了名地小气，南方人都喜欢拿“东部人”的开销来消遣。可是格里还是很不高兴，一直到大会结束，他都打定主意提防一个必在各方面滥用强权的中央总政府。他宣称，如果代表们继续朝这个方向走下去，必会给宪法加上“像该隐[①]身上那般污黑的记号”。格里表示，他“可不像某些先生那样，对总政府有那么大的信心”。

那个星期六的早上，大会并没有达成任何结论。到了下周一，即8月20日，大会继续往下讨论第七条的下一款（在宪法的最后定稿里面，这一段成为第三条的第三款）。此款是有关叛逆罪的认定，当前在每州都是热门题目，经常惹出火爆官司，而且单单这一点就可以左右政治选举的结果。

叛逆罪应如何在宪法里面定义呢？又当定出何种罚则呢？叛逆罪行，是否应定为对本州背叛，也就对合众国造成背叛？可是如此一来，岂不陷被控叛州者于一罪两判境地？梅森认为在这部新宪法之下，合众国只会有一种有限主权。因此，针对某一特定州的叛行，如弗吉尼亚发生的培根叛乱，就不构成对合众国的叛变。

---

① 该隐：《圣经》中亚当之子，神在他杀害弟弟亚伯之后在他身上做记号。

叛逆行为，其实最多只是一个模糊的法律问题，尤其在一场大战方歇之后更难厘定。对大会中多数代表来说，他们仍然认为托利党就等于叛逆分子。各州在州法里面规定得很清楚，政府可以没收当年托利党人的财产，或加以重税，使他们倾家荡产。某些州甚至规定，只要一位公民能够证明他的邻居曾是效忠派，就很有机会将这个倒霉鬼的财产夺来据为己有，或至少可以取得，比方说自家南边牧地再过去那片觊觎已久的草地。打了六年的仗之后，贪婪很容易假爱国之名而行。全美已有九州将境内的效忠派驱逐出境，五州褫夺了他们的公权。宾州在 1777 年通过的“宣誓条例”，直到 1787 年 3 月仍然有效：嫌犯必须公开放弃他们对乔治王的忠诚，宣誓对宾州效忠，并且誓言揭发同谋，否则会受到失去公民权利的处罚。纽约、弗吉尼亚、南北两卡罗来纳、乔治亚的规定都同样严厉。

大会对这些情况都很清楚，也明白这些州的法律分明与 1783 年签订的和平条约相抵触。和约中声言：“不得对因各种原因参战的任何个人或团体，进行任何没收或制裁的行动。也不得使任何人因为参战之故，蒙受任何人身、自由或财产的损失。”规定得再清楚明白不过。而英方作为回报，也同意美国在密西西比河上可有自由航行之权，“自发源地直达出海口”。大英国王陛下并将“以最快速度……自以上所述之合众国，以及各据点、地区、港口，撤走他所有的部队、驻军、船舰”。

不过虽然约有明文，英国却依然扼守大湖区一带以及密西西比河沿岸的各处据点。英方问道，为什么要求一方遵守条约，在此同时另一方却明摆着在违约呢？北卡罗来纳反驳，可是 1783 年的条约并不是我本州之法。北卡绝不容许以前的效忠派到州内法庭告状，争回债款——这又是一大违约之处。此外，北卡还把对“国会所在之合众国”，或对“北卡罗来纳之州”发动战争，同列为叛逆之罪。

国会曾经试着和各州讲道理，劝他们宽大为怀，信守条约，可是这些努力都归枉然。弗州照样悍然拒绝，伦道夫曾经宣布，就算先知于地下复活，也不能说服那些欠下英国旧债的美国人，只因为国会与和约如此建议，他们就该如数归还。新泽西的佩特森对此事也采取同样严酷的立场。大会代表之中，更不乏如北卡的亚历山大·马丁州长，利用效忠派的叛逆题目作为其政治事业的垫脚石（马丁州长一度表示，真想把所有托利党都绞死算了）。在他的州里，过去凡在英王部队担任过军官者，或曾于任何没收法下被列名者，以及在效忠法通过之后居于州外超过一年以上者，都犯了叛逆罪。此外在北卡罗来纳，仍然适用那个规定轻级叛逆罪的英国老法律，其中包括谋杀、强奸、抢劫、烧屋以及其他种种罪行。该州 1787 年的诉讼记录里面，依然载满了因叛逆罪起诉的案件。

漫长的英国史中，许多罪行都以叛逆为名，刑罚极为残酷，许多私怨也如此假公之名解决。大会代表都知道这个事实，他们也知道过去在英格兰，一个人的宗教信仰可以被当成叛国罪，此人可能为此惨遭肢解——而且在宪法下被视为完全正当合法。关于这一点，美国律师都知道宪法条文若含糊不明的可能危险（宪法批准期间，威尔逊就将提醒该州大会，暴君惯用的伎俩，就是故意延伸罗织叛国的罪名，借此加强他对人民的统御）。古弗尼尔·莫里斯、梅森和伦道夫都希望宪法能引用英国那则历史悠久的《1351 年叛国法令》，那是爱德华三世在位时颁布的。可是，是否应该列明“资敌”等行为呢？还是只需将叛国明义为“发动战争和支持敌方”就足够了？麦迪逊主张留给国会更多余地，他说交给国会决定，与由各州立法机关裁定一般可靠。迪金森则要求完全按照英国这部老法令的规定，“须有两名证人作证”。可是问题又来了，这些证人的证词，是得针对同一公开罪行作证呢，还是不同的公开罪行？

康涅狄格的约翰逊博士辩道，叛逆罪万万不可同时以合众国和州为对象成立。这时，贤明的富兰克林博士指出：“叛逆罪的处置往往恶意太重，伪证很容易用来对付无辜。”威尔逊也认为，叛逆罪“极难搜证”，比方像通敌信那样。伦道夫反对授予总统赦免叛逆罪的权力，总统本人说不定就是同谋呢。而从另外一个角度来看，鲁弗斯·金表示，授予国会这种权力也同样不当。“在麻州，”鲁弗斯·金说，“一次议会可能决定把叛徒全部吊死（如谢司叛乱），而下次议会又决定把他们统统赦免了。”

8 月 20 日那天，大会一连七次表决改变有关叛逆条款的文句。国会对叛逆一事既有全面辖权，便可以宣布各州颁布的叛逆法令无效，目前各州起诉的案例以及对和约的违背便成无效。而在另一方面，国会这全面权力也必须好好界定，才不致任由国会随意扩张职权，或将轻级叛国罪那一套罗织手法也带入美国法系，又或拿叛逆控告当武器对付政敌。叛逆罪必须仅限于战争行为，而且这个行为必须与国家敌人有所关联。古弗尼尔·莫里斯和伦道夫再度引用英国那部老法令，不厌其烦地务欲对叛逆罪加以明确特定的界定。莫里斯表示：“我们一定得精确地、唯此无他地列出何者构成叛逆罪行，这样做对自由的保障有绝对必要。”

面对这个大难题，大会总算达成了如此界定。大家最后总算打消了地方的疑忌，化解了争执，以狭义定义来认定叛逆罪行。至于叛州之罪，合众国宪法不曾有任何明确指定。判刑权亦留给国会——却严格限定处罚的程度。至于一罪两判的问题，宪法文字亦使用复数代名词巧妙地解决了——这也是宪法中唯一以复数方式提及各州的条文。

“背叛联合诸州（即合众国）之罪，”第三条第三款说，“应该只限于向它们发动战争，或支持它们的敌人，援助敌人之行为。除非有两名证人指证同一公开罪行，或在公开法庭审理中认罪之外，不得判任何人以叛逆之罪。

“国会有宣定叛逆罪刑之权；却不得作血统污损之宣告，而被褫夺人权利之褫夺，也不得超过其本人的有生之年。”

“血统污损”是一句英国古话，来自爱德华三世时代的法令。依照这个规定，一个人的不名誉延续到下一代：叛国者的子女，不得继承他的名衔、叙勋和遗产。不过在援引这项旧法的同时，大会却不曾提及其中那第一项、同时也许是最为有名的重大叛国罪规定：“图谋弑君”。大会在此建立的是共和国，而非君主政权，总统也不是君王。总统从公民之中选出，一旦任满，也将回归公民中间。看起来，代表们似乎比较不放心交予总统过多的权力，却不太计较他个人的人身安全。他们怕他犯罪，却不怕别人对他犯下罪行①。但是，如果说第三条第三款代表了公民自由的胜利，到了冬天的宪法批准会议，却仍然难逃受责难的命运，尤以梅森和马丁的攻击为最。两人日后也都因为此举广遭批评。他们既然反对这项叛逆条文，当初在大会上为什么不说个清楚呢——为什么要等到事情都定了之后又来翻案？在马里兰宪法批准会议上，马丁的论调听起来冠冕堂皇。“根据美洲革命的原则精神，”他说，“独断之权，可以也应该受到抵挡，若有必要甚至容许出以武力！将来也许会有这么一天，某一州为了责任攸关，不得不诉诸武力，以保全本州免于中央总政府的压制。”可是在这部新宪法之下，爱国者却被迫成了叛国者，它规定公民“必须温驯被动地向独裁专制低头，要不然就得甘冒绞首的危险起而反抗”！

“也许会有这么一天……”这句话就像格里对设置国家军队一事提出的警告，是一种暗示、预警。“内战！”格里曾发此言。全国各地有许多人都听得进去，此时一般人对于强大的政府、国会以及常备军，仍抱持强烈的反感。民心高举“自由”大旗，认为政府的管

① 作者注：肯尼迪总统遇刺二十一个月之后，国会于1965年8月28日通过法案，规定行刺总统为联邦级罪行。其目的是为了可以将案件交由联邦机构调查，联邦检察官起诉，联邦法庭审讯。

理愈少愈好。到了冬天各州批准宪法的时候，一般人民将有机会畅所欲言，表达他们这种感觉。

可此时在联邦大会上，格里的大声疾呼却与现场气氛反其道而行。不错，定义“叛逆”一词确乎棘手，不但得界定罪行本身，还得界定犯罪对象——在此，这个对象就是联邦，一个结合众州而成的国家，强大到足以屹立不摇，并逐出任何外来或内部威胁。代表们的用意是希望合众国的宪法可以反映这份力量。宪法一定得“保证内部安定，提供共同防御”。而如果在这个过程当中，公民不得不交出一点点他们所珍爱的自由，那么就必须如此教导他们、说服他们；让他们了解最终他们的所得，必定多于他们的所失。

对麦迪逊、莫里斯、威尔逊、埃尔斯沃思，以及其他强硬的宪法主义者而言，前面这条路看来必定非常漫长。而在这间面朝板栗街的会议厅里，他们已经足足开了三个月的会。三个月以来，他们试尽各种说法、手段，证明并赢得自己的论点，平抚不信之心，激励犹疑之人。可是怀疑仍在积蓄闷烧。当大会结束，他们回到选民中间，宪法批准阶段开始，一场硬仗又得重新来过。他们自知如此，虽然心力交瘁，却坚持固守到底，昂首迎战。

第十九章　谁来批准核可？人民还是各州？

我认为一个以立法机构为基础的体制，与一个以人民为基础的体制，两者的区别，正在于盟约或条约与宪法之间的真正区别。

——麦迪逊，于联邦大会

8月30日，大会只剩下十六个工作日了。虽然并没有一定的闭幕日期，可是当初会议伊始，代表们就已决定绝不超过9月份。现在到了8月底，休会日期已经在望，于是场中辩论加剧，成员心神不安，脾气也焦躁起来。原先的五十五位代表，已有十一位以家人生病或私事有待料理为由而先行脱会——或是像纽约的兰辛和雅茨，干脆坦白表示对会议进展不满而退出。[①]

大会任务差不多都已经完成。这也正是最紧要的关头，全国都在等着看结果。前一日《宾夕法尼亚公报》就报道："各州现在都放下手上修桥铺路的工程，一心等着看这些必要的修缮工程是否会变成国家政府的职责。贸易和制造商也都暂停船期和生产，采取观望态度，想知道这个国家式的商务管制体系，到底能让他们的商业受到何种程度的保障和振兴。合法的放款业者也纷纷把资金冻结起来，

① 参章末附信。

看看这个新架构的政府能否帮他们不再受纸币和法币规定的诅咒折磨。”

《宾夕法尼亚公报》当然是非常支持宪法的，大义所在，报社不介意过甚其词。但在事实上，时间确是根本问题，大会不能再往秋天拖下去了。宾州议会（当地人称为代表大会）在9月5日就要回到州议会厅开议，需要使用联邦大会所在的东厅。8月13日，联邦大会代表们总算讨论到了宪法中最后一则该讨论的事项。在委员会报告书里，其中第二十一、二十二及二十三条都关乎宪法的批准过程，以及成立新政府的实际步骤。第二十一条的内容很简短，却极具争议性：“宪法在获得__州大会批准之下，即可成立。”

这个空出来的位置，是为填入一个州数，而这个数目非常要紧。宪法案一旦在费城签妥之后，就应直接送往国会“认可”，然后再由国会提请，送交各州批准。可是宪法应由十三州一致批准才能生效吗？显然罗得岛一定会在国会中投票反对，纽约、马里兰两州恐怕也会如此，这两州派到联邦大会里的代表，敌意一日比一日更重。

十三这个数字，还有一个基本难题需要克服。就合法性来说，联邦大会的召开，原只是为了修正《邦联条例》，此举需要联盟内各州全体同意。就策略而言，不论在联邦大会上、国会里，又或将来送往各州候准之时，反对阵营都可以利用这一点大肆发挥。如果大会同意宪法无需十三州共同批准即可实施，无异承认这部新宪是一场政体革命，不啻把旧邦联给废除并推翻了。如今每位代表都知道事实上就是这么一回事，他们不可能在不知道的情况下就同意了第二十一条。但是一直到目前为止，对这项事实的正视与承认，都被略而不提，或在强大政府派如麦迪逊、威尔逊、古弗尼尔·莫里斯等人的滔滔雄辩下岔开了。第二十一条却使众人不得不正面面对这个问题。

威尔逊是当年修订并批准《邦联条例》的大陆会议的一员。他知道如果宪法无须十三州全部批准，将意味着什么样的后果。他一定早就下定决心直接展开攻击，因为第二十一条一经宣读，威尔逊马上建议将那个空格填上七州——他说，这就是全部州数的多数。全场立刻陷入激辩，马里兰动议暂勿表决，该州代表必是想在晚间开会商讨对策，拉票加强阵容。于是大会开始来回讲价，有人说十州，有人说九州。威尔逊观察情势，便把他的数目提高到八。麦迪逊却反对道，不论是七、八，还是九，都会将“全体人民”置于一个低于多数州批准的宪法治下。

麦迪逊竟出此言实在令人惊讶。威尔逊赶快插进来打断：只有批准了宪法的州才受新宪法约束。威尔逊说：“在这件事上，我们一定要回归社会原本的权源。房子如果失火，就必须赶紧灭火，顾不到一般正常权利了。”

这又是革命老论调的复活。威尔逊在1775年到1776年间的大陆会议上，早就听得耳熟能详：当一国失治之时，大家就必须诉诸一个更高法源，一个远在诸王诸贵以及国会之上的最高之法。可是此时在联邦大会，威尔逊避开了“自然法”这个用词，选择“社会原本的权源”。巴特勒马上出来主张应由九州批准，他“很反感少数一两州的意愿，就可以限制其他各州顾及自身的安全考虑”。

巴特勒此举很高明。若要游走于法律之外，最好的方法就是提醒在场同仁，他们并不是在表决什么离经叛道的危险创新，他们真正的着眼点是出于“安全”与秩序的考虑。只见马里兰的卡罗尔起来宣称，宪法必须由十三州一律同意方可，简直像存心不让宪法通过。他说，一个经由全体同意而成立的邦联，不可在未经全体同意之下解散。卡罗尔本身是主张强大的中央政府的，此刻可能是考虑到策略运用（而且目前也是安全之举），不妨先和他马里兰的同僚站在一边。

又是当天散会时刻。随着大会起立解散，马里兰的麦克亨利在笔记中潦草记道："建议明日会前私下一聚，商讨决议策略行止等事宜。"

像这一类的大小聚会，那个星期四晚上一定还有不少。次日早晨，委员会提出的第二十一条经过修改，"获得各州代表一致同意，马里兰州除外"。麦迪逊记道。那个空白处，填上了一个"九"。

下一个问题，就是新宪应该由谁来批准，各州议会还是一般人民？原本《弗吉尼亚方案》曾经主张："由人民特定选出的代表集会……"早在6月5日，类似动议也已由全体委员会赞成通过，虽然舍曼表示反对，格里也一再改变主意。格里就是在那个时候大放厥词，认为一般人民"对政府有着世界上最荒唐的想法"。各州都不习惯普选式的批准。不管各州州宪当初是采用什么方法制定——或照当地习俗，或由当地议会，或是两者兼行——但到了批准之际，全美毕竟只有马萨诸塞、新罕布什尔两州，系将州宪交予乡镇大会批准施行。

因此为什么不循前例，也将联邦宪法交给各州州议会批准呢？对许多人来说，这个方法似乎比分别召开十三个大会来得保险。可是各州州议会对旧有体制如此支持，又怎么向他们呈出一个如此新奇、前所未有的新制呢？巴特勒认为绝对办不到。稍早，大会已经就此热烈地讨论过，伦道夫指出，如果交由州议会批准，那么当地的煽动分子，必定会因为害怕在新政府中失去一席之地而投票反对，或设法阻挠宪法的通过。"处心积虑之人，"戈勒姆曾说，"就算不能把国家式的体制完全搞垮，也一定会用尽心计，年复一年地拖延下去。"议员们都很擅长"借各种无关紧要的小事情，有技巧地"打岔重大议题。

戈勒姆是政坛老手，知道自己在说些什么。他曾任国会及麻州议会议长，在联邦大会上则担任风暴迭起的全体委员会的主席。

五十岁的他，风度可亲，凡事都似乎喜欢安抚调停，他这种息事宁人的作风只对罗得岛例外，该州的顽强不驯令他非常恼火。他质问，不论用什么方式批准，万一罗得岛仍一味反对，难道大家都要一起跟着倒霉不成？

康涅狄格的埃尔斯沃思直截了当地指出："自从《邦联条例》制定以来，似乎已经潜进一堆新想法。什么由人民组成大会，或是由人民特别授权组成，那时是想都没想过的，当时认为有议会就足够胜任了。"而对麦迪逊来说，这道理却再明白不过，各州议会"分明不能胜任做出这建议中的改变"。如果说，一个议会能够改变其存在所恃之法，那倒才是惊世骇俗的危险之举呢。"我认为，"麦迪逊说，"一个以立法机构为基础的体制，与一个以人民为基础的体制，两者的区别，正在于盟约或条约与宪法之间的真正区别。"梅森也说出同样的看法，却更带感情。"立法者，"他宣称道，"只不过是州宪之下的产物，绝不能大过他们的创造者……那么我们该诉诸何处呢？我们应该回归人民……这个理念应该被珍视为自由政府的基石，至关重要。"

就在梅森说这话的同一天，大会投票以九比零赞成交由人民普选代表专责批准宪法。可是他们也没有让事情就此了结，"批准"一词让大家警觉到离新宪法更近了，意味着一种既成事实，让反对者脑海中兴起各种令他们害怕的想象。马里兰不断表示，该州官员就职时都曾发誓，除了他们自己以外，绝不让其他任何机构变更政府体制。

整个夏天，大会都在和这种论调作战，而这种论调也曾以不止一打的说法出现：让各州保有权力，不要把权力交给国会以及这个叫人民的模糊实体。可是麦迪逊的立场坚如铁石。他说，人民"事实上就是一切权力的本源，回归人民，一切困难立刻消失无形"。人民"可以照他们的高兴修改宪法。[州]'权利法案'里的原则精神，就是可以诉诸首要原则”。

对于马丁来说，这种说法根本就是唱高调。他讽刺反驳：“诉诸人民和首要原则，就有动乱的危险，因为政府和人民会各自站在一边。”马丁相信马里兰绝不会批准这部宪法，除非被迫仓促通过——出其不意受到催迫。鲁弗斯·金反诘道，麻州发誓不改州宪已有十年，可是不也派了代表来费城开会。鲁弗斯·金说，麻州显然也是出于首要原则的考虑。

首要原则中最主要的重点，在于推翻恶政府的权利。对反对人士来说，在大会已近尾声之际说出这种话，必然带有一种令他们难以忍受的自以为是味道。格里曾出席1776年的大陆会议，也曾在《独立宣言》上面签名。像鲁弗斯·金这种后生小辈，有什么权利动不动就引用革命教义呢？古弗尼尔·莫里斯建议，将批准方式留待各州自行决定。受够了的格里则不顾一切表示：新体制一无是处，若不经过当初共同建立邦联的十三州一致同意就擅自毁掉邦联，绝对大错特错。他建议将第二十二条暂延表决。梅森附议，宣称（以下引麦迪逊的笔记）“他宁可砍掉自己的右手，也不愿意用这只手来赞成眼前这部宪法。他希望大会先解决一些尚未决定的事项，而不要匆匆忙忙就对这一条做出最后决定。如果那些重要问题不能恰当解决，他希望再另外召开一次大会，重新考虑整个问题”。

再召开另一个大会，对麦迪逊和他的朋友来说简直是一个恶咒，那意味着失败，意味着他们所做的一切和所有的希望也都付诸流水。古弗尼尔·莫里斯硬邦邦地表示，他早就希望另开一次能够坚定支持强效政府的大会，“而这却是我们此刻顾忌不敢做的”。格里主张延期表决的动议最后遭到否决，第二十二条亦经投票通过。可是十天之后，在讨论第十九条有关宪法修正权力之际，格里又把整件事情再度翻了出来。宪法一旦批准施行，需要有多少州表决通过修正的建议？三分之二，四分之三，还是必须全体通过？

讨论一再反复。南卡罗来纳表示，他们担心有关奴隶贸易的条款因此受到影响。这一天是9月10日星期一，汉密尔顿也在场，他已经回到费城，将一直待下来等候最后签字。奇怪的是，他却赞成格里的立场，主张回头讨论第二十一条。他还表示，他认为区区九州就可以在旧政府废墟之上成立新政府乃是错误之举。想来麦迪逊在大会上一定受了汉密尔顿不少折磨。汉密尔顿错过了一整个夏天的辩论，主张强大政府一派好不容易才慢慢造起了势头，现在他一回来，却竟然和反方站在同一阵线。可是，从意想不到之处忽来的支持，可能把格里感动了，他宣称，如此随便就解除了邦联严肃的义务，既不像话又有危险。“如果十三州当中区区九州就可以解除契约，那这九州里的六州，以后也一样可以再把新契约给废了。”

伦道夫宣布，如果这一条不能改变，那他就不得不连整个体制都反对了。将近两周以前，他就曾经如此威胁，表示目前宪法建议书的内容有许多不当之处，他恐怕自己碍难同意。现在他又宣布“从一开始，他就相信联盟体制需要激烈的改变”。因此在此信念之下，他“向大会提出一套具共和性质的建议，作为改革的基础及纲领”。

伦道夫所指自然是当初他提出的《弗吉尼亚方案》。伦道夫继续表示，可是他提出的方案，却已经被改得面目全非，和他的原意相去甚远。因此他建议各州大会“应可对此方案自行提出各种修正，然后再交由另一全体大会研议，赋予全权做出最后决定”。伦道夫最后说道，他并不指望自己这个建议会被采纳，可是能够一吐心声作此尝试，以全他的责任，便可以让他自己心安。

汉密尔顿建议另起炉灶，取代（就第二十一条而言）有关国会认可然后送交各州批准的决议，格里附议。可是激动的威尔逊却表示：“现在一定得尽情说出心中话了。”威尔逊反对宪法寻求国会的认可，麦迪逊形容他这番话用了“极为强烈的字眼”。想仰仗着罗得岛、纽约或马里兰在国会说出赞成，简直是“比傻瓜还不如”的痴心妄想。

“我们花了四五个月，辛辛苦苦才为国家建立了一个政府雏形，眼见要大功告成，现在却又自己设限，为成功路上制造一些不能克服的困难。”

这观点很有分量，也非常真实，遂使伦道夫再度起立发言，他准备好一列长单，一项项地指出他反对的特定事项：国会代表人数太少、对常备军缺乏限制、对航行权缺乏特定设限、总统对叛国罪的特赦权……伦道夫问道，难道真要强迫他去“鼓吹一个他真心以为会落入暴政之手的方案”？麦迪逊把“暴政”（Tyranny）一词的 T 字特别用大写标出。麦迪逊的笔记记载，伦道夫说，“他不愿意妨碍大会的希望和判断——可是万一将来他有幸获选出席自己本州的批准会议，他一定得让自己有依照自己的判断行事的自由。唯一可以让他免去尴尬的方式，就是将宪法呈交国会，再由国会发交各州议会，再由各州议会交给有权接受、拒绝，或做修正的州级宪法批准会议，整个过程结束于召开另外一次大会，赋予全权，决定是否接受各州所做的修正建议，最后再成立政府”。

伦道夫以决议案的形式提出他的建议，富兰克林附议。这两个人联手的队伍很难对付，可是他们的动议终究未付诸表决。梅森介入，敦促大家先把这个提案搁一两天，大家一致同意。最后，事情却以策略解决了，那是在委员会上的一个非常高明又全然成功的运作，不但避免再度讨论，也让大家都很满意。

对于背后的运作，代表们自然毫无所悉。梅森的动议通过之后，查尔斯·平克尼便动议为这部宪法准备一份致人民书，并交由适当的委员会着手进行。

“于是散会。”麦迪逊在纸页的底端写道。

附：

联邦大会结束之后，雅茨和兰辛曾写信给纽约州长克林顿，解释他二人辞出费城的理由。他们这封信明确地表达了反宪法人士的立场，摘录于下：

> 我等严肃地察觉到……眼前只有两个令人不快的选择：一是超出我等原先所赋授权，同意此一我等认为有损合众国人民幸福之方案；另一则是采取与多位深受民众信任之可敬人士相反的意见……在此情况之下……我等只有坚决并毫无保留地……表示我等对这部宪法原则的异议；然而也必须声明，不论如何修改，任何主张将合众国统一为一政府的制度，我等都会同样反对……
>
> 我等认为，[针对邦联]所作的任何修正，都应以保留现有之独立州为最高原则，保留其不受控制的宪法权利……而一个总政府……却必无避免，必在短时间内即以有效的高压手段毁灭这等公民之自由……合众国的要务在屈从如此政府法令之下必致不能存活……维持如此政府势将负担过重……绝大多数居民福祉……必将无从知悉。
>
> 新宪目前尚未定案，但其大纲在我等离开之前既已底定，我等深信势将不会再有任何改变，足以吻合我等之安全合宜主张……
>
> 谨致最高的敬意，倍感荣幸的为您最忠诚谦卑的仆人。
>
> 罗伯特·雅茨
>
> 小约翰·兰辛

第二十章　宪法起草；文本委员会上场；9月8日至12日

一个自由政府，是一部复杂的机器，弹簧、轮轴、负重，都必须作良好精确的调节；这门艺术的诀窍，当代政治人物尚欠理解，一般大众所悉更为不足。

——约翰·亚当斯致杰斐逊，1821年5月19日，昆西

虽然有种种异议、迟疑不决、要挟退出、条文未决的情况，大会终于准备好将宪法定稿并呈现给国人了。州议会厅内忙碌嘈杂，东厅紧闭的门外则有人不时地来往走动。宾州议会已依行事历于9月5日准时开议，却很客气地自动提议搬到楼上开会。大会代表向他们宾州的兄弟保证，他们最多只再待上十天。几天以后，根据麦迪逊的记录，大会投票选出了一个委员会，“根据大会决议，就条文的文体进行修改整理”。这五位委员分别是约翰逊、汉密尔顿、古弗尼尔·莫里斯、麦迪逊，以及鲁弗斯·金。他们被称作“文本委员会”。

我们实在看不出大会还能选出更恰当的人选了。但威尔逊竟然不曾入选，可谓相当奇怪。不过，威尔逊人缘不好，甚至在宾州本地一般人也并不喜欢他。而大会中的南方成员，对他在强大中央政府一事上所采取的不妥协态度，可能也抱持猜疑之心。委员会中的五人，每位都是主张强大政府的人士，其中没有一位支持州权至上。梅森不曾当选不免有点意外，想想看他拥有州级文件执笔者的声名。

或许他拒绝出任，是因为他早就知道自己可能否定这部宪法。

约翰逊博士立即被提名为委员会主席——要领导这四名精于辩论、长于政治手段的老手，他确实是最佳人选。代表们没有忘记，国会中众人皆知约翰逊是“普受南方人喜爱之士”，他坐镇委员会中一定很让人放心。约翰逊安详的态度使人戒心全无。自6月初抵达大会之后，他不曾错过一天会期，而他凡事喜欢吩咐指导的小作风，也不曾让人烦厌。简单地说，大家都喜欢这位哥伦比亚学院的新院长，当时甚至有人表示，约翰逊本人“不论外貌、身形、比例，整体就是完美化身”。

至于汉密尔顿，他在6月18日发表的一场带君主色彩的高论，至今无人忘怀；可是代表们知道他对整个情况的了解，也知道他笔头又快又好，没有人能把政府体制之事说得比他更好。7月底时，汉密尔顿曾在《纽约每日广告报》上猛烈抨击克林顿州长反对联邦大会的立场；再说，他还与华盛顿以及鲁弗斯·金保持通信，显然对大会的进展颇有了解。“凡有思想见地之人，”他曾在7月写信给华盛顿道，“似乎都相信一个强大稳妥的政府，比起另一派全然不同的安排来，更合大众的口味。”而且年轻的汉密尔顿那种不受某些圈子欢迎的傲慢强势，在委员会中也将受到钳制，因为他另外那四位同事都不是容易让人使唤的人。此外，如果大家觉得充满外国派头的汉密尔顿对“人民”缺乏爱心，他对联邦的爱心却是不容置疑的。他也不像许多人那般，认为一个统一的政府、一个强大的联邦，就必定钳制人民的自由；汉密尔顿相信，也一再表示，美国可以同时既自由又强大。

古弗尼尔·莫里斯——那个“高个儿”——拐着他那只木腿，一派优雅地出入会场，他目中无人的派头不下于汉密尔顿，而且他对一般老百姓也没有太大好感。那种世故练达、非美式的德性，在莫里斯身上很明显，他却还敢甘冒不爱国的大不韪，认为奢侈一事也许“并不像大家以为的那么不可取”。此人的声音是大家在大会中最常听到的，这位代表发言的次数比谁都多，同时却也有勇气知错必改，敢于公开承认。

莫里斯被任命为委员会的书记，负责文体和段落章节的安排，而不作任何大幅度的基本更改。有人说到古弗尼尔·莫里斯，认为他深谙人性——不过在起草宪法之际，这一点却几乎完全派不上用场。莫里斯主张，从事历史的写作，仅有专业素养不够，史家与其研究休谟[①]，不如多花点时间诵读莎士比亚。可是将历史事实整理成篇，也需要判断力和技巧。莫里斯说，骨架之上，必须敷以“肌理”，才能赋予最后的形体以对称、力量与优雅。而最后成形之体，则将从史家本人的眼光与经验中取得色彩。

联邦大会虽然把古弗尼尔·莫里斯选进了委员会，却对他这番大道理毫无所悉。不过对这样一份文件来说，在形式上取得和谐倒也不是坏事。而且，写出一部可以让人携在口袋里的国家大法，或许不仅是判断见识上的成就，也是艺术上的成就。

至于麦迪逊——委员会中第四名成员，从来没有人说过他懂得人性，因为这么讲就会错失重点了。麦迪逊的专长是政治学、政制、宪法、书籍与论述，而且这是一个了解自己、并在自己天生能力范围之内活动的人。麦迪逊的长处在于他能掌握手上的主题，可以对不同的政治制度、理念作出比较，能以闪电般的速度，将过去和现在相提并论。他的信念深邃热情，但是，出于后天训练或是天赋气质，他却固执得无情，能够静待时机，然后神思清明地一蹴而起，无需假借辞令或装模作样，即可一举成擒，将对手制服或说服。

在过去近四个月里，麦迪逊不可思议地勤奋警觉。他这后半生都会用在向人解释、阐明这部新宪法上——不论在国会中，还是作

① 休谟（David Hume,1711–1776）：苏格兰哲学家，不过在当时比较出名的成就反而是其史学著作《英国史》。

为合众国的总统，或是多年以后在蒙彼利埃回复全国各地来的信件。此刻他坐在会议桌前自己的座位上，疲惫、严肃。根据一个了解他的人形容，此人带着“一种镇静的表情，蓝眼锐利——看上去就是有思想的人”。

委员会第五位成员是鲁弗斯·金。身为国会议员，他曾怀疑过安纳波利斯会议的功效，并在满怀忧思之下来到费城开会；他也认为国会才是建议邦联体制改变的最适当机构。可是在这一个夏天里面，鲁弗斯·金却慢慢改变心意，转而强力支持宪法。但凡改变信仰的人，热情尤为猛烈，鲁弗斯·金在大会上起了很大的作用。他以娴于言辞著称，布里索说他是“全合众国里最会雄辩的人”。当时另一位善辩的政坛人士韦伯斯特后来也曾作证，鲁弗斯·金雄辩大师的地位“无人可比”。可是善辩之长才，一如善舞之名声，很难以具体印象流传后世，因为这两项长处多在于其风采与个性。国会中每个人都知道鲁弗斯·金，他显然是位出奇俊美、令人一见难忘的佳公子。乔治亚的皮尔斯就曾很认真地写过，鲁弗斯·金“可名列今世杰出人物无愧”。

文本委员会在星期六成立，当天其主席早早便驱车，与一位代表米夫林同往斯古吉尔河瀑布用晚饭，同去的还有米夫林那可人的妻子，贵格派教徒莎拉。到晚间约翰逊召开了他的委员会，他们一共费了四天工夫完成任务。不知道他们一上来是先从序文着手呢，还是由正文开始，后者的可能性看来比较大。光从策略观点来看，他们最聪明的一个招数，就是干脆把那备受争议、有关批准程序的第二十二条与第二十三条完全删去，改以两则决议形式在宪法之后另行附录，由国会指定必要程序。而宪法的最后一条，只是简单陈明“宪法一经九州大会批准，即可在批准宪法的此九州内成立施行”。

他们同时也拟就了一封“随方案致国会”书，约翰逊表示，此信将由华盛顿代表大会署名。“诸君大鉴，”信如此开头，“吾等倍感荣幸，谨呈吾等以为最合适之宪法，敬请合众国国会考虑是幸。”

这封信取代了那类如《独立宣言》正文前的长篇序文，说明了宪法的正当性。我们今天手上持有的此信原稿，是古弗纳尔·莫里斯的手迹——确是一篇最富技巧又感人的文件，在在透出一片对大会所成之事的信心，毫无辩解之意，却只用严肃谦和的口吻指出，这样一个由各不相同的诸州组成的大会自觉何事可做、何事不可做。信中第二段写道："在诸州组成的联邦政体之下，若仍必欲将独立主权授予个别诸州，却仍希冀维护全体之权益和安全，二者显然不可得兼。进入社会组织之个人，必须放弃其部分自由以保全其余自由。牺牲程度则必依所处情况环境与所欲谋得之目的而定。何者得存、何者当舍，两者界线殊难划定；再者各州情况、范围、习惯、特定权益殊异，益使当前决定难上加难。"

确实"难上加难"。稀奇的是这十二州居然熬过了多月的讨论而未曾拆伙，而且如今文本委员会竟可不受掣肘地执行他们的任务。这封致国会信，接下来用了个危险字眼，它表示每一个美国人的权益，都系于"我们联邦的一统；我们的繁荣、幸福、安危，或许更包括连我们国家的存亡，恐都在此一举"。

自 5 月 29 日《弗吉尼亚决议案》首次提出以来，大会成员对于一个一统政府的概念已经习惯了，虽然后来这个字眼会使得某些圈子提高警觉。这封致国会信末了表示，虽然他们不期望宪法能在每一州都获得全面彻底的认可，"每个人无疑都会考虑到……异议程度将维持于最低限度，吾等祈愿并深信会如此。至愿 [宪法] 佑吾等亲爱祖国长治久安，自由幸福。是所至愿。"

18 世纪人在公共文献中使用"幸福"一词，令人有一新耳目的感觉。杰斐逊主张，"幸福之追求"，与生存、自由鼎足而三，是人类"生而不可分离的权利"。甚至更早以前，在《弗吉尼亚权利宣言》中，梅森也授予人类以"某些生而具有的权利，亦即享有生存与自由的权利，以及取得并拥有财产、追求并维持幸福和安全的手段”。那位美国之友沙特吕亦作有《论公众幸福》。“真正的国家精神，”他说，“与自由、幸福息息相关。”

汉密尔顿表达幸福，更是变化无穷，曾有史家将其一一列出：“公众福利、公众安全、公众福祉、公众幸福、共同利益、国家幸福、社会永远的幸福。”威廉·佩恩对这个词则不大信任，他说，大家看似都同意政府的目的是为着幸福，可是对于获致这个目的的方法，定义上却有着严重的歧异。1786 年麦迪逊曾写信给门罗，讨论当时流行的准则——“大多数人的利益,就是政治上是非对错的标准。若把‘利益’视作‘最大幸福’的同义词，从这个意义看来，利益吻合一切必需的道德成分，此说毫无疑问极其正确。可是若从一般普遍想法来看，利益指的却是资产财富的立即加增，那这话就再错谬也没有了。就后面这层意义而言……只不过是假借名义,徒有其表，重新把势力立为一种权利手段而已。”

麦迪逊对政治不存任何浪漫幻想。拥有财产的权利、保有财产的权利，以及在任何能决定税金的团体中拥有代表的权利——乃是自由与公共幸福的精义。到了下一个世纪，“公众幸福”却将取得一个非常苍白的名目：实用主义，再到我们这个年代，也有一位法官论到“有秩序地追求幸福的权利”[①]—— 这是针对过去那种光荣的希望所作的一种修改说法，稍带劝诫口吻。

可是 1787 年文本委员会对于“幸福”一词的使用，可没有这么审慎踌躇，他们的“至愿”就是保障“自由幸福”，以及“吾等亲爱的祖国长治久安”。这封致国会信涵盖了所有必要的重点，以解释这个夏天所做的努力，因此新序文本身就无需长篇大论了。莫里斯只不过简单大胆地以一句“吾等合州国之众民”[②]作为序文开端。

---

① 作者注：此为法官麦克雷诺兹于1923年“迈耶对内布拉斯加州”一案所言。

② United States依直译应为“合州之国”，本章为表明文意，故译为“合州国”，在其他章节中仍译为“合众国”。

莫里斯这个开头很新颖。他面前这张桌子上，摆着新出炉的大会二十三条决议文，分款列节——其间不知历经多次争执，一再投票、数度重写方才大功告成。这里的条款原都各有其开场白，不过无一字提及“吾等合州国之众民”，却是说：“吾等以下签名之诸州代表：新罕布什尔，马萨诸塞湾……”依次列出十三州州名，甚至包括“罗得岛和普罗维登斯垦殖区”（此乃出于期望而非事实判断）。不过对委员会来说，光是空口指望罗得岛、马里兰或纽约等州支持宪法，毫不济事。最好还是避免列举各州，让各州自己决定是否愿意以及在什么时候批准宪法……“吾等合州国之众民……”

委员会上没有一人表示过自己知道这句话的重大意义，他们也不曾臆测此话将激起某些人士如老革命党帕特里克·亨利等的辛辣反击。对亨利来说，联邦就是诸州，而非众民合成之国。“众民”这个字眼，意味着容许一个国家级政府凌驾各州，践踏各州权利。众委员中也无人料到这句话将在欧洲成为一个激动人心的标语、反抗专制君王的大旗。如果“吾等众民”的确代表着一个实体，一个团体的存在，想想看，这个集合之体有朝一日将代表着何等力量！

解决了一个麻烦问题，又免掉了将不愿上榜之州列名在内的不妥，莫里斯大笔继续前行：“……为塑造一较为完美之联邦，建立公义，保障内部安宁，提供共同防御，促进全体福祉，并确保吾等及后世子孙得蒙自由庇佑，谨制定本宪法以为美利坚合州国之用。”

一连出现了七个动词：“塑造”、“建立”、“保障”、“提供”、“促进”、“确保”、“制定”。这简直可以向历世历代挑战，还有谁能想出更好的字眼。莫里斯是在仔细研究后方才下笔，还是它们自然流自他的笔端？莫里斯认为，一份好的历史文章，行文必须雅驯——文体和谐，富有“肌理”。莫里斯是在执笔写作一份政府组织的实用文件，必须平易、简洁，必要之处又必须策略性地语焉不详，以便日后环境变迁还有转圜余地。“重要的是，不要把政府搞得太复杂。”斯特朗曾在大会中这样说过，戈勒姆也力促“用语模棱正合体统”。

莫里斯或委员会众人心里，都回响着一个夏天以来大会所经历的各种字句与多方争议，五个人都是有备而来。二十三项条款，是不断争执、讨论和妥协的结果。“总要让失败一方也有表达机会。”在两个世纪以前，弗朗西斯·培根爵士还是名年轻律师之际，曾这般告诫自己。而在合众国宪法的制定过程之中，每一败方肯定也都有过机会畅所欲言，而这也正是这个制度的力量所在。如果新政府确乎可算革命，它有着其他革命鲜可比拟的优点：这场革命没有一个中心力量，没有“领袖”强力主导成形。这是一个大融合，连反对者的意见也贡献了极大效力。文本委员会意识到这个事实，也因此据以为文。莫里斯在第六条里写道：“本宪法……应为地上之最高大法。”以此古老用语为中心（源自《大宪章》），国会与诸州如在轮上绕轴而行。这一条是马丁提出来的——虽然他的用语不是“地上的最高大法”，他说的是“诸州的最高大法”。

文本委员会从来不曾听说过最高条文（第二条）、商务条文（第一条第八款），或是信用条文（第四条第一款）等等说法。这些名目是在后来法院开始执行其释法功能时方才出现。古弗尼尔·莫里斯目前所能做的，只是将全部二十三条凑集起来，浓缩成七条，适当地分款。他也颇以自己的作品为傲，许多年后他告诉蒂莫西·皮克林，宪法“当年就是出自此刻作此信人之手”，又说：“摒弃了那些重复或双关字句之后，我相信这部宪法的文字，已经达到我们这语言所能容许的最大清晰度。”

莫里斯对宪法文字所作的贡献，麦迪逊是最好的证人。他写道：“宪法文体与段落安排所带有的那份润饰精炼……都要归功于莫里斯先生的大笔。”麦迪逊说，虽然当时交到委员会手中的各个款项，次序安排已经很合逻辑，可是仍有“足够余地，可容作者留下才情与品味的印记”。不过至少有过一次，莫里斯尝试最后一击，把其中一条条文扭转成他自己的想法——不过却失败了。那就是第四条第三款中有关排斥新领域的条文，莫里斯后来承认，他在字面上“尽情况容许地让排斥的规定可以成立”（参见第十四章）。

但是古弗尼尔·莫里斯绝对有权以自己的苦心成就为荣。大会结束之后，宪法正式对外公布，代表们发现身陷反对者的攻击之中，他们指责宪法条文太过含混。在马萨诸塞的宪法批准会议上，斯特朗就曾一本其平实朴素却不失庄严流畅的语风，对这些攻击加以反驳。他说，他相信制定宪法的诸君，绝大多数都是诚信之人，如果宪法中有任何条款不够清晰，绝不是故意设计如此。“就我个人而言，我觉得整部宪法都是使用人类简朴、共通的语言写成的。”

第二十一章 “权利法案”遭否决

民主国家凡事总要在“眼见”以前先行“感觉”——民主政府行动之所以迟缓的缘故即此，可是最后人民总是对的。

——华盛顿致拉法耶特，1785年7月25日

9月6日，《宾夕法尼亚邮报》刊出了一则消息：“据闻大会建议下周休会。”一向支持宪法不遗余力的《宾夕法尼亚邮报》使出浑身解数报道：“1776年由于一场争自由的革命而闻名；而1787年这年，因为这场支持中央政府的革命，也将以同等欢欣为人所纪念。”日后《宾夕法尼亚邮报》又为一位“短文作者”（如今称作专栏作家）的文章腾出篇幅，作者在文中想象宪法若遭各州批驳，会是什么景况。他描述国家因此将面对的困境：“谢司上尉阁下已接管麻州政府，前任官员明日将予处决。新泽西则请愿要求重归大英王室保护之下……”

9月12日，约翰逊博士在日记中记道，天气热得不得了。文本委员会作业期间，感谢老天，天气多半很凉爽。在这个星期三的早晨，委员会将他们准备就绪的宪法呈交大会；对这部宪法，约翰逊博士系以与会者当时惯用的“方案”一词称之。大会不为所动，或许是意识到这可能将是他们最后的机会，立刻又毫不留情地把方案批了

个体无完肤，就像五月份以来他们面对先前每个版本的作风一般：总统否决权应该只需国会三分之二人数即可推翻，而不是四分之三；民事诉讼应加列陪审制的条例……第一个动议以极为接近的票数通过；第二个搁置再议。格里建议，请文本委员会依照此意拟个条文，以供大家考虑。

“陪审制”一向是个神圣的字眼，以自由保护神而闻名，被颂扬为人生而具有的权利，是我们撒克逊老祖宗传下来的特有权利。而事实上，这几个世纪以来，陪审制度丝毫不曾在法庭上保障审判必定公正，英格兰的陪审员往往被法官或那些高贵的被告给吓倒。不过这“陪审制”毕竟是个有魔力的字眼；这天早晨就使得梅森在这个夏天以来，头一回提出在宪法中列出“权利法案”的主张（查尔斯·平克尼曾于8月20日向细则委员会提出过几项条款，可形成一种“权利法案”。但是此议未致任何结果，从未付会上表决）。梅森说，他希望“在这个方案之前，加上一份‘权利法案’，消弭人民疑虑”。梅森又说，像这样一份法案，不出几小时就可以备妥，梅森又说，委员会只消参照现成几州的宣示即成。

全美之中，有八州州宪包含“权利法案”。1776年的《弗吉尼亚权利宣言》即出自梅森本人之笔。格里此时便动议委员会动手准备，梅森附议。舍曼却认为各州宣示即已足够，毕竟州宪不会因为宪法成立而作废。梅森反对，现在合众国宪法将成为国家最高大法，因此也将高于州宪的“权利法案”。十比零，大会投票反对在宪法加入“权利法案”。马萨诸塞无人出席，格里本人此时一定也不在厅内，甚至连弗吉尼亚都投了反对票。

因此，这个问题算是众人一致打发掉了，乍看之下颇为奇怪。今天美国人对“权利法案”可说耳熟能详，因此都把它和1787年9月构成宪法定稿的那七条款项给搞混了。如果我们去抽问一下，恐怕很多美国公民都会以为合众国宪法就是那个以“吾等众民”起头，并保障言论与宗教自由、人身保护等等的文件。事实上，“权利法案”是由十条宪法修正案组成；而且是在批准期间，经由数州提出，再由新政府成立后的首届国会在 1789 年明令通过。

待大会结束，宪法在报端披露，反联邦分子集中火力反对，其中尤以“权利法案”竟付诸阙如一事引起他们最大骚动。大会到底在搞什么名堂，甚至连这么基本、向来属于自由人重要遗产之一的大事都忽略掉了？嘿，要知这等大事，最早可以回溯到《大宪章》呢！布莱克斯通曾为其定下界说，在他之前亦有柯克法官在其《英格兰法总论第二部》中给出定义。

不过大会立场即使不对，也不无道理。诸代表并不反对这些权利，只是他们认为宪法内容早已涵盖此事。大会以十比零投票否决此案之后没有多久，平克尼和格里就又动议应该增列一项声明，保障“新闻自由不容任何侵犯”。舍曼立刻表示没有这个必要，国会的管辖权力并不及于新闻界。七比四，诸州也否决了此案。

代表们事后对其立场所做的辩解，读来颇为有趣。汉密尔顿认为根本就不需要有“权利法案”。他说增列“权利法案”是危险之举：“为何要去规定 [国会] 不可以做那些本来就没有权力去做的事呢？”汉密尔顿认为“权利法案”本来是君王和臣民之间的约定，就像《大宪章》一样，系由“王公贵族以剑相向，才从约翰王手中争取得来”（《联邦党人文集》第八十四篇）。而在美国的政治体制里面，人民不曾交出任何权利，却保留所有权利，因此没有宣言保留特定权利的必要。“吾等合众国之众民……”汉密尔顿引用序文开场白——这几个字就很坚定地承认了众人的权利，胜过那些在州宪“权利法案”中成卷出现的格言警语，“比较适合在论伦理的文章中出现，却不适用于一国宪法”。要不然，为什么我们不干脆在宪法里面一一声明政体应该自由、税收不得过度等等？

至于威尔逊，他在宾州的某次公民集会上向众人表示，“权利法案”不但没有必要，也不实际。“难道要一一列举出人所有的权利不成？我相信近来的制宪会议中没有一位先生会想做这种无聊事。”在威尔逊的心中，新宪法不是那种根本法则，没有必要在其中陈述自然权利。宪法是一部国内法、实在法（与自然法相对）——中古时代称为民法。宪法不是用来宣布人类永恒的权利，而是用以参考的法典。

联邦大会显然认为自身任务的成品是以实用、每日事务为目的，一直以来，他们都避开那种有关人权的高调。迪金森后来曾在报上为文辩护，陪审团审判、无代表权就不缴税，“唯有心思的清明诚实才能保全这些权利”。和这些高贵品德比起来，“权利法案”又算得什么？“难道我们需要不断被人提醒：太阳照亮我们，温暖我们，使我们有生气，让我们有欢笑吗？还是我们竟不知道，如果被扔进矿坑、地窖，太阳光芒被阻绝，会是多么可怕？自由就是社会的太阳，权利即其光芒。”

舍曼也从来不曾改变他反对“权利法案”的立场。他本着直来直往的作风，以“一介乡人”为名，投稿到纽黑文一家报纸：“除非统治者愿意，‘权利法案’对他们的约束力甚至比新婚夫妇的蜜月期还要短暂；而且如果他们真的有诚意，他们随时可以宣布并维护这些权利。”

宪法版本出炉后，各地报纸不断收到投书与来稿，署名布鲁图、西德尼、阿格里帕、加图、坎迪杜斯。[①]纽约的宪法批准会议主张在宪法中加列“权利法案”，韦伯斯特受到刺激，（在报端）把纽约代表们狠狠地训讽了一顿。既然他们觉得该加列“权利法案”，他建议不妨把这张不可剥夺的权利单子弄得再齐全些，加上这样一款：“天气好的时候，每个人均得在自己的土地狩猎，在公有的溪流里打

① 作者注：布鲁图、西德尼其实就是雅茨，加图则是克林顿州长。

鱼……而且国会绝不可限制美利坚居民在该吃喝的时候吃喝；冬日的长夜里，他们如果朝右边躺累了，国会也不可禁止他们翻身转向左边侧卧或甚至仰卧。”

拉什医生则在宾州的宪法批准会议上表示：“这个体制没有被一桩‘权利法案’来玷污，真是制宪会议的光荣。如果说，我们还得正式宣布，我们的自然权利是从我们自己那里取来的，不是很可笑吗？”平克尼将军在南卡罗来纳发表的一席话最为露骨。他告诉当地议会，“权利法案”“通常是以宣告众人一律生而平等为始。我们若也做这种宣示，就未免令之蒙羞：我们的财产当中，就有一大部分是生而为奴之人”。

这些都是反对在宪法中明载“权利法案”的理由。至于赞成理由，都是我们今日思维理念的一部分，无需在此引述。不过在这些赞成意见当中，也有过一些出人意表的谈话。以杰斐逊为例，他就对“权利法案”的遗漏感到愤慨，希望“弗吉尼亚提出反对，或可以补救这个缺失”。不过，杰斐逊从巴黎写信给华盛顿表示，“权利法案”的遗漏，只是他对新宪法强烈不满的两点之一。另一点是总统竟可以一再连任，他担心如此一来，“就会使总统职变成终身，再下来就会变成世袭了”。

小人物也有他们的看法，各地的老百姓都议论纷纷。在缅因的波特兰，一位叫做托马斯·韦特的印刷商，出了份《坎伯兰报》，他认为“在这整部宪法里面，透着一股表里不一，故意隐晦的阴暗气氛，这使‘权利法案’益发必要。照它目前的内容来看，没几个人看得懂，而且恐怕永远也不会有人懂，结果就是国会自说自话地诠释”。

这是一种精明却又非常自然的反应。宪法的内容确实又新奇又吓人，而对新事物反感的人，往往会抱怨他们还不能消化领会的事物太阴暗或太隐晦。马丁在马里兰强烈抗议，暗示有人搞鬼，故意漏掉“权利法案”。埃尔斯沃思以“一个土地所有人”为名，在报上愤怒地反击。马丁先生当初为什么没在大会上为“权利法案”说句话呢？“你这位先生，”埃尔斯沃思写道，“从不曾提出任何动议或表示，主张［这份方案］需要加一份‘权利法案’，或指出这方案有任何妨害陪审团审判之虞。就这方面来说，宪法完全合乎你的意思；要是你认为它有毛病，你早该在大会上提出来了。而且，要是那时你真认为宪法需要进一步的保障，你就该提出建议，责无旁贷。”马丁结结巴巴地回道，大会快结束时他的确有此打算，甚至还起草了一份‘权利法案’准备提出来，可是有人劝他打消此意。马丁写道：“野心、利益，蒙蔽了某几位主要制宪者的心眼……我敢说，他们的目的就是完全废止并毁掉所有的州政府，然后在这些废墟上另建一个庞大的帝国……”

弗吉尼亚的国会议员理查德·亨利·李心地善良，也明白事理，他并非联邦大会成员，而且强烈反对宪法，却为大会缓颊，认为他们未曾将“权利法案”列入宪法情有可原。李表示，当我们自己一直视某事为国人都共同关切的事务时，往往会误以为别人对此事也了如指掌，所以就认为不必特别提出。李又说：“即使最有才干的人也常犯这错误，这不足为奇。然而，这类权利实在应该用各种形式，通过演说、‘权利法案’，或是透过报端，长时间地让大家看见。”

大会记录证实李说得没错。制宪诸人把宪法本身就看作一种“权利法案”，其中每项条文，都是为有自由、有担当的人而制定。所以，为什么还要把国会必不可行的事情一一列举出来呢？

马丁在9月4日以家中有要事待理为由，离开了费城。六个月后，他却对选区民众表示，离开大会之际，他“抱定决心，如果可能一定要在大会闭幕之前赶回……我真希望，大会最后作结时自己能够在场，就可以对［宪法］投出我这张严正的反对票。我个人最大雄心，就是能在史上留名，让大家都记得我认为这个制度对我们国家有害，因而坚决反对”。

可是马丁这张严正的反对票，却是张缺席未投的票。他一直待在家里不曾返会，宪法签署人中没有他。9月14日星期五，除了第一条的大量字眼遭到修正外，大会正式地同意委员会的建议，将第二十二条、第二十三条改为决议文附列在后。可是代表们依然不肯歇手让事情就此结束。他们继续耐心地提出各种建议，比如富兰克林博士主张授权国会视需要开凿运河。威尔逊也认为运河可以促进各地与西部的来往——他的看法之正确，将在一个世代之后获得证实。可是北方来的一位代表却认为，运河会使诸州分裂成不同阵营；而且，费城和纽约两地正好可以借运河为由成立银行，这些大城早已为此事争执不下。梅森也反对此议，他担心造成垄断。最后八比三，富兰克林的动议遭到否决。

古弗尼尔·莫里斯则希望删除第一条第八款中第二次出现的“惩处”字眼，该句内容是：“认定并惩处公海上的走私、重罪，以及惩处触犯各国法律之罪行。”他认为如此修改之后，触犯各国法律的罪行，就不但得以惩处，也可以加以认定。威尔逊却反对将其删除。“各文明国的法律，自有其当局认定，”他说，“我们如果自以为可以代替他们认定，岂不显得妄自尊大，也会招来他人的耻笑。”可是在场各州代表却以六比五通过莫里斯的建议。此时麦迪逊和查尔斯·平克尼提出另外一项动议——却不幸败北——他们主张授权国会“成立一所大学，不得因宗教理由给予任何人优惠或不同待遇”。此外，第一条第九款亦有争论：国会是否应该公布国库收支，如若应该，又是否每年一度。大会最后裁定的说法是：“应予时时公布。”

9月15日星期六，是大会最后一个工作日。会议才开始，马里兰的卡罗尔就提醒大家道，大会还不曾拟就一份致全体民众书，他认为此事“极端重要……民众已经习惯在这类重大场合见到这种文告”。卡罗尔接下来便建议成立委员会起草。

南卡的拉特利奇反对，认为会“耽误时间”。而且，目前还不知道国会到底会不会批准并拥护这部宪法，如果就贸然公告人民，有失妥当。等到时机成熟，国会自然会准备这样一篇文告，到时候本联邦大会的代表们也就可以向他们的选民“细说从头”了。新罕布什尔的兰登动议，北卡罗来纳和罗得岛的众议员人数各加一名；鲁弗斯·金闻言大为光火，站起来愤怒地反对：他找不到任何正式记录，证明北卡的人口比当初估算的还多。鲁弗斯·金最后说道，如果大家容许罗得岛派遣两名代表，他绝不在宪法上签字——那简直等于让罗得岛拥有马萨诸塞四分之一的代表人数。

贝德福德也趁机起来，要求增加特拉华的代表人数，于是整件事好像快要失去控制。这一天极为漫长，大会一直到傍晚6点才散。大家一条条地考虑，字斟句酌地修改。在这最后一刻，老问题又纷纷出笼：新成立的诸州应在何种条件下加入合众国、国会管理商务事宜的权力、总统对叛国犯的特赦……时间一点一点过去，梅森、伦道夫和格里等人却愈发倔强难缠。梅森认为，合众国参议院的权力实在太大了。

最让梅森不安的，是有关宪法修正方式的条文。第五条规定，若经三分之二国会成员认定事有必要，宪法即可在四分之三州数批准后加以修改。梅森表示，这种方式“不但不可行而且危险”。他也不满意国会仅以勉强多数，就有权通过航运法，他说如此一来，“费城、纽约和波士顿区区几名富商，就可以独占南方诸州特产的运销了”。

这时伦道夫起来“大声指责”，麦迪逊记道：“宪法赋予国会的权力，不但没有止境而且也非常危险。他表示在众人辛辛苦苦做出一番成绩，大会也接近尾声之际，自己却和大会全体唱反调，实在令他感到痛苦；因此他也急切希望找出权宜之道，好免除自己的尴尬。”伦道夫建议，新宪的修正也可以由各州宪法批准会议提出，然后呈交另一个由普选组成的大会做最后决定。“如果大会不采纳这项建议”，伦道夫严肃地作结论，他就不可能在这份文件上签下自己的名字。至于他日后会不会反对这部宪法，他不知道。但是他绝不会剥夺自己在本州反对它的自由，如果他最后判断有此必要。

梅森“赞同伦道夫先生的意见”，麦迪逊写道：“他责备这个政府体制的权力与构成实在危险，结论是政府最终恐将流于君主制或暴虐的贵族统治；到底会变成哪一种，他不能肯定，可是他知道一定会走上其中一途。这部宪法，是在不明人民意向的状况下完成的。若能再举行一次大会，对于民众的想法就会有比较多的了解，也就可以提出更合乎人民意向的体制。”吩咐人民要不接受这个，要不就什么都没有，实非所宜。如果照宪法现在的内容，将来在弗州他都难以支持或投下他的一票。而且此时此地，他也无法签署一份他在彼地不予支持的宪法。如果大家同意再开大会做最后决定这个提议，那他就愿意签字。

这真是个惊险关头，伦道夫和梅森要弃会而去了吗？这对其他代表，以及整个国家不知会产生什么影响？这一向以来，伦道夫似乎都赞同强大的中央政府。大会这几个月以来的讨论所本，不就是伦道夫提出的方案吗？至于满头银发、赤胆忠心的梅森上校，他曾誓言埋骨费城，绝不在任何可行方案成就之前弃会而去。而现在梅森却口口声声地坚持要有二次大会——这对麦迪逊、汉密尔顿、华盛顿与威尔逊等人来说，简直是一个不可能的变故。

查尔斯·平克尼站起来了。两年后，他将以不到三十二岁的年纪被选为南卡罗来纳的州长。此人虚荣、耀眼，是个棘手家伙，可是在这个夏天，他却证明了自己的价值。他此时这一番话，不但言之有物，而且相当大胆：“在此重要集会结束之际，忽闻如此可敬人士发抒此言，为此刻带来分外庄严之气氛……”

麦迪逊记道：“平克尼详细说明，若让诸州就政府一事提出各种考虑、修正，将导致何种后果。这种实验只会造成困惑和矛盾。各州方案绝对不会一致——而在选民意见不一的印象下前往二次大会的代表们，必然也无法取得共识。”

平克尼最后以他自己的建议作结，麦迪逊也一路记录到底。平克尼说的是，“他和其他代表一样，对 [宪法] 方案也不无异议。他反对行政首脑那可怜的软弱和倚赖性，他也反对国会只以多数即可管辖商务的权力。可是，他担心再混乱不决下去的危险，也害怕最终得靠武力才能解决，有鉴于此，他还是愿意支持这部方案”。

格里是下一个起立发言的人，准备好好对宪法炮轰一番，他共有十一点反对理由。格里手上大概有一张单子：“一、参议院的任期与连任的规定。二、众议院无须公开其议事记录的权力。三、国会对选举地点的决定权。四、国会对自己的酬劳具有无限制的决定权。五、马萨诸塞未能配得与其人口比例相符的代表人数……”

听格里那带着神经质、字字用力的腔调说话，一定令人非常难受。他把他的单子一项项念下去，然后宣布，“所有这些 [反对理由]，他都可以置之不顾，只要公民的权利不致有虞”。他又提到军队的征集，又质疑若成立没有陪审团的审判庭，“就民事案件来说，不就成了那种星室法院[①]……征诸以上对于宪法的意见，最好的法子就是预备一个二次大会”。至于他自己，格里表示他的心意已决，绝不在宪法上面签署。

没有人答腔，就算有人开口，也没有任何记录。于是大会就伦道夫召开二次大会的建议加以表决。“各州一律说——不。”麦迪逊记道。

“至于就最后修订之宪法予以同意一事，各州一致赞成。

“于是宣布，宪法正式誊清缮写。

“然后散会。”

---

① 星室法院（Star Chamber）：15世纪至17世纪英国最高司法机构，秘密审案，无陪审团及证人，严刑逼供。

第二十二章　宪法终于签署；异议分子

这是经过讨价还价和妥协的结果，尽管结果并不完美，但是我们是否可以成为一个受人尊敬的国家，还只是一群因内讧四分五裂，受世世代代唾弃的人，(依我个人浅见) 端视我们能否采用这部宪法。

——新罕布什尔代表吉尔曼致约瑟夫·吉尔曼，1787 年 9 月 18 日

周末云层一直密布，周五周六两天都下雨。可是星期一，即 9 月 17 日，天一亮就是凉快的好天气，空气中带着一股秋高气爽的味道。代表们从他们第五街以南的住处走来，快到州议会厅时就可以望见东墙上的大钟，钟的基座几乎触地，钟面则高悬在檐下，得仰起头来才看得到钟上的时间。对多数代表来说，这将是他们最后一天来到胡桃街上，最后一次走进那幢熟悉的建筑，意识到这个事实，不免使得人的感受敏锐起来……整齐的砖砌路面、路两旁的排水沟，都经雨水冲刷得干干净净，还有那高高的打水泵，州议会厅门口的岗哨。只见富兰克林博士的轿子又颤巍巍地进入眼帘，人犯扛着他们这个沉实的重担，一步步地爬上州会议厅的台阶……这个景象，此时就已经开始令人有一种怀旧情绪了，就好像某件习用已久，却不久就要舍弃的东西一般。

方正的大东厢里，光线明亮，朝阳从高高的南窗流泻满室。高敞的天花板，隔住了楼上正在开会的宾州州议会的脚步和低语声，

不时可闻的只有椅子拉过地面的咯嘎声，或是厅廊内有人往楼梯口走去时的谈话声。陆续出席的五十五位代表里面，今早在场的有四十位，其中人数最多的是宾州代表团，共有八位；弗州原有的七位代表之中，今天来了五位；麻州三位——斯特朗已经回新英格兰去了。

代表们纷纷落座，聆听大会宣读宪法最后誊清的版本（已经整整齐齐地用大字文书体正式抄妥在羊皮纸上）。麦迪逊记道，宪法读毕，富兰克林博士“站了起来，手上拿着一份他为方便起见事先写好的讲稿，请威尔逊为他宣读：‘主席先生，首先我必须承认，对于这部宪法的部分内容，目前为止我并不尽然同意……’”。

这个开头是他仔细想妥才下笔的，好用来缓和反对人士的情绪，老富兰克林的手腕依旧高明。“可是我也不敢说，我永远都不会赞成，”讲词继续下去，“我的岁数这么大了，不乏原以为自己眼光正确，可是后来经过深入了解、周详考虑，却不得不改变看法的经验，甚至有许多我一度以为正确的重大事件，事后却发现大谬不然。因此，我的年纪越大，反而越不信任自己的判断，愈发看重他人的判断。就像许多宗教上的宗派一样，许多人总以为自己的一派拥有全部真理，只要别人的意见和自己不一样，就一定都是错的……很多平民也老以为自己绝对无误，就像他们总觉得自己的宗派一定是对的一样。很少有比某位法国小姐把这种感觉表达得更透彻的了。有一回她和妹妹吵嘴，不禁叹道：‘妹子，我也不知道为什么会这样，可我从还没遇到过其他任何人，像我这样总是占理。’

“先生，就是带着这些感触，我愿意接受这部宪法，包括所有谬误在内——如果其中确有错误的话。”

博士继续表示，他对再召开一次大会就能把事情办得更好表示怀疑，毕竟，与会者同样也不能避免地方利益与自私观点。事实上富兰克林认为，本次大会居然能够达到这等近乎完美的成就，已经令他惊讶不已：“我以为，那些正满怀信心等着看大会狼狈好戏的敌人，也会因此而万分震惊……他们原以为各州濒临分裂边缘，到这儿来开会，只不过是为了要割破彼此的喉咙罢了。”

富兰克林对自己这篇讲词很感满意，曾将之分送诸友。整篇讲词里面，都带着富兰克林迷人的风格。这是一位老人家的话，温和亲切，可是字句背后却有着他那长长一生中的活力与智识。“先生，我之所以同意这部宪法，”富兰克林说，“是因为我觉得恐怕再也找不出比它更好的了，而且我也不敢说它不正是最好的。我愿意为了公众福祉，牺牲我认为宪法中存有错误的看法。这些意见，我从来不曾对外泄露过只字片语，它们始于这四墙之间，也将终于此。”

接下来富兰克林要求代表们也不要对外公开他们的反对意见，免得破坏大家辛苦一个夏天的成果，更失去外国对我们内部和谐一致的好印象。“各位先生，”他说，“我不禁要表达这样一种愿望，希望大会中每一位仍然持有反对意见的人士，在此都能和我一起，对自己的绝对无误不要那么有把握——并为表明我们的意见一致，在这份文件上签下大名。”

但是并非在场每位代表都被富兰克林的魅力所动，马里兰的麦克亨利就在他的笔记里酸溜溜地写道：“富兰克林把一张纸塞到威尔逊的手里叫他宣读，说明他为什么同意宪法。内容很简单，却充满了暗示和说服的味道——不管此事最后结果如何，博士的名誉面子都顾到了。”富兰克林这一生，直到他离开人世，甚至在他身后，都不断有人嫉妒他的声望，怀疑他的动机。讽刺的是，在麦克亨利的笔记里，富兰克林的影响力却似乎再明显不过。决定签字之后，麦克亨利注明自己的理由：“首先，我不敢相信自己的判断能力，尤其在与许多杰出的爱国高士看法相左之际，更是如此；此外，本人也曾有过多次经验，使我相信自己并不总是对的……”

富兰克林博士的讲词，最后以一个动议作为结束。这项动议是由古弗尼尔·莫里斯拟就，交由博士提出的，麦迪逊说“这样可以比较有成功的把握”。这项动议是经过考量而做的文字把戏，用以安抚反对人士，建议代表们以下列形式在宪法上签字：“9月17日，经在场诸州无异议一致通过在本大会中告成。”“诸州”一词表示与会代表个人并没有承诺支持宪法的义务，因此可以让反对人士觉得好过些。可是在大家就此动议表决之前，戈勒姆又问，如果现在不嫌太迟，他打算建议修改第一条，将每四万居民选出一名国会众议员的规定，改为每三万居民中选出一名。

这个问题，大会过去已经严肃地考虑过，提高代表人数，势必嘉惠大州，却对小州不利。华盛顿站起来，建议再度加以表决。一整个夏天的沉默之后，这会儿将军却开口讲话，一定令代表们很惊讶。麦迪逊写道，将军表示，“虽然这一向以来，由于他个人的特殊情况，使得他不方便对厅里的未决议案发表感想，而且大家可能认为，他现在同样也不宜讲话，可是他却忍不住表达他的愿望，希望适才建议的修改可以成立。他更企盼受推荐的方案的反对人数越少越好——大会许多成员早就担心，如果代表比例太小，将不足以保障人民的权益。他表示，他一直以为这是宪法方案的一个引发异议之处，因此虽然现在再提出来修改似乎有点太晚，但是由于这个问题实在太过重要，如果能够获得实行，他将极感安慰”。

将军的要求、将军的影响力是无法抗拒的，于是各州无异议通过。

最后签署的时刻越来越近，异议者如果再不开口，就永远没有机会了。可是去跟华盛顿还有富兰克林这两号人物对抗，后果恐怕很严重。华盛顿铁定是国家的第一任总统，若想在新政府中谋得一官半职，如果竟敢反对这样一部将军大力支持的宪法，无异自己送死。可是众人在家乡也有选民因素需要考虑。每一州都存在着庞大的党派势力，反对宪法，主张二次大会。伦道夫年纪尚轻，还有漫长的前途待追求。可是弗吉尼亚的政情、弗吉尼亚的事务，在伦道夫的心中也总是占着第一位；他最深的忠诚，乃是献给了地方。多年以后，他曾借用帕特里克·亨利当年的名言，但换了一种讲法："我其实并不完全是美国人，我是弗吉尼亚人。"而且伦道夫一向很难下决心，做了决定后又往往很难坚持到底——这种个性，竟会出现在一个这么有活力的人身上，确是怪事，看来这位年轻州长似乎虚有其表，不够果决。而他的犹疑不决，也为他自己带来许多焦虑。对于这部宪法，他一再来回改变立场，反复无常缺乏定见，直到让梅森气得骂他"小阿诺德"[①]。

联邦大会的最后一天，当众人正絮絮讨论之际，伦道夫一定细细把博士的话沉思咀嚼一番。然后他站了起来，麦迪逊写道："语中一面暗指着博士方才的一席话，一面为自己拒绝在宪法上签字道歉，尽管占了绝大多数、且又赫赫可敬的那些大名将认可这部宪法的价值与其中的智能。但是他又说，他现在不签字，并不表示出了大会就一定反对。他之所以如此，只是意在保留自己的自由，以便履行由他将来的判断所指定的责任。他拒绝签字，是因为他认为大会呈现给人民的这部方案，不符大会召开的宗旨。"

"有九州，"伦道夫宣称，"不会批准这部方案，如此一来，乱象必不可免。"

伦道夫指的到底是哪九州，他没有明说。他最后表示，"本人既有如此看法"，就不当也不能誓言支持此案，免得限制他将来采取可能在自己看来与"公众福祉最为一致"的步骤。

伦道夫的用意，是希望自己将来在弗州大会上可以依当时的感觉行动，而不受任何约束。下一位发言的是古弗尼尔·莫里斯。他表示，他也不无反对之处。"但既然这是我们所能达成的最佳方案，"麦迪逊记道，"他认为自己就该连好带坏照单全收。而且，既然大会中多

① 阿诺德（Benedict Arnold V，1741–1801）：美国独立战争时期的将军，变节依附英国。

数都已经赞同了，他也当如此遵行。”

“这个方案一经发布，”莫里斯最后说道，“所有其他顾虑就都会放在一边了——最大的问题将是，到底我们要不要建立一个国家级的政府？我认为此事势在必行，不然唯有走上无政府乱象一途。”

北卡罗来纳的威廉逊知道他本州同仁布朗特决定拒签，此时建议大家不妨只在随同宪法方案送交国会的那封信上签字即可。如此也许就能使不喜欢这部宪法的人满意了。至于他自己，他不认为还能找出另外一个更好的方案，因此他将毫不踌躇地在上面签字。

大厅里有六位一整个夏天都风雨无阻全勤出席的代表，他们在该表决的时候就投票，有几位还在几个委员会上各尽其职——可是他们却好像从不曾找到适当时刻让自己起来说上半句话。其中包括北卡罗来纳的布朗特，另外五位则分别是弗吉尼亚的布莱尔法官、新罕布什尔的吉尔曼、特拉华的巴塞特、乔治亚的费尤，以及费城来的宾夕法尼亚代表英格索尔。此时只见布朗特终于站了起来，作他第一次也是唯一一次的讲话。他说，虽然他曾声言不愿签名，不愿这样誓言支持方案，“却对适才建议的形式感到欣慰，因此也愿意在没有个人约束之下，证明这部宪法确是各州在大会上一致通过的决议”。而英格索尔仍然一言不发——根据大会某位代表的说法，是出于谦逊之故；但是这种美德实在很难让人与一位颇有成就的律师联想在一起。

麦迪逊记道，汉密尔顿“表示极感担忧，他认为每位代表都该签名”……“某些重要人士对宪法的反对，或甚至拒不签字的举动，”汉密尔顿说，“可能会造成极大的危害：拥戴大会的热情也许转瞬即逝，而其下潜藏的危险火星恐将燃起。大家都知道我本人的看法和这部方案相距之遥，恐怕无人可比。但是，一边是无政府与动乱，一边是这部方案所可能带来的好机会，两相比较，还有什么可以犹疑呢？”

富兰克林博士说，他相信，伦道夫先生不会以为他今天早上的一席话是影射他而发的。他在准备这篇讲稿的时候，并不知道哪位代表会拒绝签字，他也希望大家能够明白这一点。对于伦道夫先生，他可谓铭感五内，富兰克林表示："因为本案的原始提案人正是伦道夫先生，而在讨论过程当中，他也不断提供助力，希望他可以放下歧见，与众弟兄们一致行动，避免因他拒签大名而可能产生的重大危害。"

可是伦道夫不肯让步。"他一再声明，"麦迪逊记道，"也许拒绝签署宪法一事，将是他一生中最糟的决定，但这却是出于他良心的决定，他不可能再犹疑，更不可能再改变。他也一再地说服大家，如果就这样把这部方案交给人民，叫大家要不全本照单全收，要不就全本完全反对，才正是会造成无政府乱象与人民的骚动呢，拒绝签字的代表们忧心忡忡正在于此。"

格里接着发言。他是大会北方代表当中唯一拒签者，因此处境不免艰难。可是格里其人一向有好斗名声，反对于他似乎正是最大乐事。当时曾有人批评他"虽有见解却是牢骚大师……只要不是他本人的提议，他都一律反对"。

在大会这最后的一天，麦迪逊记道，格里"娓娓道出自己身处这艰难状况的痛苦感受，并表示自己竟然站起来继续议论已成定局之事，更觉尴尬"。但格里说，他实在担心有内战之虞，尤其是在马萨诸塞。"那里共分两党，一派主张民主，他认为这是所有政治之恶当中的极恶；另外一派则走向另一极端，却也同样暴戾。在这两种反对、抵制宪法的极端意见冲突下，混乱深可忧惧。"他本以为这个方案应以"较中庸的形式"提出，"以削减党派间的热度与敌意。可是照现在大会通过的内容来看，他深信效果却完全相反。因此之故，他恕难在宪法上签字，誓言无论在任何情况之下都遵守无违"。至于富兰克林先生的那席话，他实在不得不这样以为，博士的意见系"针对他和其他不打算签字的先生们而发”。

当时即使有人起来回复格里的意见，我们也没有任何记录，麦迪逊的笔记一天比一天简略。可是平克尼将军立刻表示，他反对富兰克林博士所提的暧昧签字方式。他“认为最好还是坦白从事，让形式与内容合一”。至于他本人，他将在宪法上签字，“并打算尽自己的影响力全力支持宪法，并且也希望如此誓言承诺”。富兰克林博士提出异议，表示“在国会和选民批准之前，还不是我们自己发誓承诺的时候”。

六位一言不发的代表当中，此时终于有第二位被形势所感而打破沉默。英格索尔表示，他不认为一个人签了字，就意味着他誓言承诺无论任何情况都将支持宪法。签字之举，只不过表示“在所有情况都经过考虑之后，推举出最为合适的方案而已”。

富兰克林那项关于签字方式的提议，最后以十票通过。现在凡是持反对意见的人都讲过话了，该说的也都说了。奇怪的是，梅森却不曾再度起来发言，他手上那份宪法草案的空白页上——也就是文本委员会在9月12日提出的那一份——梅森列出他的反对理由，足足有三页之多。其中头一项就是“不曾就基本人权有所宣示”，接下来是总统和参议院拥有的“危险”权势——总统没有一个咨询委员会；副总统担任参议院议长，等于将行政权与立法权“危险地”并在一起……诸如此类列了一张清单。事实上，梅森本来打算向大会提出这些反对理由，可是，他事后写信给麦迪逊表示：“大会最后一个礼拜，整桩事情的处理方式变得异常仓促、无度，更别提那些丢脸作为了。这发生在赞成新方案的一方，发现自己已经占得决定性多数的有利位置之后，其时东部与南部的两州取得妥协，允诺后者再继续进口二十年的奴隶，此事对南方人来说，似乎比众人的自由幸福更合他们的意见。此令人大为泄气，不想再提这些反对理由。”

大会结束之后，梅森曾把这张单子寄给华盛顿将军，他写道：“大会后期，大家如果能够稍微缓和、沉着一点，很可以避免[这些反对事项]。”简单地说，梅森非常担心自己不曾签字的不良后果。“梅森上校心情异常恶劣地离开了费城，”麦迪逊写信给杰斐逊，“大会后期，因为众人的不耐而造成的一系列状况，使得他觉得异常苦涩。他回到弗吉尼亚，心意已决，打算尽可能地阻止采纳[宪法]方案。他的反对本来并不是很强烈，但是现在为了解释自己不签字的理由，自然会设法利用每一个反对借口。”

弗州内外，没有人质疑梅森对其理想的执着。他比华盛顿年长七岁，对自由与共和一向持有一种浪漫想法。早在1778年，当梅森自己的杰作弗吉尼亚州宪通过实行之际，他就给一位友人去信：“我们似乎踏入一个魔幻奇境。”可是1787年的9月里，梅森的步履却不再像在奇境入迷的人了。他对强大的中央政府始终不信任，现在却亲眼看到一个这样的政府在成形中。他的痛风宿疾很可能在此危机当中时时困扰着他，压力之下经常造访他的胃痛，也可能会发作。（在弗吉尼亚州议会某次棘手会议之后，他曾写信给华盛顿表示：“单单由于怒极攻心和作呕”，他“就几乎快在厅中昏倒了”。）为什么要这么匆忙地定下合众国的宪法？为什么代表们一定要冲得这么快？梅森写道，他预想将来那个新政府终不免在“君主政体与腐败暴虐的贵族统治之间振动摇摆不定”。

在宪法上签字的时刻终于到来了。大家起身走向桌前签字之前，有人建议将大会官方记录与其他文件一律交由华盛顿将军保管，“以待国会之命处理，如果真有国会在此宪法之下成立”。此议通过。

此时已过午后3点。代表们各依其州地理位置编队，由新罕布什尔始，一路往南。新罕布什尔、马萨诸塞……康涅狄格……纽约……新泽西……宾夕法尼亚……特拉华，直到乔治亚。四名激烈反对宪法的人士不在场：马丁、纽约的雅茨和兰辛，以及八月中即已打道回府的马里兰代表，年轻的莫瑟。赞成代表当中，也有九位不在场：康涅狄格的埃尔斯沃思、马萨诸塞的斯特朗、乔治亚的胡斯顿和皮尔斯、北卡罗来纳的马丁州长和戴维、新泽西的休斯敦，以及弗吉尼亚的麦克勒格和威思。迪金森也未出席，他因身体不适已经返回威尔明顿家中，行前留给特拉华的里德一封信，授权他代为签字。全体签字代表当中有一位——老舍曼——大可夸口他曾签过许多重要文件：包括1774年的《大陆联合会章程》、《独立宣言》和《邦联条例》。纽约州只有一名代表签字：汉密尔顿——华盛顿当晚因此在他的日记写道："大会开会，宪法获十一州暨纽约州的汉密尔顿上校一致同意。"

麦迪逊写信给杰斐逊："你一定注意到弗吉尼亚只有三人在宪法上签名。"他们是华盛顿、布莱尔，以及麦迪逊自己。麦迪逊的签名是"小詹姆斯·麦迪逊"。堂堂大州弗吉尼亚，一向自居此事的主要推动者，竟然只得三人签名，确是不够体面。富兰克林博士由人从座位扶了起来上前签字，后来有人说老人在签字时还掉了眼泪。宾州之后还有六州，缓行至桌前签字。

麦迪逊写道："当最后一批代表签字之际，富兰克林博士望向主席座位，椅背上恰好刻有日出的图案。他向近旁几位代表表示，画家下笔常常发现很难分辨旭日与落日。他说，开会期间，我的希望与忧虑随着议题进展而交替起伏之际，我常常凝望主席身后这个图案，说不出到底是日出还是日落；可是现在，我终于可以欣慰地发现，这毕竟是旭日，不是落日。"

大会秘书杰克逊少校受命明日启程，将这份正式誊写、完成、签竣的文件送往纽约呈交国会。代表们也将各自收到一份印刷副本，长久以来的守密诫命，终于可以开戒了。麦迪逊那只疲倦的手，简洁扼要，却满带胜利之情地写下他最后一句记载：

"除伦道夫、梅森以及格里三位先生拒绝签字认可之外，宪法经在场所有代表签竣。大会正式宣告无限期休会解散。”

同一天，华盛顿将军写下了他的日记。“大功告成，”他写道，“代表们散会后前往城市旅馆共进晚餐，彼此诚挚话别。餐毕返回宿处，处理一些事务，并收讫大会秘书送来文件。于是就寝，默想这四余月来，[除] 周日和休会十天 [外]，吾人一周六天，一日至少到 5 点，多数时候达于 6 点，有时甚至 7 点方才完成的这桩大事。”

第二部分

批准之战

第二十三章　宪法面对全国

如果从他们这各自遐想的独立之中，却生出许多倾轧顽强、各自为政的主权州来，我们共同的利益还有什么指望呢？

——国会议员怀特致布朗特，1787 年 10 月 25 日

联邦大会散会两日之后，《宾夕法尼亚邮报》刊出宪法全文，足足满四大页，占去了其他所有新闻篇幅。头版上赫然是以六行墨黑大字刊出的宪法序文：

吾等美利坚合众国之众民……

最后登出那封大会致国会信，信末祈吁："至愿 [宪法] 佑吾等亲爱祖国长治久安，自由幸福。是所至愿。"信上有华盛顿的签名，下注"谨遵大会一致授命"。

全国各地报纸一拿到宪法全文便纷纷刊登。美洲大陆从来没有任何一项政治主题占有过这么多的篇幅。读者纷纷来信，有生气的，有赞成的，也有害怕的。整个国家都震惊不已。这部宪法，这个三头政府，根本不只是把《邦联条例》拿来修补一番而已！它的规定新奇大胆，完全出乎意料。联邦大会为什么一直坚持秘密原则——

是因为知道国人不会赞同如此剧烈的改变吗？各州的态度，就像当初 5 月 29 日伦道夫以他的十五条建议震惊大会一般地疑惑。这一整个夏天的辩论、对重要问题的问答、挑战、反诘、最后的妥协，以及辛辣质疑争辩后的决议——全国各界可都毫不知情。

现在一切又要重来一遍，而这一回的辩论，不再像大会期间那样干净地守在四壁之内。现在全国都会知道、会读到、会责备、会拒斥或接受。甚至连个人的前途，政治或事业生涯，都可能因他在宪法一事上采取的立场而毁于一旦。格里和伦道夫匆匆在报上登出他们的抗议看法。10 月 4 日，《宾夕法尼亚邮报》也刊出梅森的反对意见，他那一整张长单子：宪法缺乏一个“权利法案”；众议院中只有代议的影子却没有实质；联邦司法系统将破坏并并吞州的司法系统；总统没有咨询委员会，副总统一职没有必要而且危险……

可是在理性的反对背后，众人内心也激动不已，甚至愤怒。这部新宪法根本就是抄袭英国制度。在此宪法之下，合众国将不再是一个由自由的主权州结合而成的邦联；相反地，却被一统合并成一个帝国。单单这“一统合并”，就违反了“首要原则”，背叛了美国人奋战革命的精神原则。1775 年的精神难道已随着胜利消失了吗？难道这个新世界已经变了，转变成另一种不一样的东西了吗？

支持宪法的人士，也纷纷刊出他们的答辩：10 月间，纽约报端开始出现一系列署名为“普布利乌斯”的文章，此即著名的《联邦党人文集》，由麦迪逊、汉密尔顿和杰伊分别执笔，日后将被世人视为有关合众国宪法的决定性文献而传世，也成为法院、国会以及总统一职的施政参考。可是在当时，这些文章虽经普遍转载，却未引起太大波动。这系列文章的论点理性，述事冷静，内容知性，当时群众要看要找的却是火爆雷鸣，是叫嚣责难。正反两方都备妥了火药，纠集人马助阵。十名现任国会议员的联邦大会代表火速赶往纽约，他们被称为联邦派，而反对一方则被称为反联邦派。虽然后者指称这是个误称，因为他们认为自己才是真正的联邦派，而制宪会议一派的人应改名为一统合并派或国家主义派才是。

国会很快便采取行动。而且似乎有点太快，反联邦派抱怨道，这种急切实在失之极端、鲁莽。收到宪法仅仅八天之后，国会就立刻通过一项提议，吁请各州召开宪法批准会议。国会发出的正式文书措辞平淡谨慎，一字不曾提及宪法。“兹收讫近日费城大会报告，”国会写道，“一致决议，以上报告连同决议案与信函，送交各州议会。”

这是在文字上玩了一个把戏，弗吉尼亚的代表革命领袖理查德·亨利·李表示，事实上国会根本没有对任何事情做出一致决议。他又说，所谓一致决议，非指国会一致批准，而是指大家一致同意将宪法送交各州议会而已。李宣称：“此中授予的权力之大，所涉范围之广，势将造出一批专制者、黩武者、贵族和寄生虫，其众之喧哗、无耻之尤、求名之切，令人难以置信。”

用这等难听字眼形容华盛顿、麦迪逊、汉密尔顿，以及其他显然会在新政府中任职的人，实在异乎寻常。可是李讲话一向都不客气，而且弗州之内，反华盛顿的老势力依然存在，正是以李和帕特里克·亨利两人为首。李对宪法的反应，简直可谓歇斯底里。他说这部宪法的设计，极有寡头统治之虞：“由此会催生君主制或贵族制。”李与他在国会的弗州同事威廉·格雷森二人，俱曾被提名参加费城的联邦大会。可是他们都拒绝了，理由是国会议员不应开会判定他们自己订立的文件。李曾在华盛顿麾下作战，签署《独立宣言》，自从在第一届大陆会议和塞缪尔·亚当斯认识以来，两人便成密友——当时约翰·亚当斯曾赞誉李是“杰出人士”。李反联邦的态度极为激烈，和帕特里克·亨利一样，这已深植骨髓。他本人虽然是名门之后，却喜欢苛责那“狡猾而愈发活跃的贵族阶级”，认为新宪法就是这些人搞出来的名堂。“如果国人的心性这么快就变了，”他写道，“如果1774年间所说的话，对他们已成敝屣，再用任何自由字眼，再力图激励他们自由究问亦属枉然。”

格雷森上校的反对立场同样激烈。他在英国受教育，曾在独立战争大陆部队作战，然后成为一位优雅机智、冷静无惧的律师和辩论家。他认为这部宪法“荒谬可笑已极——简直像是尼布甲尼撒梦到的腿[①]……根本就是一堆想法杂乱凑成”。格雷森说：“美国的气质，已经转变得使人无法想象了。”

李和格雷森二人再加上帕特里克·亨利，是弗吉尼亚带头反对联邦主张的三巨头。而亨利更早就向肯塔基去信示警了，让他们知道这个新政体将迎合东部利益，罔顾西部需要。亨利声称，若按此宪法规定，肯塔基将失去在密西西比河的自由航行权，因为这个权利将会让渡给西班牙。这个说法极为有力，听来也颇有可能，煽动性十足。亨利还说，新政府打算为美国设立一大宗教，而且宪法应许的种种好处也是骗人的。此外，这个什么“吾等众民”，而不是“吾等众州”的用词，是什么玩意？麦迪逊写信告诉杰斐逊：“亨利先生是个大敌，他会把整桩事情搞砸。从他的演说中，我发现他正在把每一种可能牵涉的利益，都拿来酝酿成反对情绪。”

反联邦的领导人的确厉害。甚至连华盛顿都承认这件事：在纽约有克林顿一党，加上汉密尔顿最厉害的对手，国会议员梅兰克顿·史密斯，此外还有兰辛、雅茨，以及马里纳斯·威利特。威利特是著名的自由斗士，曾获大陆会议颁赠“一把宝剑”褒扬他的作战英勇。另外还有约翰·兰姆将军，曾被革命军视为“静不下来的天才”。兰姆担心总统权力过大，也听腻了众人对华盛顿的美誉，“我们优秀的领袖，放下桂冠归隐田园的辛辛纳图斯[②]”的美德。兰姆承认，

① 指《圣经·旧约·但以理书》第二章中，巴比伦王尼布甲尼撒梦见一个大像，“腿是铁的，脚是半铁半泥的”。

② 辛辛纳图斯（Cincinnatus，约前519—前439）：古罗马政治家，曾于罗马危难之际任执政官，率兵退敌，危机解除后退位归农。

“洗净顿”将军（WASHington）确实了不起，可是谁又能保证以后可能会继承他的“溅脏顿”将军（SLUSHington，slush：溅泼之意），又是什么德性呢？

再往下在马里兰州，则有马丁大展他一贯破口大骂的作风，搀杂着几许机敏狡诈，又有威廉·帕卡这一类人的支持——帕卡是《独立宣言》的签署人，已三任马里兰州州长。还有火爆脾气的塞缪尔·蔡斯，这位仁兄日后在合众国最高法院大法官任上遭到弹劾。蔡斯写信给报社，敦促大家千万要谨慎从事，多方慎重考虑。马里兰人民绝不可以猝不及防就受人催迫，通过任何公共法案，务必聆听正反两方意见。

马萨诸塞则有那群老爱国分子：塞缪尔·亚当斯、温思罗普以及沃伦将军。他们单凭直觉就成了反联邦派，他们的血脉里面，天生就反对一统合并。此外，还有国会议员内森·戴恩、本杰明·奥斯汀。总之，这批人合起来是一支可惧队伍（有人说，戴恩生来就有反骨，应该取名叫杰克·凯德才是——此人是1450年英王亨利六世时的叛乱分子）。可是各州当中，还是要数弗吉尼亚的反对阵营最为强悍，系由当地拥有农园的上流阶级与肯塔基拓荒人士共同组成，其中包括了梅森、帕特里克·亨利、格雷森上校、李上校、曾任该州州长的本杰明·哈里森，以及出身寒微，此时未及而立之年，十八岁即加入美洲部队，在哈勒姆、白原及特伦顿各地作战，日后荣任合众国第五届总统的门罗。麦迪逊写信给阿奇博尔德·斯图尔特：“看到这么多可敬人士的大名，被你列在反联邦宪法的名单上，真令我难过。”

《独立宣言》的签署人、各州州长、最高法院大法官、未来总统——绝对没有人能说反联邦阵营的领导人只是一批煽动分子，或地方政坛的小角色。不过，某些州如纽约、宾州、马里兰、弗州、麻州，在当地政情主导之下，确也内含着相当的派系之争。然而主张联邦的人士，凭着拥有具体计划这一优势，显得积极大胆。反方则毫无防御地面对种种罪名攻击，像是满腹牢骚的爱国分子、革命时期过气的领导人物，因为看见自己被“大会派及其新体制”挤到一边而惶惶不安。不过在此初期阶段,反联邦派一般被认为人多到势不可当。还不曾看到宪法，或不曾听过宪法相关讨论的一般公民，当然也不可能自动成为宪法派，而这类人包括了全国很大一部分的民众。

反联邦派人士利用了众人的畏惧心理。他们怀着戒心来看这部宪法，借其新奇、实验性质大做文章。正如北卡罗来纳的戴维所说：“使民惧易，使民知难。”而老百姓对此事的害怕心理就浮在心口上，很容易就挑起来。内陆地区一向对沿海怀有疑惧，而这部宪法正是沿海诸州的杰作。南方则担心“北佬窝”的商业势力和野心。把缰绳交给北方州市，他们岂不就会逼着全国供他们驱使！各地农人都看城市不顺眼,正如他们一向如此。反联邦派于是大大利用这股恨意,帕特里克·亨利就论到“费城的暴政”，将之比作“乔治三世的暴政”。“我相信，”亨利表示，在这部宪法之下，“将证实这个比方再正确也没有了。”

副总统一职也令人惶惑不安——“危险无用的职位”。至于兴建一个联邦都城的念头——“十平方英里地”—— 当然更轻易便能挑起恐慌。北卡罗来纳有位浸信会牧师，是该州宪法批准会议的候选代表人，他在一次垦荒教民的集会上说，联邦都城“将筑起城垣或碉堡。最终将配集五万甚至十万部队，四出蹂躏人民，而人民将被逐渐解除武装”。至于国家军队之议，则不但吓人，简直没有道理，反联邦派人士表示，此举根本有违共和国的每一原则。

再者，这部宪法中没有“权利法案”，各地人民不断对这一点提出质疑。不过一直要到数月之后，才由马萨诸塞找到一个补救法子，不推翻宪法，而是提议在其中加列“权利法案”。宪法竟然不列“权利法案”，实在奇特，反联邦派从中窥见一个阴谋。在那四个月里，大会不是一直坚持保密吗？“宪法从一开始，就被黑暗的恶势力给控制住了，现身于一层神秘帷幕之下。”

最大的反对声浪系针对联邦的课税权而发。这些钱该怎么收呢？是否要派出佩着刺刀长剑的大陆税吏前去各地征讨？反对人士认为，征税一事应交由各州自行办理。到头来即使容许政府向各州征税，也应师法目前的《邦联条例》，先以征请方式为之。

联邦派人士早已遇到过这类反对理由，他们胸有成竹，答案在手。当初费城之会就是个论坛，是个让他们为现阶段的举国大辩论做好准备的学府。富兰克林的睿智，更使他洞悉究竟。“要想让一国除去自身不良的积习，”他写道，“养成良好的新习惯，引介之初，首先必须去除人民成见，开启他们蒙昧的心灵，让他们相信所建议的改变对他们有益，这实非一日之功。”

反对人士头一个反应，也是最激烈的反应，出在宾州。9 月 18 日，制宪会议的一位代表，费城的米夫林，向州议会厅中的立法诸公（宾州议会）宣读新宪法。

很显然，从第一条第一个字起，这份文件就和宾夕法尼亚自己那份激进的州宪（1776 年设立）背道而驰。比方宾州议会是一院制，每年改选一次，并由议会选出议长。这些都是“合乎民意”的特色，而且绝对错不了。可是十一年来，宾州宪法却已成党派相争、群众集会，以及几乎带有内战色彩的民变争执的焦点。塞缪尔 · 亚当斯的友人、爱尔兰人乔治 · 布赖恩，与同事马特拉克和坎农两人，领导着激进的一伙人，尽管富兰克林本人是大会议长。

自 7 月份以来，就有谣言传说新宪法将包括一些完全推翻宾州体制的特色。可是 9 月 28 日，当克莱默（制宪会议代表之一）站起来提出一系列议案，主张召开该州宪法批准会议之时，宾州议会的反应不但吃惊而且沮丧。忙什么，急什么？内陆地区来的议员诘问。

这些内陆人士包括费耶特县的斯迈利、在哈里斯堡附近的萨斯奎汉纳、偏远地带拥有农地的罗伯特·怀特希尔，以及费耶特县的芬德利，后者曾因无报酬而拒绝出席联邦大会，表示他可经不起无人照顾自家的农场。芬德利在党内深受敬重，带有垦荒人的气质，风霜满面，双眉浓密，披着一头深色长发，直垂到外套的领子。怀特希尔说，出了城外，没有一个已成年的宾州人对这部新宪法有半点认识。在纽约的国会半点消息也不曾透露，谁知道国会自己到底赞不赞成呢？州议会明天（星期六）正午就要休会了，11月间马上又会有一场大选。为什么不等一等，让新选出来的议会去讨论决定是否该召开一场宪法批准会议呢？

这种说法当然完全不合联邦派人士的打算：延后召开将使得反对派有机可乘，选出一个反对联邦的议会。于是纷乱之下，大家决定将问题延至当天下午4点再行表决。可是到了下午4点，却发现到场不足法定人数，十九名反联邦派全部缺席。于是大会只好派出警卫四下去找，警卫却回来报告道，代表们都将自己反锁在“第六街博伊德先生家”的寄宿处，拒绝挪动半步。

当天晚上民众涌上街头，各处酒馆挤满两派的党羽，喧闹不休。根据后来一些报道，当时很难分辨到底谁站在哪一边，虽然费城的工匠商人都赞成新宪法，因为它可以促进对欧贸易。9月29日星期六一大早，一群民众用石头击破了博伊德家的窗子，冲进屋内抓出两名议员，一路拉扯地架到州议会厅，各自按到位上。两人的衣服都破了，而且根据一个报道，他们脸上“气得发白”。如此好不容易达到法定人数，于是在旁听民众同意之下，大会决议，凡在场中就座点名应答的议员，都算入会中的法定人数，不管他们是怎么进来的。费耶特县的斯迈利向旁观群众的掌声和笑声抗议：“这可不是人民的声音。”

他这话很可能一点儿没错，如果所谓“人民”系指农人、内陆居民。

于是，大会就“于11月21日在费城召开宪法批准会议”一事加以投票表决，结果以四十五比二通过。那十七位不在场人士，一定很懊悔他们的反对票不曾登记在议会记录之中。

随着宪法批准会议日近，宾夕法尼亚赞成与反对两派的活动更加忙碌。一名署名“警哨”的人士在报上发动了他的系列文章攻击。“公民们！”他呼吁，“你们享有着极不寻常的福气，得以在全世界最完美的地方政府体制下生活。而这部新的宪法，却势将造成一个后果——把这个美好制度从你们身边夺去。万不可让他们得逞！”警哨问道，宾州的自由居民，难道甘愿让自己臣服于那“*王侯般不可一世，放荡而不知检点的少数人的霸权*”吗？难道宾夕法尼亚会蠢到那个地步，被那些*赫赫大名*慑住，目眩于*富兰克林*、*华盛顿*这些名字所发出的致命光芒吗？警哨甚至暗示，富兰克林已经老迈，华盛顿的脑子也不大灵光。“阴谋家们已经用马基雅维利的君王权术，还有高明狡诈的手法，在我们*伟大优秀的领袖*身上作了法。”而约翰·亚当斯先生，也同样以他的著作欺骗了大众，他竟在书中主张，参议院应由“出身良好的高级人士”组成[①]。又有人以“卑微的约翰”之名，肯定十足地在报上告诉大家：全合众国中，敢说一共只有六百名出身良好之人，却有着三百万出身低微之人。报社用来强调文气的斜体字模一定都用得磨损了。“那个*加勒多尼亚的詹姆斯*（威尔逊），”警哨写道，“守财奴*罗伯特·莫里斯*，还有他的高级侍从*古弗尼尔*，都受到那个神经错乱的*纽约*作者*普布利乌斯*的煽动。”

把“纽约”当修饰词用，在费城总是意味着不名誉的事情，“大胆恶意的用语”，麦迪逊曾如此评论。而一场争斗仍然继续着，宾州大多数人似乎都卷入了这个旋涡。威尔逊在州议会厅庭院做了场极

① 作者注：其实亚当斯的《为美利坚合众国宪法辩》中的原意是“将那些富有、家世好、有能之士单独放在参议院之中”，以便控制——完全是排斥之意。

为出色的演说，印出后广为流传。他这番话简单直接，不曾浪费半点时间发挥他那“威尔逊式雄辩”(新英格兰一带如此形容他的演说风格)。威尔逊表示，不要担心参议院的上流人士为害，要记得他们不可能在未得众议院同意下通过任何法令。而且，参议院还受到总统否决权的约束。大家也不必害怕总政府意欲“将州政府贬低至区区法人结合体的地位，最终更把它们消灭”。相反地，国家总政府的存在将仰仗州政府，这从参众两院议员的选举方式就可以看出来。至于大家都很担心的联邦课税一事——如果不这么做，政府又怎么能够保障共同的安全，维护联邦的尊严，并履行偿债的责任呢?

宪法会遭遇反对是意料中事，威尔逊表示:“顾及自己的利益是人的天性，当我说有人去反对、破坏近日联邦大会的杰出成果，正合乎一群庞大、强大且可敬团体的利益（威尔逊系指宾州议会）时，并没有影射任何个人的意思……但凡在现有制度之下得利或期望从中得利之人，自然都会反对宪法大会建议的新猷——事实上，这并不是因为新宪会妨害到国家自由，而是因为会耽误他个人的利禄。”

这话实在平常，可是大家都凝神聆听，也都耐心地听他说到底。我们不得不佩服他们的耐心，以及他们愿意去了解、认清这个新政府真相的态度。美利坚从来没有过这等具有教育意味的辩论，尽管双方攻击不但冷酷，而且往往有失公正。一度曾有人建议，如果反联邦派不喜欢这个称号，不妨改称谢司派，联邦派则可以改称华盛顿派。

11 月 13 日，宾州宪法批准会议在州议会厅召开，一连进行了五个星期。威尔逊每天都起来发言，他精干不倦，对从威斯特摩兰、费耶特前来的诸位可敬先生提出的问题，他都一一回答。可是威尔逊越有效果，反对人士越讨厌他。他们说，这加勒多尼亚的詹姆斯自大极了,一副自以为是贵族的模样。一位署名“事实如此”的人士，在报上为威尔逊辩护：一个人戴眼镜，必须把头抬高才能从镜片中看出去，免得眼镜滑落鼻子。一周周过去，威尔逊不时放弃他惯用的逻辑理论，却感慨地谈起当日联邦大会遭遇的种种困难，有些时候，“那些重大事项似乎停滞不前，有时却又蓬勃地大有进展”。到了最后，“联邦大会许多代表都又惊讶又崇敬地看着自己的成就”。空气中弥漫着一股新自由的气息！威尔逊告诉他的公民同胞，他将这个新自由唤作“联邦自由”。

拉什医生也在这些会议中铆出全力，而法官麦基恩亦然（他们两位都曾在《独立宣言》上签字），后者更有效发挥他那带粗犷气息的机智。他说，反联邦人士的说词，听来就像是不值一提的芝麻琐事，他们的担忧荒诞不经：“如果天空掉下来了，我们就能抓到云雀；如果河水干涸，我们就能捕到鳗鱼。”

12 月 12 日，宾州以四十六对二十三的票数批准了宪法。虽然反对派不乏热情，也不缺说服力，可是联邦派人士力量实在太大，他们完全招架不住。然而宪法虽然批准了，宾州的反联邦派还是怒火难平，煽动作为也不因此减少半分。12 月 27 日，卡莱尔市举行户外大会庆祝宪法通过。场中燃起营火，并有人发表演说。一群反对派民众纠集起来，持棍冲向营火攻击威尔逊。威尔逊还手时，他们把他打倒在地开始痛击。有人说，当时要不是有名老战士扑到威尔逊身上，用自己的身体护卫他，威尔逊恐怕就送命了。

宾州批准新宪法的速度虽快，却不曾赢得头号批准宪法的美名。这第一州的头衔，落在小小的特拉华，他们在 12 月 6 日即全体通过批准新宪，那时宾州的票数也差不多已经底定了。新泽西在十天之后跟进，也是全体无异议一致通过。人们一般都承认，联邦中只要有宾州入伙，这些小州就无法另有作为。接下来是乔治亚，1 月 2 日投票赞成批准——这一州向被联邦派人士视为安全区。华盛顿曾写道：“如果一个后有印第安人为患，侧有西班牙人虎视眈眈的弱小之州，都不觉得有设立总政府的必要，那我想若非邪魔作怪就是错乱了。”

乔治亚输诚之后数日，康涅狄格也以一百二十八比四十二的票数通过。夹在两个大州之间，康涅狄格本身简直毫无选择。康州的宪法批准会议代表名单，正合其公理教会的名声：八十位代表的名字，全出自《圣经·旧约》。点起名来，从亚伦（Aaron）的 A 一直到西布伦（Zebulon）的 Z，肃穆而又响亮：亚伯拉罕、亚比雅、阿摩司、亚萨、以利、以利法列、以利亚撒、以巴弗、基甸、以撒、雅比斯、耶利米、约书亚、耶底底亚、尼希米、摩西、利慕伊勒、以迦博、但以理、塞特、所罗门、西拉。[①]牧师阶级在康涅狄格极有影响力，埃尔斯沃思也深悉他这些听众的背景，遂从《圣经》中摘事取喻，指出迦南诸国的处境，很容易便成掠食目标。康涅狄格“又有什么力量抵御纽约的贪婪野心呢？纽约一意扩张主权，占有了那一大片领地……而我们的另一边，又是另一个强大的州（马萨诸塞），我们不是已经开始沦为它的附庸了吗？如果我们不能……联合统一，我们岂不就像《旧约》中的以萨迦，在两大重担之间不得不屈膝的强壮驴子？新泽西和特拉华两州，都已经看清了这个事实，也都已无异议地采纳宪法”。

舍曼也颇下了一番工夫，他在康州首府的《纽黑文报》上，本其直言作风，向他那些上教堂的邻人劝告：“我实在不喜欢写这些报上的宪法文章，不下于你们对它们的厌恶之情。因此让我们长话短说……我发现，这长话短说，往往是一篇无聊讲词中最精彩的一句，除了最后一句之外。”

康涅狄格之后，下一场好戏舞台在强盛的马萨诸塞，该州宪法批准会议于 1788 年 1 月 9 日举行，其代表人数之多更是全国之冠，

---

① 为见出与《旧约》的关联，此处采用和合本《圣经》人名译法，部分人名与今译有异。

境内十三郡都派有代表。西部农民也摩拳擦掌，准备好好反对波士顿商人阶级的“独裁”。弗吉尼亚则将大会延至5月举行，纽约延至7月。至于罗得岛，根本不打算召开大会——至少绝不会在其他十二州都已做出决定之前召开。

当全国各地都在准备选出他们的代表之时，正反双方继续忙着他们的笔战与舌战。华盛顿曾说：“在这场大事上，笔力将发生极大作用。好文笔所书的意见应该公开，我的意思是在报上公开发表。”其实将军用不着麻烦说这话了，报上早就稿满为患。《波士顿每日广告报》见此情形大喜，鼓励双方好好大干一场：

> 来呀，众家文人弟兄，别袖手迟迟不动呀！
> 大会已经把秘密都抖出来了呀。

麦迪逊于12月9日写信给杰斐逊：“新宪几乎攫住全美的注意力。”华盛顿很早就给杰斐逊寄了份宪法副本，麦迪逊也送去一份，并附带一封洋洋洒洒的长信，细述联邦大会的过程。麦迪逊在信中写道：“想想看，最后竟能达成如此程度的协议，不是奇迹是什么。”

杰斐逊立刻作复：“我非常激赏这个构想，建立一个和平递嬗延续自足的政府，而无需一再回顾诸州意向而存在。我也很喜欢把政府分成立法、司法、行政三部门的结构……现在我要指出我不喜欢的地方了。首先，漏了‘权利法案’……”

这是12月份的事。到了2月间，杰斐逊又写信给麦迪逊，他希望“首先召开宪法批准会议的九州都能接受[宪法]，后四州却能拒绝。如此一来，前者可保障宪法最终的实行，后者则可以迫使他们提出一份有关权利的宣言，联合才算大功告成。这样我们不但可以拥有宪法所有的好处，也可以纠正它主要的弊病……”。

杰斐逊其人有一种奇妙的倔脾气，这种个性使得他的对手往往只有绝望生气的份。他在信中向麦迪逊表达的愿望，最后事实果然证明其言不谬，虽然异议几州并未在拒绝宪法的情况下提出“权利法案”。不久，杰斐逊便开始在信中赞许这部新宪了，甚至还带着兴奋。他写道：“这真是一幅好画布，只需要上面稍事修润几笔即成……近日在美洲发生的事务，真让我满心欢喜……这种召集本州贤能而不是军队来改变宪法的范例，对全世界都极有意义，正如我们先前已经为他们立下的好榜样。这部宪法……毫无疑问是人类所见最睿智的一部。”

至于约翰·亚当斯，当宣布国会已批准宪法的美国报纸抵达伦敦之际，他坐下来高兴地写信给杰斐逊：“正如我们在船上所言，新大陆万岁，旧大陆别了！”圣诞节一过，亚当斯又写信给鲁弗斯·金，他认为就算这部新宪法“不是人类智力最伟大的发挥，也是全球仅见，由一国集思广益殚精竭虑而成的独一佳构”。他还和杰斐逊辩道：“我们意见充分一致，众人应该拥有一个完全公平合理的代表制度。你担心君主统治，我却担心贵族政治；你不放心总统，怕他当选之后只要活着就会一再被选上，可是在我看来，这样反倒更好。”

在所有这些忙于写信的人士当中，再没有比华盛顿更勤快的了。甚至早在9月离开费城之前，将军就把宪法寄了一份给拉法耶特。他写道：“如果这份宪法是好的，我相信它会排除万难走出一条路来……如果它不好，自会给制定者教训。”一踏进弗农山庄家门，他就写信给帕特里克·亨利，极具技巧性和说服力：“我希望这部宪法……可以做得更好。可是我也诚心相信，它已经是目前我们所能获致的最好结果……我觉得国内的政治情况正如千钧一发……如果大会不能达成任何协议，国家很快就要陷入无政府的状态了。”

帕特里克·亨利回信的语气极平和，完全不似写给其他人的信那样充满火药味。联邦和反联邦两派人士，纷纷向这位老长官华盛顿报告。伦道夫想为自己的立场解释，梅森寄来他的反对意见。华盛顿将梅森来信转给麦迪逊，后者回信表示，梅森要不应该早在联邦大会提出他的意见，要不就干脆别做声。弗农山庄在坐落在静悄悄的陡峭河壁上，看来好似是这场拉锯战的核心与焦点。国人也都知道这一点，便以千百种家常方式表达出来。《宾夕法尼亚邮报》甚至在刊出宪法全文之前，就在头版登出一则查尔斯·威尔森·皮尔的网线铜版图片广告，绘的是“将军阁下大人……饰利落的椭圆外框（内框则敷有金粉）”。皮尔一定因此大发利市。有些民众就因为华盛顿曾参与拟定宪法，甚至连宪法都没见过，就已经准备全力支持了。

古弗尼尔·莫里斯快活地去信弗农山庄——其信之多甚至超出实际需要。他说，纽约以东各州应该都会支持宪法。他写道：“罗得岛的不合作，在我眼中根本不算一回事。”可是华盛顿却极为心焦，一直提高警觉，对正面结果毫无绝对把握。麦迪逊也很不放心，冬意渐浓，他觉得双方的争执不和也日深，而且不仅限于不同意某某条文，或对“权利法案”的必要性有所争议而已。2月间他写信给老革命领袖、法学家埃德蒙·彭德尔顿：“这些日子以来，我深深觉得新宪建议案最后面对的不外是一个简单的基本问题：那就是我们的联邦是否应该继续维持下去。在我看来，没有一条中间路可走。可是我敢说某些人之所以反对，目标恐怕正是在解散联邦，而联邦解散，更是所有反对者欲见的趋势。”

而年事已高的富兰克林则带着哲学家的眼光，公平客观地观察各地进行的状况，包括宾州本地的暴动。然后他写信给欧洲的友人：“谨寄上为此地诸州设计的联邦新宪。我在夏天里曾参与其事，耗费了四个月的时光……此案如果成功，你们未尝不可行亨利四世[①]的佳计，借由召开类似的大会，在欧洲也组织一个联邦、一个伟大的共

① 亨利四世(Henri Ⅳ,1553–1610)：法国国王，曾梦想过欧洲联盟体，由十五个地位相埒之国组成。

和国，由许多不同的州邦与王国组成，因为在此地，我们也同样有许多不同利益冲突需要协调。”

种种利益协调之外，有着比商业冲突和关税辩论更深层的冲突——在私囊荷包之外，整个国家都感到了一种更深刻的挣扎奋斗。各州在彼此眼红妒嫉以外，却还有着另外一种情愫——一种骄傲的感觉、逐渐增长的认知，那就是这部有关政府组织的新宪，对美国，甚至或许对全世界，都有着种特殊意义。

也就是在这个时候，在纽约定居下来的圣约翰逊·克雷弗克写信给杰斐逊，如果这部宪法失败，他就会打算离开这个国家。“即使耄耋如我，也要为这个联邦新制奋斗——现在不做，就永远不能做了。”

第二十四章　马萨诸塞；人民开口说话

主席先生……我想请你容我向这屋子里与我一般务农的父老兄弟讲几句话。

——伯克夏县的乔纳森·史密斯，于马萨诸塞宪法批准会议

三百五十五位代表聚集在波士顿布拉特街教堂开会，旁听席上挤满听众。马萨诸塞本来想在州议会厅召开宪法批准会议，结果人数多到容纳不下。一个月的会期里面，每天早上都举行晨祷。身为代表之一的塞缪尔·亚当斯，紧盯着这项仪式，一日也不许漏掉。麻州州长约翰·汉考克被推选为大会主席，和塞缪尔·亚当斯一般，他在麻州的势力依然庞大，根据一位代表记载，“他全心全魂”反对宪法。可是汉考克却使出他的惯用借口，以痛风缠身为由却步不来。此君性喜沽名钓誉，人尽皆知，他打算好好掐准时间，不到大势底定绝不现身。

大家都知道马萨诸塞中反联邦人士占绝大多数，一向习于镇民大会政治传统的公民群众，对所有代议授权制都极为不屑。而新宪政府正是由代议士组成，而且其中有的成员（参议员）竟可以一做就是六年——简直完全违反了视每年一选为自由基础的民主精神。对大会代表的选拔，已显示出沿海诸县——萨塞克斯、埃塞克斯、

普利茅斯、巴恩斯特布尔——以赞成联邦制的人士居多数。内陆郡则是反联邦派，尤其是在伍斯特县，以及西部的汉普县、伯克县，当地谢司党羽作乱的尘埃尚未落定。事实上麻州宪法批准会议代表之中，二十九人曾与谢司作战，有些还是军官。麻州大会代表之中的上尉人数，与日后将要举行的弗吉尼亚大会里的上校和律师一般众多。

对这些朴实单纯的上尉和内陆农夫来说，上流社会对宪法发出的任何赞美之词，都足以使得他们要诅咒宪法。在整个秋天里，反联邦派的作者都在报上不断高声反对“上流阶级的邪恶作为……那些高贵的辛辛那提协会会员、公债持有人、银行家、律师，他们要民众盲目吞下包着金衣的药丸”。亟欲独立成州的缅因，担心新宪会妨碍它从马萨诸塞分离出来。伯克夏县的农人则以为他们一向用来当作票箱的那顶老帽子里，都放满了联邦派候选人的名字。当地一位人士还以他独门的拼字法写道：“我们没有别的希望，只愿有个稳定有括（活）力的政府，联邦和州都一样……可是当我们看到，在我们的中间，有那么一伙人不但自己想赶快把连（联）邦新宪狼吞虎咽下去，还死命地强把它往别人喉咙里头塞，也不让别人有机会先尝尝是什么滋味……这种现象实在值得我们警觉。”

格里本来可以为反联邦派效力，可是他未能荣膺该州宪法批准会议代表，他所在的波士顿选区是联邦派的地盘。格里曾在10月间向麻州议会提出他那一长串反对理由，发生了极大作用。“该死——他这该死家伙！”剑桥一位联邦派人士写信给诺克斯将军，“在这之前，本来我们这儿一切看来都很顺利，是本州最有希望之处，可现在我没有什么把握了。”不过大会还是邀请格里前来，依职权在会中答复问题。可是这一招并不生效，一名代表向华盛顿写信报告，大会开不到一半，格里就“怒气冲冲地离开”。不过鲁弗斯·金却在场，还有戈勒姆和斯特朗。他们连同前任州长鲍登、法官达纳，以及那聪明能干的律师西奥菲勒斯·帕森斯，组成了一支有力联邦派阵营。正如戈勒姆在写给麦迪逊的信中所说，本次大会成员包括“三位最高法院法官，十五位[麻州]参议院议员，二十位最受敬重的神职人员，十到十二位律师界一流人物，以及法官、警长等等”。

反对力量不但强大且来势汹汹，有人说大会初揭幕时，他们有二百零一人，占多数。可是和宪法派比起来，他们却阵容散漫，容易激动，而且言语 嗦。联邦派经验丰富，以礼相待对手，让每一位都畅所欲言。而缅因派来的代表，是一支能说善道的队伍：汤普森将军，以顽强、言辞华丽出名；内森，这位锡贝戈湖区派来的马具商人和店东差一点来不成，因为该镇本来反对派遣代表。可是内森——日后一位邻人写道：“灌满了气铆足劲鼓动大家再次开会，想尽办法促成他自己当选。我敢说他会像只气球那样打足气。”

伍斯特的泰勒医生，以及缅因的内森和威廉·威杰里，这三人被鲁弗斯·金称为“我们对手中的领衔人物”。威杰里反对那可鄙的第一条第八款时，言词尤其流畅——该款规定国会“*有权规定并征收税金、捐税、关税和其他赋税*”。威杰里质问：“各位，谁来替那些小农等人付债？我们只听说，如果实行宪法，商家和农人将如何繁荣，工匠和店主将怎样马上发达。各位，除非油能熄火，否则我是决计不会相信这一套的……政府的大本营会搬到费城吗？……有些先生甚至散播消息说，我们已经被敌人包围了，我们欠了一身的债，各国将发动战争对付我们，抢走我们的船舶。各位，我请问，这是事实吗？”

这个问题实在叫乡下来的代表很难回答。他们怎么知道什么是真，什么只是谣言？他们怎么是那些曾在联邦大会坐镇之人的对手，怎能抗衡那些经验丰富的政坛老手如鲁弗斯·金、乔治·卡伯特、费希尔·埃姆斯、达纳法官和萨姆纳等人？塞缪尔·亚当斯一直保持沉默，等待着最好的时机出击。代表们对彼此毫不客气，直来直往，甚至比他们在费城时出言还要直接。不过，麻州大会上个人之间的口角，却从来不曾升高到后来弗吉尼亚、纽约两州大会的热度。反对人士辩道，国会“一旦掌握大家的腰包，就会用武力肆意报复”。威杰里担心国会将记录秘而不宣，人民将无法得知他们在搞些什么名堂。

可是那些农人、尉官，以及 1775 年的人，他们最主要的论点还是基于一般性的原则，也就当初那“首要原则”，他们认为这部新宪威胁到他们的自由。“英国本来也从未想要把我们当作奴隶，直到它告诉我们说我们的自由太多了。邦联需要修正，我们不就该修正它吗？”他们又或道出响亮的排比句，回溯当年好时光。“要是我有像一副神王朱庇特般的嗓子，”缅因的内森说，“我就要向全世界高声宣布；要是我有一副像神王朱庇特般的臂膀，我就要把那些恶棍从这个世界扔出去！竟敢主张在我国设置常备军！各位，我希望波士顿的绅士们不要忘了，1770 年 3 月 5 日那个可怕晚上，在常备军手下他们失去了五位乡亲。我倒要问问他们，他们的生命可以用什么补偿？……各位，有些爱国人士警告过我们，要注意面前的危险，他们将毒蛇指给我们看，吩咐我们小心。我需不需要把他们的名字说出来呢？没有办法我非说出来不可……我们在场有一位汉考克，一位亚当斯，以及一位沃伦。”

他不必明说“波士顿大屠杀”这些字眼，光提到那个日期就足以唤起人们的记忆，而塞缪尔 · 亚当斯正是当日英雄。看来反联邦一派的立论，既不在实际的政治权宜，也与需要一个平衡的政制无关。他们看重的只是道德问题、基督教教义、对罪恶的抵制。他们问，宪法为什么不在奴隶问题上表明反对立场，却仅只规定 1808 年后禁运而已？西斯托克布里奇来的勒斯克少校，形容了可怜的非洲人如何被绑架、拍卖为奴的不幸命运。“噢！华盛顿，”缅因的汤普森叹道，“他的名字多么伟大，他的作为何其不朽！可是他却使人为奴，那些人与他自己同样有权利做自由人。他终究还是为着自己，在我看来，他的声望德性已经堕落一半。”此外，宪法竟未规定政府人员的宗教资格，也有人大表不满。一位反联邦派人士说，他“一想到那些罗马天主教徒，那些信奉教皇制的人及异教中人竟可以充任公职，教皇制度和宗教裁判所有可能在美国建立，就不禁打个冷战。”另一人则宣称，他不希望任何不信神或不信基督的人来做领袖：“一个人如果不是好基督徒，怎么能是个好人呢？”

联邦派深知对方的心意与策略，他们很有耐心地等下去。时间慢慢过去，反对人士愈形焦躁，根本没耐心听联邦派说完他们的话。当埃姆斯、戈勒姆、贝弗利的卡伯特举古史证诸今事之际，萨福克的本杰明·兰德尔表示，引用历史“就像述说先民当年如何在普利茅斯挖蛤蜊一样毫无意义”。而布里斯托尔县的亚伯拉罕·怀特也宣称，人民本来就该对所有统治者都有所猜忌；至于他自己，他“可不信任那帮‘摩西’[①]……假想一下，国会可能规定选举人必须拥有五十或一百镑的身家。他们做不出来吗？没错……他们做得出来。要是有哪位律师能在这事上说服我，我愿意输他十个金币。”

伍斯特县来的一位老农阿莫斯·辛格垂——他是他们镇上头一个出生的白种男孩——挑起了大会中最重要的一场辩论。自学成功的辛格垂，从未受过任何正式教育，在马萨诸塞州议会任职多年。他说：“主席先生……刚才某些先生曾经点名提到1775年起祸端时就在台面上的人物，本人就是其中之一。我敢说，当时要是谁敢建议这样一部宪法，一定马上就被大家扔出去了，根本不会有人看上一眼……这部宪法……岂不是要取去我们所有的一切——我们所有的财产？岂不要征收各种税金、捐税、关税和其他赋税？我们还有什么东西

① 摩西：《圣经》人物，率受埃及人奴役的以色列人走出埃及。此处喻自任领袖、带人民走向不可知方向的人。

可以再拿出来的？……这些律师，这些有学问的人，还有那些有钱人，这么会讲话，把事情都妆点得这么滑溜，好叫我们这些没学问的可怜人吞下这味苦药，他们打算的却是把他们自个儿弄进国会里去。他们打算做这宪法的经理人，把所有权力、金钱都弄到自己手里。然后他们会像大巨兽似的，把我们这些小老百姓一口吞吃下去。是呀，主席先生，就像大鱼把约拿一口吃到肚子里去一样[①]。”

马上有人起来反驳。代表伯克山区兰斯乡的乔纳森·史密斯，言辞清晰有力，与他温静和缓的风度相得益彰。只见史密斯从位子上站了起来，众人看到的是一位强壮、严肃、年纪极轻的发言者。

“主席先生，”史密斯开口说道，“我是个普通人，靠耕田养家活口。我不习惯在大众面前讲话，可是我想请你容我向这屋子里与我一般务农的父老兄弟讲几句话。我住在一个乡下地方，就因为那儿没有个好政府，我知道了有个好政府的重要。去年冬天，东边曾兴起一片黑云，覆盖了西边……”

那是谢司叛乱，史密斯并没有明说，可是却马上有人打断他的话，指他违反议事规则。塞缪尔·亚当斯为他说话，请大会让他“照自己的意思把话说完”。于是史密斯便动人地描述起谢司事件造成的不幸。他指出，当时民众心焦如焚，“要是有任何一个像是个好政府模样的东西，大家都会一把抓住不放”，情急之下，很可能招进一个会演变成暴政的恶势力。“因此，主席先生，”史密斯继续说道，“当我一看到这部宪法，就发现它真是对付这些动乱的良方。我弄到一份副本，一遍又一遍地研读。我曾是本州立宪大会成员，对于权力的牵制、均衡也稍有点心得；我发现，这些要点在这部宪法里面一样都不缺。我并没有去请教任何律师的高见，我们镇上没有半个律师，我们也

① 《圣经》故事，约拿因不愿传达上帝旨意，被大鱼吞入腹中，在鱼腹里度过了三天三夜。

好端端地不需要任何律师。这完全是我自己的意见，我对这部宪法很满意。”

此时，记录写他指向辛格垂。“我敬爱的那位老人家，”史密斯继续说下去，“绝不会以为我是想当国会议员，把老百姓的自由都吞到自己的肚子里去吧。我从没有过任何职位，也不想要。可是，我也不会因为那些律师、有学问的人，或是有钱人喜欢这部宪法，就贬低了它的价值。我不以为他们想要进国会，滥用他们的权力……有些先生认为，我们的自由和财产在那些有钱有学问的人手里不安全。我不这样想。

“各位农家兄弟，现在让我们假设一个情况：假定你有块五十英亩的田地，产权出了问题；而紧隔壁是个有学问人的五千英亩地，也陷在同一个麻烦里面。你是觉得是有他为伴好呢，还是情愿自个儿面对这个纠纷？事实上，我们现在面临的就是同样的情况。这些律师，这些有钱人，这些有学问的人，和我们都陷在同样一个处境里，大家不一起游泳求生，就得一起淹死。难道因为这部宪法不能让我们大家都满意，就要把它抛出船外吗？……有些先生认为，千万不要仓促从事，花时间好好考虑，不要随便摸黑往下跳。我却说，凡事要及时，要把握时机，趁果子熟的时候赶快摘下来。播种有时，收获有时。当初我们送代表去开联邦大会，就是播种；如今是收成的时节了。现在就是撷取我们辛苦果实的时机，现在不做，我怕将来就永远没有第二次机会了。”

1 月 20 日，和麻州大会保持密切联系的麦迪逊从纽约写信给华盛顿，麻州传来的消息显示，事情进展“开始不容乐观”。两边都不敢冒险提议将决定性问题付诸表决。汉考克州长依然不见踪影。鲁弗斯 · 金告诉华盛顿：“我认为一旦出现其中一边占多数的局面，州长的健康状况就一定会好转到可以出门了。”

汉考克不在，什么事也办不成，塞缪尔·亚当斯对这个情况很清楚。多年以前，就是亚当斯自己把年轻富有的汉考克带进自由党的；从那以后，他们之间的交情就一直很别扭，中间还几度因政见不同公开决裂。谢司闹事期间，亚当斯支持鲍登州长，对乱党采取强硬的军事手段。可是如今亚当斯却打算好只要再加上几项修正，他就投票支持宪法，并准备说服汉考克改变主意。几位联邦派知名之士在几乎不抱任何希望之下，拟出一系列修正案准备向大会提出。这些修正案并非换取批准通过的条件，只是在向国会提出建议。修正案一共有九项，绝非“权利法案”，主要是限制联邦征税权以及对选举行使的权力，并确定国会“不得设立任何享有特惠的商业公司”。

姑不论这几项修正案的主张为何（九项之中，只有一项纳入最后的“权利法案”），作为一种策略，这的确非常高明——这是一个开路工具，最后在许多州内因此赢得反联邦派的同意。麻州大会可谓首开此计之先。

联邦派决定让汉考克向大会提出这些修正案（塞缪尔·亚当斯将此修正案称为“调停议案”）。帕森斯写了篇提案词，然后和亚当斯、塞吉维克诸人一同来到汉考克在比肯希尔上的华宅。汉考克腿上打着法兰绒绷带出来接待他们。大家又吹捧又讲条件，终于把他给打动了。他们向汉考克保证，下次州长选举一定把上回支持鲍登的选票转给他。而且，弗吉尼亚大会很有可能拒绝批准宪法，果真如此，麻州就提名汉考克出任合众国第一任总统（有人说，汉考克一直不能忘怀 1775 年他败在华盛顿手下，输去总司令一职之事）。麦迪逊写信给杰斐逊：“汉考克没有能力，野心却不小，贪图名气，好施小计，最近已经和塞缪尔·亚当斯重修旧好，结为一党。”

1 月 30 日，汉考克以极其戏剧性的方式现身会场。在全场注目之下，以及“旁听席上许多民众围观当中”，州长大人从走道一路被抬到主席大位之上，双脚仍然层层包扎在绷带里面。就位之后，汉考克开始宣读帕森斯的讲稿以及那九项“调停议案”，神气就仿佛这都是他自己亲笔写的。于是有人动议就此加以表决，亚当斯附议，他表示虽然自己原先对这部宪法也有疑义，现在却在主席大人的“调停议案”下一扫而空了。他觉得修正案不论是对本次大会，还是“会外民众”，都具有同样的意义。“像这样一种建议，既经马萨诸塞提出……自有其分量。最重要的是，美国仍能在感情上联合为一。”

这一天，以及接下来的六天里，汉考克议案经过一再讨论。反联邦派本来宣称，麻州大会无权提出修正案，此举超出他们的许可范围。也许有些先生会投票赞成这些修正案，不过他“不会说他们是背叛的犹大”(此话出自汤普森将军之口)。2 月 5 日，威廉·西姆斯，这位来自安多弗的年轻聪敏律师，不顾选民交代宣布倒戈，反联邦派阵营于是破裂。西姆斯以手按胸，表示他的良心将赦免他的行为；他希望，也相信他所代表的选民会同样赦他无罪（可是他们并没有饶恕他，西姆斯的乡亲闻讯大怒，他被迫搬离了安多弗)。缅因的巴雷尔也起来发言，他表示在许多能言之士面前说话，令他深感羞赧；可是他知道，他的选民不希望他只是沉默投票就算了。他希望不要对这部宪法做出仓卒的决定，“快得像《圣经》中的耶户赶车一般”，并详细说明自己之所以反对联邦的八大理由。他极希望大家能够暂时休会，好让他有时间回乡向选民传达大会的所见所闻。但是这个心愿未能实现，巴雷尔表示，因此他恐怕只得甘冒乡人不悦，未经他们许可径自接纳这部宪法。

这同一天，塞缪尔·亚当斯另外又提出了几项修正案。新闻自由与思想自由的权力必须获得保障，禁设国家常备军，禁止不合理的搜查和没收行为。塞缪尔·亚当斯的建议再度让大会陷入混乱，倒不是因为双方在原则上有歧异，而是因为反联邦派认为，如果塞缪尔·亚当斯觉得有必要如此警戒预防，那就一定意味着依照这部宪法成立的政府，远比他们所担心的还要专断。

懊恼万分的塞缪尔·亚当斯只好撤回自己的动议。此时是付诸表决的时候了：到底要不要连同这些特定的修正案一起，采纳这部宪法？在他们写给国会的序文里，马萨诸塞不改其一贯古老、动人的语气：

> [吾等]满心感戴宇宙主宰之慈爱眷顾，赐我合众国子民……良机，经和平深思，无欺无惧，彼此明定肃约，共愿核定新宪……

投票结果非常接近：一百八十七票赞成，一百六十八票反对，只有十九票之差。大会解散前，又有七名反联邦派人士起来说话。火爆的老怀特首先上场，他曾誓言自己绝不能信任那帮“摩西”。怀特说，现在既然多数获得胜利，他回去尽全力劝导选民在新宪下和平并存，欢欢喜喜地接受它。缅因的威杰里也说，虽然他反对接受这部宪法，可是却已经被贤智之士组成的多数派击败。他将在自己代表的人民中间，努力播撒联合与和平的种子，并尽量阻挡抗议的行动，因为他相信，这个大会“已是最具有代表性的会议了”。如今马萨诸塞既已接受了这部宪法，威杰里预言：“不仅九州，所有十三州都将予以同意。”

惠特尼、库利、内森、泰勒医生，以及斯温少校，都一一起来发表类似声明。他们表示收回前言，誓言诚信拥护宪法。他们在公平竞争之下失利，他们已经像“好样的战士般尽力一搏”。既然败了，他们也就“心悦诚服地坐下，衷心希望少数人也许因害怕而失望，多数却都能享有他们期待的果实……欣喜诚心地，他们将拥护这部宪法”。

钟鸣炮响庆祝声中，代表们列队出了布拉特街教堂，来到了法尼尔厅。根据一家报纸报道，他们在那里“诚心举杯祝颂和好，我们相信，在场众人也都诚挚饮下。每个人看起来都愿意放下敌对武器，共抽联合与爱的烟斗”。漫画、手册和诗章在街上四处散发。麻州人信心十足地认为，他们的行动将领导全国一致步上批准之路，他们因此兴高采烈地庆祝自己的成就。这想法确实有些道理：全国都承认，如果宪法在麻州落败，就永远不会被批准了。

在独立战争歌曲扬基小调的伴奏声中，波士顿民众高唱他们的大会歌谣：

大会开在波士顿，
州议会厅装不了，
移转阵地联邦道，
济济一堂来把事实说分晓……

每晨大家齐颂祷，
祷告一完开始吵，
你来我往再三驳，
不把对方说得低头不罢休。

汉考克乃有心人，
爱国之心谁能比，
调停妙计手腕高，
拨云见日纷乱从此化轻烟。

一场联邦大道理，
讲得妙来说得好；
会场人人齐动容，
异口同声共把宪法来准了。
……

各位兄弟和父老，
尔等心意未定人，
看我扬基好榜样，
各言其志众人却仍心一条。

这是我的联邦调，
其中共有十三章，
五谷丰登庆年年，
工商兴旺大家一齐荷包满！

第二十五章　弗吉尼亚与纽约；联邦大游行

情况日趋复杂。短短的几周之内，美洲政治命运将定。

——华盛顿致拉法耶特，1788 年 5 月 28 日

马萨诸塞批准之后，一共已有六州通过宪法。马里兰在 4 月间跟进，比数是六十三票对七票。他们依照麻州前例，补充了十三条修正案。可是马里兰还加了个抗议声明，由十二位代表签署提出，其中包括马丁。声明说道："我等实以为建议中的政府体制殊多弊端，如不大加修订改正，人民自由幸福堪虞。"

5 月快结束的时候，南卡罗来纳也批准了，一百四十九票对四十六票。他们的大会名单显示赞成者集中在沿海一带，内陆偏远地区人士则一致反对，从后者所居的地名就可以看出其地的边远与未定状态："布罗德河与萨卢达河之间的低地区"、"称作新疆之区"。

弗州的反联邦派大失所望，他们原希望可以得到南卡支持。下一个是新罕布什尔，则左右为难不能决定。如果赞成，宪法就以九票占多数。吉尔曼写信给新罕布什尔议长："我们这落后之州的延误，使我 [对宪法实行] 的疑虑，更甚于此方案完成以来的任何时刻。"新罕布什尔大会开会讨论之后，不曾投票便先行休会，然后再聚，6

月 21 日投票表决，以五十七票对四十六票通过。该州大会只留下一个演讲记录。阿默斯特的乔舒亚 · 阿瑟顿发表谈话，表明自己对运奴一事的憎恶，并对宪法不曾明文规定运奴违法表示反对。他说，想想看，如果情况反过来会如何！假定“这些偷人贩子”在新罕布什尔海岸登陆，一路往内陆而去。“把埃克塞特整个镇或一部分人捉往非洲，含着心酸疲惫的眼泪……兄弟姊妹骨肉离散。这景象，”阿瑟顿最后哽咽说道，“岂不令人断肠。我没有勇气再说下去了。”

如果反联邦派不这么沉溺在如此辞令里面，也许还能在大会中得到更多支持。冷静实在的联邦派，似乎很容易就能用一两句常识说法打断他的对手。比方说，我们为什么要担心国会议员？他们不也是我们的同类，由我们自己选出来的吗？为什么国会就一定比投票人更腐败，不都是后者把他们送去治理国家的吗？总统，还有那些大家担心得要死的参议员，最终也都要回归人民当中，在左邻右舍之中过日子，如果在任时行为不检的话，不是要承受大家的唾骂吗？

宪法一路在各州大会收服人心。常出现的状况是，反联邦派反倒像是松了口气，承认自己改变心意，承认在获得进一步信息之后，已抚平自己心中疑虑。

新罕布什尔开会、休会、延后表决期间，弗州大会正在里士满召开，会场在肖茨科丘新落成的学院。全国上下都注目着这外号叫做老自治领的老大州，不知道它会做出什么样的决定。弗州领土远及密西西比河，涵盖了肯塔基和西弗吉尼亚两区，人口占全邦联五分之一。如果弗州通过了，就将成为通过宪法的第九州，至少它是这么以为，因为新罕布什尔还有三个礼拜才会最后投票。如果弗州否决了，纽约、北卡和罗得岛无疑将与它同进退。

这次大会的成员是所有宪法批准会议中最有能力、准备也最充分的。会中星光汇聚，出席名单上尽是全州甚至全国家喻户晓的人物——正反双方都有善于言词、家世良好、衣着优雅的绅士。他们四分之一以上具有军人背景，其中有门罗、尼古拉斯、史蒂文、布兰德、卡林顿、卡贝尔、格雷森上校，理查德·亨利·李以及他的同名堂兄弟（外号“快马哈利”）。他们打过英国人，也打过印第安人，而在政治信念上，他们各树旗帜，分属不同阵营。

华盛顿虽不在场，却一直待在弗农山庄与众人互通信件消息。整个 6 月份里，将军家门前的车道上不断来往奔驰着快信驿马。将军并未主动寻求提名出席，联邦派众领导人也不曾敦促他如此做。他的缺席不曾减低他的影响力，全国各界都知道他赞成宪法。可敬的休·布莱尔·格里格斯比曾撰书记载弗州大会经过情形[①]，其时当年与会代表犹有在世者；他在书中表示，这不过是一个历史事实，回到 1788 年之际，华盛顿和麦迪逊两人“作为政治家，在弗州人心目中的地位，与帕特里克·亨利和梅森不属同一层次”。

会议厅后端席位上，坐着十四名肯塔基的人士，身佩手枪、短剑；他们必须长途跋涉经过印第安部落区才来到这里。反联邦派阵容非常强大，领军的有梅森、哈里森、西奥多里克·布兰德、约翰·泰勒（议长大人的父亲）、卡贝尔兄弟、埃德蒙·拉芬、门罗、格雷森，以及亨利·李等人。华盛顿思索这份名单，表示“南方拥有庞大身家的人，竟比东部真正的民主派人士还要担心宪法会带来贵族或君主制统治，倒是有点儿奇怪”。反联邦派的首脑人物是帕特里克·亨利，高瘦而有些佝偻，虽只有五十二岁，看来却好像衰老不堪，健康甚差。他戴着副眼镜，棕红色的头发盖在一顶大小不甚合适的棕色假发下面。他蓝色眼珠仍然锐利，狭长脸颊充满表情，当年鼓吹革命的魅力依然不减，

① 作者注：格里格斯比此书记载鲜明生动，共分两册。他本人激烈反对联邦，报道详实正确。他在自己书的注脚中与宪法派角力，比如他说“这个论点根本不公平”，或是“显然是诡辩……责备议会做了它们本来就有权做的事，未免太假正经了吧”。

随时可以发挥出来。“我实在怕了那位滔滔不绝的骂人高手——帕特里克·亨利。”诺克斯将军在大会如火如荼进展之时，在给鲁弗斯·金的信中这样写道。

从第一天开始，亨利就是会场的神经中枢，大家叫他的同伙为“亨利族”，每一位联邦派人士都摩拳擦掌预备好对付他们。联邦派的阵容也不可小觑，其中埃德蒙·彭德尔顿法官任大会主席。白发皤皤、不良于行的老法官，每日勉强拄着拐杖颤巍巍地走动，他的臀部曾因从马上跌下脱臼过。他的服装高雅，而他的羸弱只更添他举止的尊严。他说：“邦联并没有帮助我们渡过战时的难关，帮助我们的是共同的危险与美洲精神。”

大会进行到全体委员会时，改由另一位联邦派人士负责主持。威思大法官，大家记得他曾短暂地参加过联邦大会，但不久即因妻子生病被召返家，里士满人人都知道他。威思曾教过麦迪逊的父亲以及杰斐逊法律，未来的政坛名人亨利·克莱后来也成为他的徒弟。他光秃秃的前额后，飘着浓密灰发，垂散至颈。他穿一件单排扣竖领外衣，扎一条白色领巾；个子小而轻捷，举手投足挺拔优雅。

麦迪逊也在会场，这回却没有带他的笔记本。格里格斯比描写他头发扑粉，结成一条长辫，“漂亮地用蓝黄两色饰带编织其间。他那小个儿，不容易让室中每个角落的人都看见他；声音又常常太低，没法让全场都听见。他站起来讲话，总好像是忽然不经意想起了什么念头的神情，手上拿着帽子，纸条在帽子里，辩到最激动处，也不过有些前后摇着身子而已”。麦迪逊辩论技巧高明，总能把大会从亨利的狂热激情，以及伦道夫为自己所做的焦急申辩中带回到现实的层次来。

可是在所有的宪法支持者当中，帕特里克·亨利最大的对手要数阿尔伯马尔具来的尼古拉斯——至少格里格斯比如此认为。尼古拉斯年方三十四，外貌奇特，短小肥胖，几乎到畸形的地步；当地漫画家把他画成一个有脚的李子布丁。有人曾论道，自美国大法官法庭的尼古拉斯·培根爵士以来，还没有第二位律师像他这么肥胖的。他受过良好教育，异常沉着冷静，可以一口气让他的听众专注地听他讲上两个钟头，唯一的手势就是用右手的食指戳个不停。

梅森身着丝质的黑色衣裳，有些日子里，可以看到他和帕特里克·亨利臂挽着臂从天鹅旅舍向学院走去。门罗，反联邦派，年方三十，几乎是默默无闻地来到大会。他是苏格兰木匠之子，举止僵硬，有点笨拙。门罗的姻亲博道森则衣着华丽，发上敷粉，一向主张共和，恨恶统一政府。弗朗西斯·科尔宾，联邦派，富有，在英格兰受的教育，举止优雅，家族姓氏历史悠久。詹姆斯·英尼斯上校，六尺之躯，块头大到无法坐进一般的椅子里，一般马也载不动他，声若疾风，震动全室。可是他非常有礼，词锋犀利。他认为解决好这个新政府的问题，“与当初使我们脱离不列颠帝国统治的革命一般重要”。

约翰·马歇尔此时正三十三岁，是宪法派人士的一大力量。他红润英俊，一头狂乱黑发，深色眼睛锐利逼人，为表示看重这个场合，特地在自己高大的身形上罩了件新外套，不过只花了他一镑钱，看起来也正只值这个价。大会都知道马歇尔其人，敬重他在革命战争中的英勇纪录，也因为他广结善缘而对他甚有好感——可是格里格斯比严正地说，马歇尔有时有点表现过度。

有这么些人物在场，弗州大会自然不乏色彩。大家不能不注意到在场的那十四名肯塔基代表，他们警觉地坐着倾听，等待他们的最佳时机。大家也总是记得，一百七十位代表当中，最后只有勉强过半数支持宪法。这是一个罗曼蒂克、激情热烈的场面，是个绝佳“舞台”，可是却又无比真实、实在，而且美国史上罕有更为严肃的政治场面。帕特里克·亨利站起来，发出他的雷鸣：“美利坚精神跑到哪儿去了？……美利坚的真性情逃到哪儿去了？……我们从不列颠祖先袭得了自由的精神。可现在，各位，美利坚的精神，在所谓一统合并的绳索、锁链之下，却要把这个国家转变成一个强大广袤的帝国了……在这个政府里面，将没有任何牵制，没有任何真正的均衡。你们那些似是而非、出于想象的均衡，你们这些带着绳索跳舞、锁链铿锵作响的可笑理想派牵制玩意，到底能有什么作用？”

大约就是在这个时候，楠西蒙德县的贝斯特先生，“一位聪慧的绅士，不觉扭了一下自己的手腕，以确定那些镣铐并没有已经勒上了他的血肉。他所在的旁观席，此刻忽然好像变成了黝黑的地窖”，格里格斯比写道。帕特里克·亨利完全陷在自己雄辩的辞锋里。连麦迪逊也承认给搞昏了，他说每当亨利先生起来回他的话，只消顿一下，摇个头，或做个醒目手势，还不用开口说半个字，就可以把他前面足足一小时的苦功给轻轻化开。说到激动之处，亨利还举手把他的假发在头上转个两三圈。亨利每有发言，旁听席上总是挤满民众，有一回他一讲就是七个小时：“是谁授权给那些先生说出‘吾等众民’，而不是‘吾等众州’？……人民可没给他们权力冒用他们名义……甚至对那位英勇拯救我们的赫赫知名大人物，我也要就这一说法问个清楚！”亨利指控道，宪法支持者老是吓唬我们，老是预言要是宪法不能通过，天下就会大乱。可是，弗吉尼亚出过半次乱子吗？这个地方，有过任何倾向，会起来革命抵抗法治吗？

格雷森上校攻击联邦派的技巧也很高明，认为联邦派的担忧纯属想象，大大利用这个论点发挥一番：“宾夕法尼亚、马里兰，会像古时的哥特人、汪达尔人那样，从北方攻击我们……印第安人会从我们背后来袭……而卡罗来纳人也会从南方而上，我想，大概是骑在鳄鱼背上吧。他们将毁去我们的田地，吃掉我们的小孩！诸位先生，这就是如果我们否决宪法，所将要面临的巨大危险。”一如帕特里克·亨利，对格雷森来说，统合的政府意味着使用蛮力的政府；而真正的自治，只有借由授权国会管制商务，并为各州议会注入新力量、新精神方能达成。格雷森说,这才是我们目前应该持守的正道,直到“美国的个性取得了某种特色为止。我们太年轻了,还不知道什么才是最适合我们的……我从未听说一个国家里面,可以有两个同等的最高权力并存,我实在想象不出这种事情怎么可能发生。这超出了我读过的任何其他政制记载,超出我力所能及的最大想象”。

于是一条一款,弗州大会审查宪法条文:联邦法院将吞并、毁掉州级法庭,联邦政府不得使用征税权,除非先试行征请一途……“我绝不会随便放弃那宝贝字眼:‘征请’。”亨利表示,记录人也特别在下面画线强调。麦迪逊失去耐性了,此刻在他本州,在他亲密友人当中,麦迪逊使用起不同于他在费城使用的语气和论点。这里有着对本乡本土的强烈忠诚需要对付,还有地方情感、强烈骄傲的地方意识。约翰·泰勒的产业“绿道”正在詹姆斯河畔,他有一天悲哀地表示,宪法派若一朝得势,那些经过他家门前出洋的船只就会悬挂另一面旗帜,而不再是弗州州旗了——自弗吉尼亚这面旗在里士满州议会厅升起的第一天起,在他忧疑受怕的日子里,他就看看这船旗。

反联邦派提出那个老论调,就是这个国家实在太大、太辽阔了,宪法建议的中央政府势必无法有效运作:新罕布什尔来的国会议员,永远不会了解或同情弗吉尼亚或两卡的需要。麦迪逊带着他向来的预言天赋安抚地回道:“我们抱怨某些地区蒙昧无知,别忘了,这种状况有可能慢慢改善……我们自己的经验难道不曾教导我们,比起不过几年以前,如今民众不已经灵通多了吗?乔治亚人民现在对新罕布什尔事务的认识,比在革命以前对南卡的了解还多。当全国各地不同州的代表齐聚一堂……他们会彼此交换切磋,会议桌上也摆出各州法令。”

麦迪逊看来很疲倦,急躁易怒。有一回亨利正说得兴奋,他没头没脑就进来打断,另有一天,记录人两次提到麦迪逊的声音太小:

“麦迪逊先生谈到警务与立法的差别，可是声音实在太低，根本就听不见……麦迪逊先生又发表了几项意见，但听不清楚。”一次激动演说过后，麦迪逊终于病倒，在床上休息了三天。

大会记录人戴维·罗伯逊，系由宪法派人士引荐——这也是弗吉尼亚首次聘用速记员。反联邦派对此颇为疑心，认为这是联邦派的计谋。事实上罗伯逊的表现好极了，他的记录清晰翔实。除了场面进展得太快之际，或是他自己的情绪也不能自抑时之外，他笔下一律采用第一人称单数。格里格斯比说罗伯逊脸上有时“布满泪水”。罗伯逊记道：“亨利先生强烈地、感伤地长篇论道，总统有可能陷美利坚于奴役，又谈到那后果会是多么可怕。”《宾夕法尼亚邮报》说有罗伯逊在场记录，使亨利提高警觉，“因为他希望说出他灵魂深处的话语”。罗伯逊来自彼得斯堡。当时里士满城内似乎来了许多北方人。罗伯特·莫里斯就在城里，常可见他与联邦派领袖聚首商议，虽然他此行目的其实是为了讨债。埃利埃泽·奥斯瓦尔德也从费城来到此地，在费城他发行了那份火热的反联邦派报纸《独立志》，他带来克林顿一派表示支持的口信。古弗尼尔·莫里斯也在城里。

在这些明星人物与爱国的雄辩家之中，要数伦道夫带给大会的震惊最大。这位年轻英俊的州长，在本州极受众人爱戴。许多人都知道他在费城扮演的重大角色，他最后拒绝在宪法上面署名，也已是众所周知之事。1787 年 1 月间的《弗吉尼亚公报》曾刊出一信说明他拒签的理由，可是自那时之后，伦道夫就开始有点动摇了，早有一家报纸攻击他前后不一。不过，并没有人确知州长最后会怎么决定。4 月底华盛顿曾对拉法耶特说，就算伦道夫转而支持宪法，恐怕也是“很软弱的态度”。麦迪逊对他这位同仁也没有什么把握。伦道夫本人代表的选区强烈反对联邦，信心十足地派他前往大会。

6 月 4 日，大会全面开辩的第一天，伦道夫州长站起来宣布自己的立场。他花了好一段时间才说到重点，而且完全采取守势为自己辩解。伦道夫表示他并不是来辩白的，他也不为投合民意竞选……如果宪法现在仍以当初在费城的形式呈现在他眼前——若非全盘接受，就是全面否定的话——他会再次拒绝签字。可是现在马萨诸塞已敦促国会在全体批准之后，对宪法进行修正。他个人意见本来是赞成先行修正，也就是先由各州分别同意修正案后再行批准。可是这个大会开得太晚，先行修正的方法显然已不可行，否则“不无毁损联邦之虞”。而且目前已有八州接受宪法，他们也不可能再缩手反悔。因此，他只有起来表示他最最热烈的希望，以求建立一个稳固又有活力的政府，并同意任何实际可行的修正做法。简单地说，伦道夫赞成宪法。

从这一天起，不管大家怎么辩论，联邦派、反联邦派在弗吉尼亚大会上的歧异就主要卡在“先修正”还是“后修正”了——到底应该先就宪法现有的内容加以批准，事后再另行修正呢；还是重新召开各州大会，在批准前先将宪法予以修正。

伦道夫的话很有道理，而一个皈依改变之人的话，总是发自内心的。然而帕特里克·亨利可不愿这么轻易就放过他的对手，打定主意要挑战他为何忽然改变立场。亨利说，这位先生话风的转变“非常奇怪，没法解释……他本来不是口口声声表示他不愿签字吗？那个时候，他可不为那少数名声显赫的大人所动……才不过几个月，竟然就有了这么大的转变！……一定有些特别的事在操作，才会使他的意见出现这等大的转变”。

伦道夫和大会众人都知道亨利在影射什么，他暗示华盛顿说动了伦道夫——更有甚者，他在暗示华盛顿许了伦道夫将来在新政府下的什么好处。很久以后，华盛顿提名伦道夫出任合众国检察总长，伦道夫必须花很大力气针对同样指控为自己辩护。此时伦道夫愤怒地回复亨利，他对这位可敬人士发出的中伤、影射极感不齿。“如果我们的友谊一定要破裂，”伦道夫说，“让它就像路西法的坠落[①]一般，永不复起！……他责难我立场不一……各位，我赤胆忠诚，一心纯洁只爱弗州，绝不输那些最会在嘴巴上叫嚷的人。若有半分不实，我愿一死以谢。”

两方又继续你来我往叫阵了好一会儿，充分发挥这个老自治领的作风。当天晚上，亨利的朋友卡贝尔上校“专诚上门拜望伦道夫”—— 格里格斯比如是说，于是事情解决了，所幸“不必诉诸场外”。这以后伦道夫的论辞愈见佳章，甚至葛斯比都不否认。他的谈话远比在费城时出色，完全忘却了个人之间的不和，绝对是他一生最精彩的表现。

6 月 24 日，与支持人士事先安排之下，威思大法官建议大会在附带一份“权利法案”以及数项事后修正案之下通过宪法，因此抢先发动堵住了帕特里克 · 亨利，后者当天本来也预备了一套完全不同的建议打算呈给大会。威思起来说话，“看起来苍白疲惫”，格里格斯比写道，但是他激动到一个地步，甚至坐在他旁边的人都听不清楚他在说些什么。帕特里克 · 亨利呢，则“脾气暴烈，却奇怪地挟带着一种悲伤与羞愧的味道”。亨利说，事后修正，不但闻所未闻，而且可笑之极。哪有先签下一纸成立政府的契约，然后再决定契约内容，他觉得这主意可怕可憎。看看马萨诸塞，他们只以十九票的多数通过！再看看宾夕法尼亚，他们的大会明摆着根本不曾代表真正的民众。亨利表示，如果我们大会也通过这个方案，基于他的职责，他将从此再也不管宪法的事，而且会就此辞了大会打道回家。

大会文书宣读亨利所拟的权利宣言以及他提出的其他修正案，内容和大会最终接受的结果差不多，可是亨利所谓的“先行修正”，

① 基督教传说，天使路西法因叛变而坠落，成为魔鬼撒旦。

意指邦联各州必须再度召开宪法批准会议。亨利最后刚说完从此再也不管宪法的事，伦道夫便紧抓着他的话头起来，指责他以脱离邦联要挟。这个指控，许多联邦派人士都认为自有其真实性，包括麦迪逊和华盛顿在内。亨利立刻否认，他说联盟解散在他心里是件可怕的事。

这一天就在帕特里克·亨利声声预言“[这个新制]将无比危险”，并看到“天使从天上俯瞰，审视美利坚的未来”之下结束。巧的是，就在这个时候，天上忽然起了雷雨，大厅一下子黑了下来，电光闪闪，急雨击打着窗，门也砰然作响，据格里格斯比说，那就像步枪发出的轰响。众人从座位冲向屋子中央，会议也就散了。

只剩下一天可以继续辩论，弗州议会马上就要开锣，等着用学院的大厅。这一个礼拜以来，州议员已经陆续进城，麦迪逊甚感不安。这批人声称他们接近民众，可能会误述选民心意，对此事造成不利偏见。而且，麦迪逊还相信反联邦派想用拖延战，直等到听见纽约大会的风声再定行止，或干脆拖到筋疲力尽的代表一事无成地散会了事。

过去三个星期中，双方人马每晚上都仔细估算自己可以仰仗的票源，以及每天讨论下来可能造成的改变。那十四名肯塔基来的代表是大家极力争取的对象。双方票数如此接近，他们当中只要两票就可以完全扭转情势。整场大会之中，帕特里克·亨利在密西西比河这个大议题上提出的论点最为有效，他说他知道有人攻击他意在“夺取肯塔基的票”。亨利提醒代表们，不过两年以前，杰伊才敦促过国会把密西西比河让渡给西班牙管辖三十年。他请当时在国会的代表起来，把这宗可耻交易的事实真相说明一下。四名代表站了起来：麦迪逊、李、格雷森，以及门罗。

新宪第一条第八款规定，授予国会“管理对外及内部诸州间商务事宜”的权力。这里头有个危险，也就是密西西比河的航运权可能遭到牺牲。原本在未来邦联之下，可以幸福繁荣的密西西比河谷，却要被这部新宪毁灭、遗弃。他描绘这个景象令大会惊慌沮丧，可是，最后这十四名肯塔基代表，却有四人投票支持联邦派。

6 月 25 日星期三，主席彭德尔顿下令将威思原先的动议加以表决。帕特里克·亨利在投票关头再次起来最后发言。他表示，如果他发现自己的意见居于少数，他将陷入那种为大义执言却被打倒的痛苦感觉。可是，他是个爱好和平的公民。“我不希望诉诸暴力，却愿意怀着希望静待。愿主宰我们革命时期的精神犹在，希望那些心向革命者的奋斗目标依然未去。因此，我将怀着期望静观政府转变，与人民的安全、自由、幸福相合。”

这番话豁达慷慨，气魄宏大。伦道夫接着也站起来简短地说了几句话，最后结语却完全及不上亨利。伦道夫发言完全是在为自己合理化。他说，他在联邦大会中的立场基于对联邦的最为强烈的热爱，当时他的反对理由如今依然成立。可是在八州相继接受之后，整件事情已经变成有联邦无联邦的选择问题。日后若有史家非议他的作为，可别忘了这个事实。

于是众人就宪法投票表决，包括一份二十条的权利宣言，以及二十条事后修正案[①]。八十九比七十九，宪法获得胜利。比数实在非常接近，太接近了。愤怒的反联邦派决心设法抵制新制，当晚在里士满举办了一场群众大会，由帕特里克·亨利主持。可是亨利却告诉他愤怒的同仁们，他已经“在最适当的场合（宪法批准会议）”尽全力反对过宪法了。亨利说，事情如今已成定局，“作为真正的、并忠

① 作者注：日后这二十条权利宣言之中，其中十条由宪法之下的第一届国会列入宪法，不过文字有所出入，较为简短。至于另外那二十条修正案则全数遭到否决，其中一条规定非经两院同意，和平时期不得设置军队；另一条若经实行，将使最高法院不能动弹；还有一条主张各州税额一经缴足，即不得再在该州之内直接征税。

实的共和人士，你们最好还是都回家去吧。”

崇敬亨利的人都认为，宪法头十条修正案——“权利法案”——之所以能够成立，亨利之功胜过其他众人。当然，亨利对这事的贡献，的确不仅止于辞令挑战及怒吼胁迫。宪法最后的形式其实是正反两方共同的杰作，反方贡献的部分虽然不易衡量，价值却不容任何人质疑。甚至连华盛顿也承认这个事实，他写道：“就整桩事情来看，我认为反对意见为宪法带来的意义最终正多于负。由于反对意见的表达，为政府这门学问带来许多原本将会不存的新见地与启示。他们对于人类权利一事作了详尽公正的探讨，阐释得如此明晰有力，不由得给人留下深刻长久的印象。”

弗吉尼亚降伏的消息于 7 月 2 日传来，纽约大会此时已在波基普西进行了两个礼拜。这确是致命一击，本来冬天里克林顿派已试着和弗吉尼亚保持联系，后者是他们最大希望所寄。克林顿州长在无异议下获选担任大会主席，他能干的支持者包括雅茨、兰辛、托马斯·特雷德韦尔。这支反对队伍中的英雄，则是荷兰郡的梅兰克顿·史密斯，发言频仍，不但善于言词而且带着讨喜的幽默。宪法派一方则有杰伊和杜安。一些老名字也很惹眼：罗斯福、坦恩 · 艾克、范科特兰特、德威特。可是，面对那人数、气势看来都不可挡的反方阵营，却要数汉密尔顿发动的攻势令人最难忘怀。他的论点出色精辟，他的毅力几如超人。

这场辩论基本上和他处没有二致，因此无需在此重复。不过，地方性的考虑尤其发挥了极大作用：宪法派不断提出邻近的麻、宾两州为例：它们离我们距离既近，势力又强大，如今也都明志而从联邦了。要是纽约不从，就只有北卡罗来纳、罗得岛、佛蒙特（当时还不是个州呢）与我们做伴。这个风险实在太大，不能轻易尝试。

7 月 26 日，纽约以三十票对二十七票，三票之差批准通过宪法。

这是在老大不愿意之下才让步，充满了附带条件，甚至超过“权利法案”，还有一长串三十二项的事后修正案。兰辛动议（却遭否决），要是纽约建议的修正案不能先向一个全体大会提出讨论，数年之后纽约即有权退出联邦。有人还向所有的十三州议会发出通函，大力倡议召开此会。

到了 1788 年 8 月，总共已有十一州批准：特拉华、宾夕法尼亚、新泽西、乔治亚、康涅狄格、马萨诸塞、马里兰、南卡罗来纳、新罕布什尔、弗吉尼亚，以及纽约。罗得岛和北卡罗来纳最终也将来归。九州的多数一经保证，各州纷纷欢欣举办庆祝活动，暂时忘却彼此间的敌意。也许这就是美利坚特有的风格：票数一旦开出，人人都要在游行之中有份。奥尔巴尼曾有反联邦派闹事，公开焚烧宪法。可是纽约市内，却有十匹马拉着“汉密尔顿”号大船在街上游行——这是一艘帆桅人员配备齐全，有三十二支快枪、三十名船员的帆船，当时有人记载：“样样俱全，比例相称。”联邦派曾想在罗得岛的普罗维登斯来场示威大会，却被人数众多的反联邦派先发制人上街挡住，迫使事先筹划的示威变成一场 7 月 4 日庆典，帮着联邦派一起吃掉他们准备好的烤牛。

各地联邦大游行的行列真可说是别出心裁，精彩极了。“联邦宪法”号、“联合”号，都分别架在车上，由前额戴着批准诸州名称的马儿拉着前进。费城选在 7 月 4 日庆祝，是所有游行当中最出色的。天一亮，费城基督教堂尖塔上的大钟就开始连串长鸣，泊在市场大街的大船“旭日”号也鸣炮向这个大日子致敬。码头上的船只也都张灯结彩，从南大街到北自由区一字排开停了十条大船，桅杆上都张着一面白色大旗，分别以金字标明各州大名：新罕布什尔、马萨诸塞、宾夕法尼亚……破晓时分开始吹来的一股轻快南风，一整天都鼓着旗帜蓬蓬作响。

早上8点，游行队伍就开始集合；9点30分，大队出发。市立轻装骑兵第一队当先，队员穿着灿烂耀眼的镶红蓝色制服，白色鞍褥上滚着蓝边。然后一人单马，举着象征独立的大旗。再来是菲茨西蒙斯——联邦大会代表——骑着罗香波伯爵的骏马，扬着旗帜，标示当年与法国联盟的日期：1778年2月6日。再来又是一名骑兵举着橄榄枝和桂枝交缠的权杖，庆祝1783年缔结的和平条约；其后是吹号的先锋官，宣告新时代的来临。然后是宾州老革命人士彼得·米伦伯格牧师，骑在马背上象征制宪会议；再来是乐队，一路不停地吹奏着雷恩格为这场盛会专门编写的进行曲。

他们一路前进，马儿趾高气扬地踩在特意清扫过的大街上，在修剪整齐的树荫下阔步前进。一名骑兵手上举着一条横幅，上书“华盛顿，吾国之友”。另一辆大车隆隆驶过，做成老鹰模样，漆成鲜亮的蓝色。大鹰胸前纹饰着十三条红白相间的条纹，上面缀有十三颗星星。六匹骏马拉着这辆大车，车上竖竿架着裱妥加框的宪法，上冠象征自由的圆锥帽。车内则袍服鲜明地坐着三位大人，乃大法官麦基恩、法官阿特利和拉什。

整个队伍沿第三街上去，一路过加路丘至第四街口，然后往西向市场大街，足足一英里半长。步道、窗口、房顶，到处都挤满了人，伸头抢看这光彩夺目的游行队伍。外国使节、代表“坐着四马拉的花车”驶过，巴贝马布瓦即在其中……还有一位公民和一位印第安酋长并坐一车，“同抽和平雪茄——酋长大人头上戴着红白羽毛的彩饰，脖上佩着十串贝壳”。

游行队伍中的光辉极致要数“联邦大厦”，放在一辆由十匹白马拉着的大车上面。十三根科林斯式柱子，十根已经完成，三根尚未竣工，共同支起一座大圆顶。檐壁上雕着十三颗星星，圆顶上则竖起手持丰饶角的人像。人像的基座铭着：“统一才能坚立”。大厦内坐着十名男士，象征宪法批准所许诺负责的对象，也就是公民全体。

其后是建筑师、木匠步行前进，整整四百五十名；他们后面是造锯子的、打锉刀的，一起举着他们的旗子——粉红大盾上一把金色锯子。农会由“塞缪尔·鲍威尔阁下”领队，他身后由农人赶着四只牛拉的大犁，并有一人在撒种……制造工会，他们的标帜是大蜂巢，涌出蜜蜂在旭日光芒下飞来飞去。马拉的平台足足有三十英尺长，放着纺锤和一架刷毛机，还有女工纺棉，“适合制作蓝色斜纹工装裤或联邦装束”。这花车，还有上面呼呼旋转的机器，众人以“惊奇愉快的心情观看”。公民们不久就可以穿着棉布衣裳，一种新料子，冬夏皆宜，而且不会招蛀虫。

一批又一批的工匠队伍涌到：砖匠、钟匠、编穗匠、鞍匠、皮匠、造艇匠、修帆工、造船细木工、制绳匠、雕饰匠、金匠、桶匠、打铁匠、打造车子的、剥皮毛的、做手套的、打金子的、做枪的、酿酒的、一身洁白的面包师傅，还有裁缝、制造假发的、理发匠、做紧身褡的。“弗朗西斯·塞尔先生，领着他的大徒弟，捧着一件高雅的女士紧身褡。”巡夜人也加入了游行行列，一路报着时辰：“十点整，星光璀璨之晨。”（《宾夕法尼亚公报》说，这十点代表十个已经批准宪法的州。）

一切实在都太美妙太感人了，而且极具教化意义，包括一行牧师队伍，“几乎包括各个宗派，在慈爱与弟兄爱之下团结起来，可谓空前之盛况”，《宾夕法尼亚公报》写道。联邦大船“联合”号高踞车上，架了二十管炮，“做工极美极细”，精雕彩绘，配备二十五名人员。花车前进，男童调理船帆，领航员也迎到船上，当游行队伍渐近“联合绿区”（特为游行命名），一名水手还投出测水铅线，抛锚下锭。

“联合绿区”坐落在威廉·汉密尔顿先生的产业布什山下。这里已经打起布篷，摆好桌椅，“铺陈了许多冷点”。詹姆斯·威尔逊发表了一篇谈话，然后众人举杯致敬称贺十次。他们喝的是美洲黑啤酒、啤酒、苹果酒，而每次举杯都佐以一声号角宣告，港中的“旭日”号则发炮回礼。大家举杯敬“合众国人民”，敬“近期大会代表的尊贵不朽”。最后，怀着无比的爱心，他们向“全人类大家庭”敬上一杯。

庆典到6点便结束了。“一万七千名贺客清醒地各自归家”，一则官方正式记录如此记载，由筹备委员会主席弗朗西斯·霍普金森执笔。霍普金森花费了很大的心血，还赋了一首四节诗以志盛况，游行时分发给群众：

欢庆佳节——贺终朝！
哥伦布旗房顶扬！
举世看我立楷模！
“统一从此得自由！”

一直是多云的天气，可是下午近晚太阳露脸了，到晚上“北方天空布满瑰丽霞光”。事后，大家论到游行时四周群众的沉默。那位费城的外科医生拉什，《独立宣言》签署人，将之唤作一种“严肃的静默”，因为观者都被这深沉浩大的欢欣给震慑住了。拉什说，即使上一次战争中任何一场胜利，都不曾带给每一张脸庞如许深刻的幸福感。当联邦大船“联合”号进入视线，“只见各部件齐全，在干地上徐徐前进，传递的那种情愫……无法形容……此宪法在形式上联合了十二个州，获得十个州接纳，一共不到十个月的时间，而且是在地方偏见的影响、不同利益的冲突、各式各样的手段下，甚至面对大胆急切者的威胁，这实在是人类历史上绝无仅有的大事啊”。

“于是大功告成，”拉什写道，“我们已成一国。”

作者小记

英国大法官暨上议院院长乔伊特曾说，下笔书写任何案情，除非将双方证词都一字不漏地写进去，否则最后的内容难免偏颇。写作此书时，我便常有这种疑虑。略去的、写得不足的、匆匆交代的事，夜半常令我辗转难安。本来我做了大量脚注，用以解释——比方说，虽然麦迪逊在周二时说过这样一句话，到了二十年后他却说当初不是这样。我把这些都删去了。单单追着一整个夏天的大会演讲读去，就已够读者辛苦的了，何况还得费力跋涉于页底的脚注之间。遗憾的是制宪会议前的国会辩论记录未能包括进来，还省去了格雷森等人的书信。格雷森渴望加强政府的地位，却希望在国会、并透过国会达到这个目的，而不是经由另外单独选出的大会。

简单一句话，篇幅不够。我没法讨论司法课题方面的历史研究，没法比较英美法制的异同。所谓的共同权力、最高条款、商务条款——大会成员不曾使用这些名称。1789 年的《司法法案》，1803 年的司法改革，本书都没有位置容纳，甚至不能深入辩议那可怕的奴隶问题，以及联邦大会为何不曾就此事采取更坚定的立场。我也很遗憾，本书记述批准过程的简短篇章，无法更进一步呈现反联邦派的论点。然而若真要记载双方所有这些议题，包括大会代表之外的言论，会需要四卷之多而非仅此一卷的篇幅。

本书前半部，一直到 7 月 26 日中间休会，均系依时间顺序逐日呈现，如每章章名所示。从“美利坚之旅”之后，我觉得叙述的节奏需要有所改变。因此其后改为依议题——西部问题，或国家常备军问题——引述代表从5月到9月之间的发言，不附日期，也不标明：“他先前说过……后来又会表示……”这同样也是为了让勇敢的读者无须受每日每周细节的折磨，或在时间上来回奔波，就可以辛苦读遍四个月的发言。

除了杰克逊少校的正式记录，大会共有六名成员做了笔记：麦迪逊、雅茨、鲁弗斯·金、麦克亨利、皮尔斯、汉密尔顿。他们下笔都保持客观，就我所见，没有一位把他笔下的记录染上符合自己政治偏见的色彩。诸记录的唯一不同处只在行文风格，而且在这一点上有时差异甚大。麦迪逊是用第三人称、过去时：“汉密尔顿先生……因此不得不宣称自己对两个方案都不满意。”而雅茨则写下代表姓名，然后用第一人称：“我现在要向各位显示，两个方案都有重大缺陷。”这种手法不但记录得更准确，也更有戏剧性、直接感。我通常是随着麦迪逊的描述呈现场面，原因很简单，因为他的叙述内容最详尽，所幸他也常常半路忽然换成自然的第一人称发言。可是麦迪逊偶尔会漏掉一两个要紧地方，就由雅茨、鲁弗斯·金或麦克亨利的记录补上。从这份记录游走到那份记录，我并没有列出作者是谁，初稿时本来想试着注明，却发现只会弄得非常混淆。当一位代表起来发言，重要的是让读者感到他在说话，而不只是报道他在说话。因此我没有复现18世纪所用的大写习惯与拼字，唯一例外只在引用宪法最后完稿。记录所用的斜体强调则予保留，好让读者也可以感受到说话者——或记录者——所感到的那份迫切。

引用代表和其他人的书信之际，多半时候我采用现代拼法与大写习惯，免得使读者分心，不能集中读书信作者笔下的内容意义。偶尔，如果特殊的拼法可以展现其人特色——比方华盛顿或约翰·亚当斯——我便保留原封不动。可惜的是，没有篇幅说明各个代表为何会有其特定理念的背景——古典教育使得他们一再大谈古希腊邻邦同盟会议,这一类谆谆告诫,后来被马萨诸塞的兰度先生宣称为“就像述说先民当年如何在普利茅斯挖蛤蜊一样毫无意义”。

尽管有着该收未收或不该收却收的数据内容取舍问题，若我呈现的联邦制宪会议能让读者理解，而且和记录所呈现般地高潮迭起，我就算目标已达，可堪告慰。